Karl-Eduard von Schnitzler
Meine Schlösser oder Wie ich mein Vaterland fand

Karl-Eduard von Schnitzler

Meine Schlösser
oder
Wie ich mein Vaterland fand

Verlag
Neues Leben
Berlin

ISBN 3-355-00971-7

© Verlag Neues Leben, Berlin 1989
Lizenz Nr. 303 (305/91/89)
LSV 7003
Schutzumschlag und Einband: Achim Kollwitz
Schutzumschlagfotos: Peter Koal
Typografie: Erika Wald
Fotos: ADN-ZB (2); ADN-ZB/IML (1); H. Fiebig (1); P. Koal (4);
H. Levermann (1); M. Marotzke (6); H. Schorsch (1); Archiv
des Autors (52)
Schrift: 10 p Timeless
Gesamtherstellung: Karl-Marx-Werk Pößneck V 15/30
Bestell-Nr. 644 750 2
00870

Gebrauchsanleitung

Dies ist kein Geschichtsbuch, mit Fußnoten und Quellenangaben. Es ist erlebte Geschichte, durch Studium vervollständigt und bestätigt. Ich hatte das Glück, Blicke hinter die Kulissen des Imperialismus werfen, in Familien schauen zu können und Personen und Persönlichkeiten zu begegnen, die etwas mit dem Ablauf der Geschichte in den letzten 100 Jahren zu tun hatten. Lebende, Verstorbene, Ermordete.

Bewußt und immer aktiver, habe ich mehr als ein halbes Jahrhundert deutscher Geschichte erlebt – vom Ausstieg aus der Familie und der mir verhaßten Klasse, deren Staatsformen und Staatspraktiken ich mich schämte, bis zur Gründung meines sozialistischen Vaterlandes. Und ich habe das Erkannte, Erlittene, Erhoffte, Erkämpfte, Erarbeitete, Erreichte an der ideologischen Front gegen die Welt von gestern verteidigen und zum Sieg führen helfen dürfen.

Ein bißchen viel für einen Menschen, scheint's; abenteuerlich oft; manchmal – nehmt alles nur in allem – die Grenze des Glaubhaften scheinbar überschreitend. Ich habe kein Tagebuch geführt. Teils aus Sicherheitsgründen, teils aus Zeitmangel, gewiß auch, weil die Einsicht zu spät kam, daß es wichtig ist, ungewöhnliche Erlebnisse, Begegnungen, Ereignisse, Erkenntnisse, Entwicklungen als Zeitgenosse und Augenzeuge in dieser Form festzuhalten.

Bismarck nannte seine Memoiren „Gedanken und Erinnerungen". Dieser Titel macht das Problem deutlich: Schildert man Erfahrenes und Erlebtes mit den Augen von damals oder mit den Erkenntnissen von heute? Eine kluge

Freundin in Rostock und ein Künstlerfreund im Bezirk Frankfurt stellten mir, als ich ihnen von meinem Vorhaben erzählte, unabhängig voneinander diese Frage: Versetzt man sich noch einmal in die jeweilige Situation, oder erinnert man sich, macht sich Gedanken vom heutigen Erkenntnisstand aus?

Ich habe drauflos geschrieben: was mir einfiel, woran ich mich erinnerte, wie ich es damals sah und empfand – und wie ich es heute werten kann. Natürlich nicht frei von Subjektivität.

Geschichte ist die Summe von Geschehen, Taten, Erlebtem, Erfahrenem. „Erzähle mir die Vergangenheit, und ich werde die Zukunft erkennen", sagt Konfuzius. Man kann Geschichte durch Quellenstudium erarbeiten, Memoiren von Zeitgenossen – Machern wie Opfern – studieren, beurteilen und einordnen. Ich habe Geschichte erlebt und nun erzählt. Die Geschichte und Geschichten meiner Familie, ihres Umkreises und meine eigenen Lebenserfahrungen sind ein Stück Zeitgeschichte.

Wer Geschichte nicht kennt, wer nicht weiß, was war, wie etwas geschehen konnte, wer was verbrochen, versäumt oder geleistet und bewirkt hat, der vermag weder die Gegenwart noch das jetzt Notwendige zu verstehen, geschweige denn die Zukunft. Er wird zur Gestaltung der Gegenwart nur wenig beizutragen vermögen und die Zukunft nicht gewinnen helfen. Wen Geschichte nicht interessiert, den interessiert nicht, warum, wodurch und wofür er lebt oder leidet oder kämpfen muß, wer sein Leben fördert oder gefährdet. Letztlich interessiert ihn nicht, wie und ob seine Kinder und Enkel einmal leben werden.

Diese Worte zu Beginn sollen weder Entschuldigung noch Erklärung sein. Da Geschichte nicht der Schnee von gestern ist, sich zwar nicht deckungsgleich wiederholt, aber höchst aktuelle Lehren vermittelt, Erkenntnisse – auch Warnungen – und Anleitungen zum Denken, Reden und Handeln, vertraue ich darauf, mit meinen Erinnerungen und Gedanken

Hilfestellung zu geben. Nicht als Gebrauchsanleitung, sondern als Lebensorientierung für meine Zeitgenossen, vor allem für die jungen, die wir gemeinsam den Sozialismus aufbauen, dessen historischer Sieg unverändert gegen Feinde erkämpft und behauptet sein will.

Probleme mit dem Namen

Als mich das Licht der Welt erblickte, flackerte es. Nicht meine Geburt hatte die Luft bewegt. Ein kaiserlicher Krieg lag im Sterben: Weltkrieg Nummer eins. Und in Petrograd hatte 172 Tage zuvor die „Aurora" ein neues Zeitalter angekündigt.

Der 28. April 1918 war kein denkwürdiger Tag. Auch daß einem Sonntagskind besonderes Glück beschieden sein soll, halte ich für ein Gerücht. Mein Vater war 55, als ich ihm unterlief. Gerade hatte sich ihm sein Deutschlandbild verdunkelt. Er wußte nicht recht: War es nun der kaiserliche Bankierssohn, der hohenzollernsche Generalkonsul, der Beamte in der deutschen Zivilverwaltung des überfallenen Belgiens, der Geheime Legationsrat im Auswärtigen Amt der zweiten deutschen Republik, oder wer war es sonst, der im Steckrüben-Winter eines brodelnden Berlins die Geburt seines Sohnes Karl-Eduard Richard Arthur Gerhard anzumelden hatte?

Auf dem Katasteramt im Gutshof Berlin-Dahlem, der ein gutes Jahrzehnt später für mein Leben besondere Bedeutung erhalten sollte, nach den männlichen Vornamen in der Familie befragt, will mein alter Herr geantwortet haben: „Mein Vater: Eduard, mein Großvater: Karl-Eduard, mein ältester Sohn: Eduard." Vorlaute Frage des mit besseren Familientraditionen nicht so vertrauten Standesamtsmanns: „Ja, heißen sie denn alle Eduard?"

Ich hatte von früh an etwas gegen „Karl-Eduard". Es klang so feudal und bot Spielkameraden Anlaß zu Spott und

Spitznamen. „Blapo", „Blauarsch" zum Beispiel, wegen des angeblich „blauen Blutes". 1932 schließlich, in der Sozialistischen Arbeiterjugend (SAJ), wurde „Karl-Eduard" vollends unmöglich. Ein kluger Genosse schlug die Abkürzung vor: erster und letzter Buchstabe von „Karl", erster und letzter Buchstabe von „Eduard" – gleich: Kled. Und dabei blieb's unter Freunden und Genossen bis heute.

1913 – kurz vor Toresschluß der Erhebung in „höhere Stände" – waren drei Brüder Schnitzler geadelt worden: Onkel Richard, Onkel Paul und Eduard, mein Vater. Im kaiserlichen Adelsbrief hatte es kurz und knapp geheißen: *„Wir, Wilhelm, von Gottes Gnaden König von Preußen, Markgraf zu Brandenburg, Burggraf zu Nürnberg, Graf zu Hohenzollern, Souverainer und Oberster Herzog von Schlesien wie auch der Grafschaft Glatz, Großherzog von Niederrhein und Posen, Herzog zu Sachsen, Westfalen und Engern, zu Pommern, Lüneburg, Holstein und Schleswig, zu Magdeburg, Bremen, Geldern, Cleve, Jülich und Berg, sowie auch der Wenden und Cassuben, zu Crossin, Lauenburg, Mecklenburg, Landgraf zu Hessen und Thüringen, Markgraf der Ober- und Niederlausitz, Prinz von Oranien, Fürst zu Rügen, zu Osnabrück, Hildesheim, zu Verden, Cammin, Fulda, Nassau und Mörs, gefürsteter Graf zu Henneberg, Graf der Mark und zu Ravensberg, zu Hohenstein, Tecklenburg und Lingen, zu Mansfeld, Sigmaringen und Veringen, Herr zu Frankfurt – verleihen kraft dieser Urkunde den Gebrüdern: Doctor juris Julius Eduard* Richard *Schnitzler, Kommerzienrath und Oberleutnant der Landwehr-Kavallerie I. Aufgebots außer Dienst in Cöln am Rhein,* Paul Wilhelm Jakob *Schnitzler, Landgerichtsrath außer Dienst und Oberleutnant der Landwehr-Kavallerie II. Aufgebots außer Dienst in Cöln am Rhein, und Julius* Eduard *Schnitzler, Generalkonsul in Antwerpen und Oberleutnant der Landwehr-Kavallerie II. Aufgebots außer Dienst, nebst ihren bereits vorhandenen und künftigen ehelichen Leibeserben und Nachkommen des Mannesstammes beiderlei Geschlechts, um ihnen ein dauerndes Denkmal Unserer besonderen Königlichen Huld und Gnade zu stiften, den erblichen Adel Unserer Monarchie und Lande sowie alle Gerechtsame, Ehren* *und Vorzüge des Adels, insbesondere das Recht, sich nunmehr zu nennen und zu schreiben ‚von Schnitzler'. Wir ordnen und gebieten, daß fortan mehrgenannte Brüder... und alle ihre ehelichen Leibeserben und Nachkommen des Mannesstammes beiderlei Geschlechts rittermäßige Edelleute sein und alle und jede rittermäßigen adligen Rechte, Rang, Ehren, Titel und Vorzüge, von Jedermann ungehindert, gebrauchen und sich derselben erfreuen sollen.*

Des zu Urkund haben Wir dieses Diplom höchsteigenhändig unterschrieben und Unser Königliches größeres Insiegel daran hängen lassen. So geschehen und gegeben in Cadinen den zwanzigsten Tag des Monats September nach Christi, Unseres Herrn, Geburt im Eintausend neunhundert und dreizehnten, Unserer Königlichen Regierung im sechs und zwanzigsten Jahre.

gez. Wilhelm. Rex."

Die Eltern als Brautpaar im Jahre 1904

Das Geburtshaus in Berlin-Dahlem, Podbielskiallee 35/37

Nach meiner Übersiedlung vom Kölner zum Berliner Rundfunk, Ende 1947, wollte ich dieses alberne „von" loswerden, pardon: „alle Gerechtsame, Ehren und Vorzüge des Adels, rittermäßigen adligen Rechte, Rang, Ehren, Titel und Vorzüge", vornehmlich die „besondere Königliche Huld und Gnade". Aber Genosse Walter Ulbricht meinte bei unserem ersten Gespräch im prächtigen Sächsisch: „Du bist wohl verrigd geworn! Die Leide solln wissen, wohär man iberall zu uns gommen gann." Er hatte natürlich recht. In der Rundfunk- und Fernsehansage machen sich „Karl-Eduard" und „von" gut und steigern gleichermaßen Interesse wie erstaunte Fragelust oder Feindschaft.

Aber das sollte erst ein Vierteljahrhundert später aktuell werden.

Schlaglichter auf eine Familie

Mit meinen Namenspatronen und Taufpaten hatte ich nicht viel im Sinn. Als ich geboren wurde, waren sie längst vergreist oder bald verstorben, zum Teil Geschichte. Bemerkenswert allenfalls Peter Schnitzler (1608–1703), nach dem Dreißigjährigen Krieg erster Bürgermeister von Gräfrath. Das liegt im Bergischen Land, war und ist eine protestantische Enklave im katholischen Rheinland. Daher waren die Schnitzlers – obwohl Rheinländer – nicht katholisch, sondern evangelisch. Bürgermeister Peter Schnitzler stiftete einen Brunnen, der noch heute auf dem Marktplatz von

Die Familie im Jahre 1919: v.l.n.r. die Söhne Karl-Eduard, Hans und Eduard

Brunnen und Haus des ersten Bürgermeisters nach dem
Dreißigjährigen Krieg, Peter Schnitzler, in Gräfrath

Gräfenrath zu besichtigen ist. Wenn die CDU-Ratsherren diese Zusammenhänge kennen würden ...

1792 tauchte dann – inmitten von Johann Adolf, Philipp Jakob, Wilhelm, Franz Arnold, Karl Albert und Karl Julius – ein Karl-Eduard Schnitzler auf und führte 1821 eine Wilhelmine Stein zum Altar. So wurde aus dem Großkaufmann

Urgroßvater Karl-Eduard

der Geheime Kommerzienrat, wurden aus den Großkaufleuten Schnitzler Bankiers, aus den Gräfrather Kleinstädtern Kölner Großbürger.

Denn Urgroßvater Karl-Eduards Frau hatte 1821 diesen Schnitzler geheiratet, weil sich die Bankiersfamilie Stein mangels männlicher Erben vom Aussterben bedroht fühlte. Fortan waren laut Gesellschaftsvertrag vom 21. Juli 1820 im-

Großvater Karl-Eduard

mer ein Stein und ein Schnitzler gleichberechtigte Chefs des Bankhauses I. H. Stein. *„Ein glücklicher Lebensbund",* wissen die Biographen beider Häuser zu berichten; glücklich wohl mehr noch *„für Wandel und Handel, Geld und Gewährung wie Verwaltung von Krediten im Rheinland".* 1818 wies das Kassa-Konto allein 45 918 Francs auf. *„Wachsende Kapitalkraft, unablässige Kapitalvermehrung waren",* wie die Lobpreiser der Firma versichern, *„nur möglich durch die sparsame Lebensführung Johann Heinrich Steins."* Und der Schnitzlers natürlich. Etwas störend wirkt in der Familienchronik der Satz, die Haushaltskosten der Geschäftsinhaber seien *„hinsichtlich der Lebenshaltung undurchsichtig"*. In unseren Tagen wäre das etwas durchsichtiger.

Über die Stein/Schnitzler-Nachkommen v. Richthofen, Mumm v. Schwarzenstein, Borsig, v. Dirksen, v. Rath, Peill und v. Schröder oder Freiherr Ferdinand v. Stumm, dessen Schwester meine Tante war und in dessen Neunkirchner Eisenwerk Erich Honeckers Großvater als Werkmeister arbeitete, der 1877 den Verein zur Bekämpfung der Sozialdemokratie gegründet hatte und über den Erich Honecker schreibt:

„So ist es nicht verwunderlich, daß sich der Klassenkampf gegen die Stumm-Dynastie zu einer Familientradition der Wedenhofs (der mütterlichen Familie) wie der Honeckers entwickelte", führt die Familienlinie bis zum Bankier Iwan Herstatt, der als Devisenschieber und betrügerischer Bankrotteur seit 1987 seinem Lebensende im Kölner Gefängnis Klingenpütz entgegensieht (wo selbst ich 1943 tagelang mit der Ungewißheit konfrontiert war, ob ich hingerichtet würde oder nicht).

Doch weiter in der Familienchronik: Es lohnt sich, eine Schilderung der historischen Umstände auf der Zunge zergehen zu lassen. *„Durch den Untergang der reichsstädtischen Freiheit, die Fremdherrschaft, die Kämpfe Napoleons, die Vertreibung der Franzosen vom linken Rheinufer, die Zeit der Ermattung nach der Hochspannung der Freiheitskämpfe, die Einverleibung des Rheinlandes in das preußische Königreich hat Johann Heinrich Stein sein Lebensschifflein gesteuert"*, spinnen dessen Biographen seinen Lebensfaden.

An anderer Stelle heißt es dann aufschlußreicher: *„Nach der Mitte des 19. Jahrhunderts ist der erste Höhepunkt in der Gestaltung der deutschen Volkswirtschaft erreicht. Voraussetzung für den weiteren wirtschaftlichen Aufschwung gab die Verkehrsrevolution,*

Das Bankhaus I. H. Stein in Köln, Laurenzplatz 3

die seit der Anwendung der Dampfmaschine bei Schiffen und Eisenbahn sich vollzogen hatte. Neue Absatzgebiete wurden gesucht und gefunden, alte Absatzmärkte besser erschlossen und gesichert . . . Der frühere deutsche Kapitalexport, der Kapitalfluchtbestrebungen entsprang, ist durch innerpolitische Entspannungen, wie durch das Zustandekommen der preußisch-österreichischen Verständigung, zum Stillstand gekommen. Der Osten unseres Kontinents trat in den Interessenkreis der kapitalistischen Länder."

Da das Bankhaus I. H. Stein in die Eisenbahnlinie Köln – Frankfurt am Main investiert hatte, hielt bis zu Beginn des Ersten Weltkriegs jeder Schnellzug in Rolandseck, dem Schnitzlerschen Sommersitz. Heute ist dieser Bahnhof ein interessantes Kulturzentrum.

Das Bankhaus I. H. Stein hat sich *„in der sogenannten Gründerperiode 1871–1873 den gestellten Aufgaben nicht versagt".* Den Nachfolgern des Gründers – Steins, Schnitzlers, eingeheirateten Schröders – gelang es dann, ihr „Lebensschifflein" durch die Gründerzeit, Sieg über Napoleon III.,

Sozialistengesetze, „schimmernde Wehr", Ersten Weltkrieg, Nachkrieg, Inflation, Konterrevolution, Hitlers Aufstieg und Fall ins zu 70 Prozent zerbombte Köln und auf einen Anklageplatz im Nürnberger Prozeß zu „steuern".

Mein erstes Schloß

Durch Thomas Manns „Buddenbrooks" geht die Trennlinie Frühkapitalismus – Spätkapitalismus. Durch die Familie Schnitzler geht der Bruch: Feudalismus – Kapitalismus – Imperialismus – Faschismus – Kommunismus.

Doch ich will nicht ungerecht sein. Onkel Arthur (geb. 1857), lange vor meiner Geburt gestorben, hatte 1892 Hedwig Borsig geheiratet, eine Tochter des Kanonen- und Lokomotivenkönigs Borsig. Dieser – wie das in jenen Kreisen üblich war – schenkte seiner Tochter zur Hochzeit an der Müritz das Schloß Klink samt Rittergut.

Hier ist wieder ein zeitlicher Vorgriff geboten. 1932 machte meine SAJ-Gruppe eine Fahrt nach Mecklenburg. Teils naiv, teils frech und vorlaut, schlug ich als Vierzehnjähriger vor, in Klink zu zelten. Tante Hedwig fragte: „Ihr seid wohl ein bißchen rot?" Ich sah keinen Anlaß, die Farbe unseres Wimpels zu verbergen. „Fein", meinte sie, „dann wird sich der Bose ärgern." Ihr ungeliebter Schwiegersohn v. Bose war längst Faschist und schon an der deutschen Botschaft in Montreal als Spion, später als Gestapobeauftragter tätig. Wir durften also im Schloßpark an der Mole zelten, und Bose – in Urlaubsbreeches mit Wickelgamaschen – schlich wutschnaubend mit blutunterlaufenen Augen um unser Lagerfeuer.

In Klink – Dorf, Gutshof, Schloß – herrschte, wie der damalige NS-Kreisleiter Hinkel Anfang der dreißiger Jahre in einem Prozeß aussagte, „ursprünglich eine für den Nationalsozialismus sehr günstige Stimmung". Aber dann traten „nicht nur Inspektor Nöhring, sondern auch die Wirtschafterin Genzke und der Sekretär Kurz aus der (Nazi-) Partei aus". Weiter der Faschist Hinkel aus Waren: „Im November 1932 verbot man uns das Ankleben von Plakaten ... Als der Blockwart die nationalsozialistischen Wahlzettel verteilte, zuckte man die Achseln und machte abfällige Bemerkungen." Es sei „die Stimmung aufgekommen, die Gutsverwaltung wünsche keinen nationalsozialistischen Geist in Klink ... Die soziale Einstellung Frau v. Schnitzlers ist im übrigen bekannt."

Natürlich war Tante Hedwig alles andere als „links". Gebildet und humanistisch, setzte sie auf ihrem Rittergut gegen das Hakenkreuz auf Schwarz-Weiß-Rot, weil sie den brutalen, mörderischen Faschismus haßte. Ihre mutige Zeugenaussage in einem späteren Prozeß, bei dem es um die Ermordung eines Gutsnachbarn durch SA-Banden ging, bestätigt das.

Diese Informationen, die ich dem faschistischen „Mecklenburgischen Beobachter" entnahm, decken sich mit meinen Erlebnissen in Klink im Herbst 1932.

Tante Hedwigs anderer Schwiegersohn, v. Kriess, war Reichswehroberst. Als er sich nach Hitlers Machterschleichung als altes Parteimitglied entpuppte, ließ sich meine Kusine Cornelia von ihm scheiden. Aus politischen Gründen. Sie heiratete dann Günther Graf Blumenthal, Freund meines Bruders Hans und dessen Freundes Werner v. Haeften, des späteren Adjutanten Stauffenbergs. Haeften wurde 1944 beim Versuch, Hitler zu beseitigen, neben Stauffenberg in der Berliner Bendlerstraße erschossen, Blumenthal vom Blutrichter Freisler verurteilt und am Fleischerhaken erhängt. Haeften hatte mir noch Ende 1943 in Paris folgende Geschichte erzählt: Im Auftrag Stauffenbergs habe er den Generalfeldmarschall v. Manstein (der eigentlich v. Lewinski hieß, aber das klang ihm „zu polnisch") auf die Entmachtung Hitlers angesprochen; dieser Gefreite sei schließ-

Schloß Klink (um die Jahrhundertwende)

lich im Begriff, den Krieg zu verlieren. „Gern", sagte der Feldmarschall, „aber erst muß ich das militärische Problem Sewastopol lösen..." Also erst für Hitler eine sowjetische Festung einnehmen (was offensichtlich kein politisches Problem war); dann, bitte schön, Hitler ausschalten... Sein Zögern half Manstein nichts: Er entging zwar einer Anklage vor dem „Volksgerichtshof", wurde jedoch aller Ämter enthoben. Ich aber lernte schon damals etwas von der Kompliziertheit der Bündnispolitik.

Tante Hedwig erwartete 1945 im Schloß Klink guten Gewissens die Sowjetarmee. Bei der Bodenreform erhielten die Kusine Cornelia als Blumenthal-Witwe und deren Sohn Wohnrecht und einige Hektar Land. Aber Tante Hedwig starb bald und wurde in Klink begraben; Cornelia übersiedelte mit ihrem Sohn nach München zu Blumenthal-Ver-

Schloß Klink heute. Die neuen Bewohner: FDGB-Urlauber

wandten. Sie spielt dort eine gute Rolle in der Friedensbewegung. Meine frühen Nazivettern gingen in der Geschichtslosigkeit verloren.

Im Wintergarten von Klink sind zwar unersetzliche Fresken von Max Liebermann zerstört worden, aber Umsiedler erhielten Unterkunft. Und das Schloß ist FDGB-Ferienheim. Bei Klink entstand unser erstes Urlauberdorf.

Fremdenführer und Reiseleiter, die heute noch im Vorbeifahren den Urlaubern die Weisheit vermitteln, dies sei „Schnitzlers Schloß", er habe es „dem Staat geschenkt" und wolle es nun „gern zurückhaben", gehören zur Gilde der Klatschtanten, die auch im Sozialismus nicht auszusterben scheint. Wie gut, daß ich keine Singstimme habe: Ich könnte dazu ganze Arien schmettern. Márta Rafael, seit 1960 meine Frau, pflegt zu sagen: „Laß uns alle Schlösser und Häuser, die man dir anhängt, verkaufen; und davon bauen wir dann ein Häuschen." Im gemieteten Einfamilienhaus – in westlichen Zerrspiegeln „ein Palast", zumindest „eine Luxusvilla" – und im Bungalow meiner Frau leben wir einfacher, als es sich manche vorstellen.

Mein Vater

Der Schnitzlersche Adel war jung. Ich will offenlassen, ob verdient, erdient, erdienert oder erdiniert. Die beiden Ältesten waren Bankiers und Kölner Honoratioren, mein Vater, als Jüngster, Diplomat. Wie das so bei Kapitalistens ist. Das Vermögen muß zusammenbleiben. Also waren die Bankiers die Reichen. Die anderen durften durch Einheirat oder vom Erbteil leben, Offizier oder Diplomat werden. Die „Berliner Schnitzlers" galten als „die Armen der Familie". Vom Hungertuch weit entfernt, verlor mein Vater in der Inflation sein Vermögen, mußte die große Villa in der Podbielskiallee (derzeit Clayallee) räumen und in die Hohe Ähren umziehen, ein bescheidenes Reihenhaus mit Gärtchen. Seine Pension reichte zum Leben, erlaubte keine größeren Sprünge und war „eigentlich nicht standesgemäß".

Mein Vater, eine unbedarfte rheinische Frohnatur, mit nachwilhelminisch-deutschnationalem Weltbild, war, marxistisch erklärbar, ein wenig liberaler als seine reiche konservative Kölner Verwandtschaft. Als Diplomat hatte er mehr als sie von der Welt gesehen und fühlte sich nun benachteiligt. Daher seine Neigung zu einer etwas kritischeren Betrachtungsweise, obwohl er sonst nicht gerade tiefgründig und nachdenklich war oder gar fortschrittlich. Hitler hielt er für „nicht salonfähig". Auf dem Totenbett versöhnte er sich mit ihm, weil Hitler die Wehrpflicht einführte ...

Im August 1863 in Köln geboren, hatte mein Vater von 1882 bis 1885 in Bonn und Berlin Rechtswissenschaften studiert, war 1885 Referendar am Königlichen Landgericht in Köln und 1890 Assessor geworden. Als Soldat diente er bei den Königshusaren in Bonn und trat dann als Reserveoffizier in das Husarenregiment Nummer 13 in Bockenheim bei Frankfurt ein.

Seine Eltern schenkten ihm zum bestandenen Abitur und zum Assessor größere Reisen um die ganze Welt: Ägypten, Britisch- und Niederländisch-Indien, China, Japan, Nordamerika. 1892 wurde er in den Dienst des Auswärtigen Amts übernommen und verwaltete 3 Jahre lang das kaiserliche Konsulat in Brüssel und vorübergehend das Generalkonsulat in Antwerpen. Dafür erhielt er von König Leopold II. den belgischen Leopold-Orden. Er war dann kurzzeitig im Generalkonsulat in London tätig und wurde 1898 als Vizekonsul nach Shanghai versetzt.

Dort amtierte er, als am 20. Juni 1900 der deutsche Gesandte v. Kettler ermordet wurde. Damit galt mein Vater damals als höchster Vertreter des deutschen Kaiserreichs in China. In einem alten „Kurzen Abriß der chinesischen Geschichte" steht in dem Kapitel „Bekämpfung der ausländischen Missionare als Ausdruck antiimperialistischer Volksbewegung": „Die Missionare, vor allem aber die katholischen Priester, ließen Kirchen bauen, eigneten sich mit Gewalt Grundstücke an, nützten die Macht des Imperialismus zur Einschüchterung der lokalen Beamten aus, mischten sich in administrative Angelegenheiten ein, beeinflußten die Gerichtsbarkeit nach eigenem Gutdünken und verbanden sich mit Gangstern, die ihnen bei der Unterdrückung der Volksmassen Hilfe leisteten."

Wie in den meisten deutschen Kolonien spielten auch in China Soldaten und Beamte, die Vorläufer der deutschen Händler, eine Rolle. Höchster Beamter war, wie gesagt, mein Vater. Wes Geistes Kind er war, zeigen Ausschnitte aus seiner eigenen Niederschrift: *„Wie ein Blitz aus heiterem Himmel traf in Shanghai die Nachricht von der Einnahme des Taku-Forts und der Belagerung Tientsins ein. Die anfängliche Freude der*

Der Vater als Generalkonsul

Deutschen, die in aller Munde gepriesene Heldentat des kleinen ‚Iltis' und seines tapferen Führers wich bald einer großen Beunruhigung, die die am Handel im Norden und insbesondere in Tientsin stark beteiligte Kaufmannschaft bezüglich der weiteren Entwicklung der Dinge ergriff... Eine Erleichterung ergriff die Bevölkerung, als auf Veranlassung des Konsularcorps die chinesischen Behörden zur sofortigen Zurückziehung der Flotte veranlaßt wurden... Die deutsche Kaufmannschaft bestürmte mich mit Bitten, für die Herbeischaffung eines Kriegsschiffes zu sorgen. Auf meine wiederholte telegrafische Anfrage bedauerte der Chef des Kreuzergeschwaders, kein Schiff zur Verfügung zu haben, und empfahl mir, einen Handelsdampfer zur Rettung der deutschen Kolonie für den Fall der Not zu chartern. Dieser Rat war leichter gegeben als befolgt... Erst am 14. Juli traf die schöne ‚Gefion' zu unserem Schutz in Shanghai ein und wurde von den Deutschen mit besonderer Genugtuung begrüßt, zumal weder Engländer noch Franzosen ein Kriegsschiff zur Verfügung hatten. Das Konsulatsgebäude wurde von dem Kommandanten der ‚Gefion' mit zwei Marinegeschützen versehen, während ich schon vorher für die Beamten des Konsulats Gewehre und Munition gekauft hatte... Dabei mußte ich für die Beförderung und Unterbringung der von Europa kommenden Truppen Vorbereitungen treffen: Für die Marine hatte ich Schiffe und Leichter, für die Armee Ponys und Maulesel anzukaufen... Die Beamten des Generalkonsulats mußten, soweit sie Offiziere waren, das Bataillon an der Landungsbrücke in großer Uniform in Empfang nehmen und zu Pferde bis zu den Baracken begleiten. Ich habe diesen Tag in der denkbar unangenehmsten Erinnerung, da die Sonne mörderisch brannte und ich in meiner Landwehr-Kavallerie-Uniform mächtig schwitzte. Unsere ersten Truppen, alles stramme Burschen in einfacher Kleidung, mit Strohhut bedeckt, langten nun an. Auf diesen Transport folgten bald andere. In unserem stillen, gemütlichen Shanghai wimmelte es fortwährend von Soldaten und Offizieren. Letztere suchten selbstverständlich zuerst das Generalkonsulat auf und wollten von uns alsdann amüsiert werden...

Ein glanzvolles Ereignis für Shanghai brachte sodann der Einzug des Grafen Waldersee und seines Stabes. Das Schauspiel war fraglos imposant, als der Feldmarschall, hoch zu Roß, mit dem Marschallstab in der Hand, gefolgt von seiner Standarte und zahlreichem Gefolge, auf der Rennbahn über die Truppen der verschiedenen Nationen die Parade abnahm."

Das war die erste Europa-Armee, die unter dem Motto „The Germans to the front" von einem deutschen Heerführer gegen ein anderes Volk geführt wurde. Ausgestattet von meinem Vater.

Weiter in dessen Aufzeichnungen: *„Am 10. März 1901 verließ ich auf einem kleinen englischen Dampfer mein geliebtes Shanghai, in dem ich so schöne und interessante Stunden verbracht hatte... Als ich das Shantun-Vorgebirge passierte, an dem einst der alte ‚Iltis' einen ruhmreichen Untergang fand, konnte ich deutlich den Friedhof erblicken, auf welchem jene Helden ruhen, die mit einem Hoch auf ihren Kriegsherrn in den Tod gingen... Es unterliegt keinem Zweifel, daß das Bombardement Tientsins ungleich gefährlicher war als dasjenige der Gesandtschaft in Peking. Seine Rettung verdankt Tientsin hauptsächlich den Russen, die mit großem Mute und unter schweren Verlusten den wichtigsten Stützpunkt, den Bahnhof, gehalten haben. Nach 24stündigem Verweilen in Tientsin eilte ich in sieben Stunden per Bahn nach Peking. Das Eisenbahnfahren war sehr gefährlich durch Räuber, die aber nicht etwa durch Chinesen, sondern durch die Soldaten der verbündeten Mächte gestellt wurden."*

Eine feine Armee, diese erste „Europa-Armee" der Geschichte. In einem deutschen „Lehrbuch" jener Zeit hieß es: „Die Ausbreitung des Christentums, die christliche Mission, leistet der europäischen Kolonialisation die wesentlichsten Dienste." Später wußte dann mein Vater mir Bezeichnendes aus seiner großen Zeit des Boxer-Aufstandes zu erzählen. Zum Beispiel, daß der Diener Yang beim Diebstahl eines Brotes gefaßt worden sei: „Natürlich wurde ihm sofort die Hand abgehackt." Oder: „Es wurde überhaupt damals munter hin und her geköpft..." Das war nicht nur die Sprache meines Vaters. Das ist imperialistische Sprache, das ist imperialistische Denkweise. Und mein Vater war doch ein ganz gewöhnlicher fröhlicher Rheinländer, der seine Kinder liebte und sich für einen guten Deutschen hielt.

In der „Geschichte der Familie Schnitzler" fand ich die schönen Sätze: *„Herr Konsul Schnitzler, der nach diesen aufregenden Jahren Ende Dezember 1901 wieder glücklich in seiner Vaterstadt anlangte, erhielt vom Kaiser den Roten-Adler-Orden IV. Klasse. Im Sommer 1902 erfolgte seine Ernennung zum Kaiserlichen Konsul in Rom, wo er im April 1903 anläßlich des Kaiserbesuchs mit dem Preußischen Kronenorden III. Klasse ausgezeichnet wurde. Der König von Italien verlieh ihm aus demselben Anlaß das Offizierskreuz der Italienischen Krone. Als Herr Konsul Schnitzler in der deutschen Botschaft dem Kaiser vorgestellt wurde, reichte dieser ihm bei Nennung des Namens die Hand mit der Bemerkung, daß er s. Z. in Bonn mit mehreren Schnitzler, die beim Corps Palatia aktiv gewesen seien, studiert habe."*

Wie leutselig! Das alles war damals natürlich von unerhörter Wichtigkeit. Aber so gehörte es auch zur standesgemäßen Selbstverständlichkeit, daß die Großbürger in Berlin-Dahlem nach der Novemberrevolution 1918 eine „Bürgerwehr" gründeten und in Zivil, aber mit allen Waffen, über die sie verfügten – Revolver, Pistolen, Karabiner, Jagdgewehre, Hirschfänger –, Jagd auf Spartakisten machten, auch auf Rosa Luxemburg und Karl Liebknecht, als diese auf der Flucht vor ihren Mördern kurze Zeit in Dahlem Zuflucht suchten. Mein Vater war dabei. Auf der Seite der Jäger.

Am 15. Januar 1933 nahm ich als Mitglied der SAJ an der letzten Liebknecht-Luxemburg-Lenin-Demonstration vor Hitlers Machtantritt in Friedrichsfelde teil. Noch heute ist die Liebknecht-Luxemburg-Demonstration für mich die wichtigste, meine Teilnahme Pflicht und Bedürfnis zugleich.

Zurück in mein Steckkissen. Im Hungerwinter 1918/19 hielten meine Eltern im Dahlemer Villenkeller eine Ziege.

Titelblatt der Streitschrift eines Vorfahren der Mutter

Böse Kenner dieses Fakts führen darauf meinen Hang zur Meckerei zurück. Aber meine kritische Betrachtungsweise ist wohl eher historisch-materialistisch zu erklären als biologisch.

Meine Mutter

Sie entstammte einer Hugenottenfamilie. Die Streitschrift eines ihrer Vorfahren ist im Französischen Dom zu Berlin ausgestellt. Er hatte dort gepredigt.

Für die Frau des Kaiserlichen Generalkonsuls, die First oder Second Lady in Rom und Antwerpen, brach 1918 eine Welt zusammen. Intelligent, hochgebildet, ihrem Mann intellektuell überlegen, begann sie zu „suchen": Kirche, Nazi-

Die Mutter als junge Frau

Die Mutter, Margarethe von Schnitzler, geborene Gillette

anfänge, Ludendorff, wieder Hitler (vor 1933), Kriegsfurcht, Antinazismus, Friedensbewegung, Präsidentin des Landesfriedenskomitees von Niedersachsen in Hannover. Es dürfte ihr französischer Rationalismus gewesen sein, der sie ihre Gesellschaft stets kritischer betrachten ließ und sie aus der römischen Diplomatenresidenz (in der die kupplerische Begegnung der Bertha Krupp mit Herrn v. Bohlen und Halbach arrangiert worden war, weil kein männlicher Krupp-Erbe zur Verfügung stand) noch mit 70 Jahren zweimal in Adenauers Gefängnisse geführt hat.

Die Mutter meiner Mutter

Auch Großmama war eine bemerkenswerte Frau. Aber das erfuhren wir erst nach ihrem Tod. Bis dahin galt sie in unseren Augen als komische Alte. Bis zu ihrem Tod hielt sie Lebenswichtiges und Aufschlußreiches geheim. Von meinem Großvater Friedrich Gillet hatte sie sich – o bürgerlicher Schreck in jener Zeit – scheiden lassen. Das war da-

Die Mutter als Präsidentin des Landesfriedenskomitees von Niedersachsen

mals ein Eklat. Aber sie hatte ihre Gründe. Wir dachten zunächst, sie hätte einen Adelstick, weil sie umgehend einen Herrn v. Loos heiratete. In Wirklichkeit wollte sie wenigstens in etwa dem Stand angehören, der ihr ihrer Meinung nach zukam.

Ihre (verschwiegene) Geschichte: Zwischen Wilhelm I. und Wilhelm II. gab es einen „99-Tage-Kaiser": Friedrich III. Ein Menschenalter (1831–1888) hatte er „Kronprinz Friedrich Wilhelm" bleiben müssen. Einmal, weil Vater Wilhelm I. partout nicht sterben sollte; zum anderen wegen seiner Verwandtschaft und deren Einfluß: Der Kronprinz hatte die älteste Tochter der britischen Queen Victoria geheiratet, die ähnlich unattraktiv war wie ihre Mutter. Aber sie übte Einfluß auf den Kronprinzen aus, was wiederum bei Friedrich Wilhelm den Wunsch auslöste, eine konstitutionelle Monarchie nach englischem Muster zu errichten. Das wollten Bismarck und dessen König/Kaiser nicht.

In seiner überlangen Kronprinzenzeit konnte Friedrich Wilhelm (der als Kaiser Friedrich III. nach einer Herrschaftszeit von 99 Tagen an Kehlkopfkrebs starb) außer seinen Repräsentations- und Zeugungspflichten (Wilhelm II.) nur seinen Jagd- und anderen Leidenschaften frönen. Zum Glück besaß er einen Freund namens Bullrich: nicht ganz standesgemäß, denn der produzierte Salz für saure Mägen, aber reich und Schloßbesitzer in Schlesien. Dort pflegte der Dauer-Kronprinz auf die Jagd zu gehen. Bullrich war rothaarig, klein, dick und sommersprossig, Bullrichs fünf Söhne ebenfalls rothaarig, rundlich und voller Sommersprossen. Bullrichs Frau aber war schlank, hochgewachsen und ausgesprochen schön.

Es begab sich, daß Vater Bullrich unvermittelt auf eine Weltreise ging. Als er nach über einem Jahr heimkehrte, kam kurz danach seine Frau mit einer Tochter nieder, kein rotes Haar, keine Sommersprossen und schon in der Wiege schlank. Und die „Bild"-Zeitung würde jetzt genau beschreiben, wie das kam.

Die Großmutter (mütterlicherseits) als junge Frau

Ich begnüge mich mit der Kunde, daß Großmama fortan standesgemäß in der Berliner Brückenallee wohnte, die v. Loossche Witwe wurde, in der Inflation ihr Vermögen verlor und – bei dieser Herkunft! – in die Lankwitzstraße 13 am Halleschen Tor ziehen mußte. Mein Vater unterstützte sie finanziell bis zu ihrem Tod.

An den düsteren Wänden ihrer Wohnung hingen unbekannte Hohenzollernbilder, die von ihr immer wieder als „Loossche Ahnen" ausgegeben wurden. Sie hielt das bis zu

Die Großmutter

ihrem Tod durch. Ein Gemälde zeigte Großmama mit dem umgearbeiteten damastenen „Johanniterorden"-Mantel und dem dazugehörigen Hermelincape: die verhinderte Königinmutter persönlich ...

Dann kam meine erbschleichende Schwägerin Hete, Gattin des ältesten Bruders Eduard. Endlich konnte sie den jahrelang angepeilten Hermelin modern umarbeiten lassen. „Aber gnädige Frau", sagte der Kürschner, „das können Sie doch viel billiger haben" und zeigte auf Kaninchenfelle. Der Hermelin war keiner. Der lang ersehnte, nun geerbte üppige Schmuck: von Großmama ausnahmslos verkauft und durch Imitationen ersetzt, damit sie – stets in Schleppe, mit hochgesteckter Frisur und einem zwölfzackigen Krönchen drauf – wenigstens vor sich selbst ihr Image wahren konnte: nominell geborene Bullrich, illegitime v. Preußen, verheiratete und geschiedene Gillet, verheiratete und verwitwete v. Loos, ihr Schwiegersohn: Geheimrat v. Schnitzler, ihre Tochter wie ihre Enkel Eduard, Hans und Karl-Eduard adlig!

Mangel an Konsequenz konnte man der alten Dame nicht nachsagen. Selbst ihre Grippe war gräflich: Einen Schnupfen hatte sie „von meiner Nichte, der Gräfin Rantzau". Sie besaß Würde, selbst wenn alle Äußerlichkeiten falsch waren. 1929 feierten meine Eltern ihre silberne Hochzeit. Onkel Richard ließ sie für seinen ärmeren Bruder in Rolandseck ausrichten, in seiner Villa gegenüber dem Siebengebirge. (Nach dem Zweiten Weltkrieg wurde sie übrigens Residenz des ersten sowjetischen Botschafters in der BRD.) Großmama war im Bonner Hotel „Königshof" abgestiegen – wo sonst? Dann schickte sie ihre „Stütze" Lina auf Suche, und diese wurde bei einem Fuhrunternehmer fündig. So fuhr denn meine Großmutter mit weißem Kleid, wagenradgroßem Hut und Sonnenschirm in einer offenen Kutsche, deren Seite irgendein großes herzogliches Wappen zierte, durch Bonn, Bad Godesberg und Mehlem nach Rolandseck. Nur der rote Teppich und präsentierende Leibgardisten fehlten dem imponierenden Auftritt.

Die Villa des Onkels Richard von Schnitzler in Rolandseck

Ich konnte mir schon damals, als Elfjähriger, das Lachen kaum verkneifen. Man hatte mir zur Feier des Jubeltages einen weißen Kieler Matrosenanzug aufgezwungen. Das konnte nicht gut gehen. Schon am Vormittag war das Prunkstück voller Flecken, die ich jedoch mit Zahnpasta abdeckte. Abends konnte die Hose steif in die Ecke gestellt werden. Ich hielt mich weniger aufrecht; denn nach dem mittäglichen Festessen hatte ich aus den diversen Gläsern der ganzen Tafel sämtliche Reste zusammengegossen...

Aber Großmama, die kronprinzliche Bullrich-Tochter, residierte, war würdevoller Mittelpunkt dieser makaberillustren Gesellschaft. Da Bullrich das berühmte Bullrich-Salz herstellte, interessieren mich weniger hohenzollernsche Bastarde, zu denen ich wohl gehöre, nicht ein paar Chromosomen und Gene der Dynastie v. Preußen, als vielmehr mein eigener respektloser Spruch: „Was Bullrich-Salz für die Verdauung, ist Schnitzler für die Weltanschauung..." –

Zusammenfassend: Weder Ziegenmilch noch Hohenzollernblut sind Ursache meines Hangs zum „Meckern", sprich: zu kritischer Betrachtungs- und Verhaltensweise; sondern es sind soziale und rationale Gründe: die Schlechterstellung des Vaters in der reichen Sippe und die Hugenottenherkunft meiner Mutter. Der feudale Seitensprung meiner Urgroßmutter ist eher ein Treppenwitz – wenn auch nicht gerade der Weltgeschichte.

Bekanntschaften

Mein Vater war aus Kölner Zeiten mit Konrad Adenauer befreundet. Wenn der Kölner Oberbürgermeister als Präsident des Preußischen Staatsrats in Berlin weilte, pflegte er uns in Dahlem zu besuchen. Privat war er kinderlieb, und ich durfte stets auf seinem Schoß sitzen. Falls sein Elefantengedächtnis funktioniert haben sollte, dürfte er diesen Grad der Bekanntschaft später bereut haben. Des Namens „Schnitzler" erinnerte er sich, als wir ein Menschenalter später in Köln mehrfach aneinandergerieten. Das Schoßkind hatte er wohl vergessen (wollen).

Anders Robert Pferdmenges, Kölner Bankier, „reichster Mann Deutschlands", Separatist wie Adenauer (darüber wird noch zu sprechen sein), nachmals Hauptberater Adenauers bei der Abspaltung des Westens vom deutschen Nationalverband, einflußreicher Befürworter von NATO, EG, EFTA und GATT. Wie Adenauer war Pferdmenges geschickt genug, nicht in die Nazipartei einzutreten. Sie hätten es gekonnt, aber hatten es nicht nötig. Trotzdem waren sie zunächst Befürworter und Förderer dessen, was sie fälschlich „Nationalsozialismus" nannten, der Festigung des „Herr-im-Haus-Standpunkts". Wenn Hitler nur nicht so „unchristlich" gewesen wäre und den Krieg verloren hätte;

und diese Sache mit den Juden.... Pferdmenges war ebenfalls ein Freund meines Vaters und regelmäßig Gast in Dahlem.

1946 wußte er sich wohl zu erinnern. Bei der Einweihung des neuen Sendesaales im zerstörten Kölner Rundfunk, dem ich als deutscher Amtierender Intendant und Leiter der Politischen Abteilung vorstand, nahm mich Pferdmenges während des Stehbanketts beiseite und fuhr mich im schönsten Köllsch an: „Junger Mann, wat maachen Se hier? Politik. Un was för Politik! Ihr Herr Vater würde sich im Jrabe herumdrehen. Wir werden dafür sorgen, dat Se von der Pike an en anständigen Beruf erlernen. Jeld ham Se keins, wir werden Ihnen 'ne Konto von 'ner Million einrichten. Und för 'nen Direktorposten wird's ja dann wohl reichen..." Ich habe das Angebot nicht deshalb abgelehnt, weil es sich um altes Geld handelte. Aber ich hatte eine Lektion in Sachen „Freiheit des Journalisten" erhalten. Nicht meine erste und nicht meine letzte.

Andere lebten anders

Müßige Frage, ob es „für einen Direktor gereicht" hätte. In Dahlem jedenfalls spielten in der Nachbarschaft die Kinder der Reichsbankdirektoren, denen man dort ein weiträumiges Villenviertel errichtet hatte. Aber das war nicht meine Welt. Die Direktorensprößlinge wirkten langweilig und arrogant, ich war für sie zwar „adlig", aber mein Vater „arm", „ohne Einfluß" und deshalb „nicht salonfähig".

Da ging es rund um den Dahlemer Gutshof anders zu. Die Söhne der Landarbeiter mußten in den Sommer- und Herbstferien Ähren und Kartoffeln nachlesen. Sie waren aufgeweckt, lustig, spielten mit Spaß und Verstand, lasen Zeitung, wußten viel – und nahmen mich an. Natürlich wurde der „Geheimratssohn" gefrotzelt, obwohl ich damals an den Fingernägeln kaute und jeden Unsinn mitmachte. Aber trotz meiner „viel zu feinen Anzüge" war ich frei von Dünkel und hatte Mitgefühl und ernstes Verständnis für ihre Lage.

Sie wohnten anders, schliefen zu dritt oder zu viert in einem Bett, lebten anders, aßen anderes. 1929 gab es in Deutschland einen Streik der Landarbeiter. Es ging um eine Stundenlohnerhöhung von einem halben Pfennig. Meine Freunde, die Butter ohnehin nicht kannten, hatten vom ersten Streiktag an keine Margarine mehr auf dem Brot. Ich erleichterte die elterliche Speisekammer um Butter, Wurst, Brot, Fleisch, Öl, Kartoffeln – und bekam dafür elterliche Schläge. Wangen und Backen litten nicht so sehr unter Schmerzen wie mein Gerechtigkeitsgefühl. Égalité und Fraternité, Gleichheit und Brüderlichkeit, waren verletzt. Daß es mit Liberté, mit der Freiheit, zu tun haben könnte, daß Ungleichheit und Menschenfeindlichkeit (zumindest Gleichgültigkeit gegenüber den Mitmenschen) ihre Quellen in Macht und Klasse hatten, wußte ich noch nicht. Aber ein Riß war da: Kritik an der Familie, an den Reichen – „im Lichte", Parteinahme für meine Freunde – „im Dunkeln".

Mein ideologischer Vater: Bruder Hans

Er war zehn Jahre älter als ich, geboren 1908 in Rom. Sein Leben war einfach – in doppelter Hinsicht. Einmal, weil es unter einem einzigen einfachen Zeichen stand, dessen Stern rot war und dessen Name Kampf lautete. Und sein Leben war einfach, wenn es um ihn selbst ging. Ich meine seine Anspruchslosigkeit. Ans eigene äußere Leben hat er im Grunde immer nur die Ansprüche gestellt: So wohnen, daß ich Platz habe für meinen Schreibtisch, meine Bücher, meine Karteien und Akten. Schlafen? Ein Sofa genügt, eine Lampe und Bücher zum Greifen nahe. Essen? Egal was, nur damit ich arbeiten kann. Gesundheit? Als Schüler und Student überdurchschnittlicher Sportler; Nichtraucher und Nichtverächter von Alkohol; und als er kaum mehr gehen, sich nicht mehr bücken, nichts mehr richtig anpacken und gar nicht schreiben konnte: Hauptsache, er konnte lesen, fernsehen, mit einer großen Greifklammer das Buch, die Zeitung, Heruntergefallenes erreichen und heranziehen und mit zwei Fingern auf der Schreibmaschine Notizen, Auszüge, Zitate, Zahlen und Fakten festhalten. Dann ging er dennoch hinaus, ließ sich abholen, fahren, stützen, saß, stand und redete frei und mit Belegzetteln, temperamentvoll und bewegend vor kleinen und großen Foren, Kollektiven, Industrie-Akademien. Als dann auch das nicht mehr ging, setzte er die kämpferische, wissenschaftliche, politische Diskussion fort – am Stammtisch, im kleinen Familien- und Freundeskreis, in der Charité mit Ärzten, die ihn operiert hatten, mit anderen Patienten und Schwestern, im Feierabendheim, im Krankenhaus – bis Geist und Körper ihm versagten, den Kampf fortzusetzen. Wer ihn nicht näher kannte, dem mochten seine Einfachheit, Beharrlichkeit und Unbeirrbarkeit letztlich ans Wunderliche grenzen, wenn nicht ans Lästige. Und gewiß war es schwer, zu leben mit ihm, der nur dem Kampf lebte; der nicht nur das eigene Ich, seine Beziehung zu Mitmenschen, sondern auch den Mitmenschen – ob Frau, Kind, Bruder, Freund – dem unterordnete, was er sich als Ziel gesetzt hatte. Wenn er es anderen schwer machte, machte er es zuerst sich selbst schwer. Die größten Ansprüche stellte er an sich selbst, an die ständige Vervollkommnung seines Weltbildes und an seine Fähigkeit, es anderen weiterzuvermitteln.

Wenn er unbequem war: Das Leben, unsere Welt, unsere Zeit brauchen Unbequeme, die keine Gelegenheit auslassen, den Finger auf Wunden zu legen, auf die des Feindes wie auf eigene; die alles, aber auch alles politisch sehen, in sei-

Mit Bruder Hans

nem dialektischen Zusammenhang, mit seinen gesellschaftlichen Ursachen und Konsequenzen. Unbequem – manchmal bis lästig, wenn man selbst einmal ausspannen, sich ablenken, mal laut nachdenken wollte über scheinbar Nebensächliches, Abseitiges. Ja, penetrant manchmal, sich festbeißend und den Partner festnagelnd. Bis man auf einmal merkte: Es ist ja nicht Einseitigkeit, nicht Verbissenheit, Verbohrtheit, nicht Enge womöglich oder gar Sturheit,

Hans Schnitzler und Márta Rafael

sondern ganz einfach unermüdlicher Kampfgeist, Besessenheit im guten Sinne des Wortes, harte Konsequenz, Sorge auch, daß etwas ungedacht, ungesagt bleiben könnte beim Kampf um die Köpfe.

Wenn ich von Kampf und Einfachheit spreche: Sein Kampf begann gegen den Reichtum, gegen den Mißbrauch des Reichtums im Kreis und Umkreis der eigenen Familie. In seiner Studentenzeit brachte ihm die Begegnung mit dem Werk von Karl Marx wissenschaftliche Antwort auf seine drängenden Fragen nach den Ursachen des sichtbaren Unterschiedes zwischen arm und reich: warum Recht und Vorrecht für die einen – Rechtlosigkeit und Unrecht für die anderen? Aus der emotional begründeten Frontstellung wurde rationale Parteinahme, aus dem Großbürgersohn der Kommunist, der Genosse, der schon 5 Jahre vor der Machtübernahme Hitlers wertvolle Arbeit für die Partei leistete.

Er brach sein Jurastudium ab und wurde Speditionsarbeiter im Berliner Osthafen. Das war 1928/29. Die verstorbene Genossin Grete Wittkowski und der später in Spanien gefallene Genosse Ulli Fuchs lehrten Hans, familiäre Beziehungen in die Industrie, in die Bankwelt, in die Reichswehr hinein konspirativ nutzbar zu machen für den Kampf gegen Faschismus und Kriegsvorbereitung. Eine unverdächtige Karriere in einem Versicherungskonzern würde da große Möglichkeiten bieten.

So ereilte ihn im September 1933 am Schreibtisch der Colonia-Versicherung in der Berliner Neustädtischen Kirchstraße (heute Sitz unseres Sportverlages) nach einer Denunziation der Zugriff der Gestapo. Furcht der Familie vor einem Skandal setzte deren Einfluß in Bewegung. Und so gelangte Hans nach einigen Wochen Haft in die Freiheit.

Freiheit in der Diktatur? Er nutzte sie als Kommunist. Hans blickte nicht nur hinter die Kulissen des deutschen Monopolkapitals: Es gelang ihm, dessen Geheimnisse, Pläne, Maßnahmen zu erforschen und nutzbringend weiterzuleiten. Deshalb versagte ihm die Partei seinen heißen Wunsch, nach Spanien zu gehen. Die Beschaffung von Informationen über Produkte, Produktionszahlen, Investitionen und Querverbindungen des IG-Farben-Konzerns war in seinem Fall wichtiger als der Kampf mit der Waffe am Ebro und vor Madrid. Die Verwandtschaft mit dem Verkaufsdirektor des Chemiekonzerns, Vetter Georg v. Schnitzler, und die Bekanntschaft mit Geheimrat Duisberg waren wertvoll; er selbst schließlich Kopf einer Gruppe, die sich in Saarbrücken die Sabotage der Treibgasversorgung zum Ziel gesetzt hatte. Als die Konzerne und Banken Hitler ihren Krieg beginnen ließen, wurde Hans – im engelsschen Sinne – „ein guter Soldat": Lerne beim Klassenfeind das Waffenhandwerk, damit du es, wenn es soweit ist, für die richtige Seite anwenden kannst ...

„Bis es soweit war", suchte er unter Kriegskameraden Sinnesverwandte, bemühte sich, andere vom verbrecherischen Charakter oder zumindest von der Sinnlosigkeit und Aussichtslosigkeit des Hitlerkrieges zu überzeugen. Erst gewann er einige, dann immer mehr, bis er in seiner Wehrmachtseinheit eine Widerstandsgruppe bilden konnte. Der Versuch, einen Massenausbruch von Häftlingen aus Auschwitz zu organisieren, schlug fehl. Aber in der letzten Phase des Krieges gelang es unter seiner Führung, den gesamten Stab eines Artillerieregiments zu verhaften, die Lafetten herumzudrehen und die Mündungen der Geschütze „in die richtige Richtung" zu drehen, den Krieg an einem kleinen Frontabschnitt etwas zu verkürzen und schließlich das damalige Waldenburg in Schlesien vor der Zerstörung zu bewahren (wie Petershagen einst Greifswald).

Dann ging Hans mit einer Gruppe von Genossen und Kameraden in sowjetische Kriegsgefangenschaft. Aber es brauchte über 3 Jahre, bis bewiesen werden konnte, daß er nicht mit jenem IG-Farben-Schnitzler identisch war, der den Faschisten Zyklon B geliefert hatte... Hans wurde rehabilitiert, in der Sowjetunion gesund gepflegt. Bei seiner Abfahrt in die Heimat sagte er seinem Kommissar: „Wenn ich wirklich der gewesen wäre, für den ihr mich gehalten habt, habt ihr mich noch viel zu gut behandelt." Seine erste Frage, als ich ihn vom Zug abholte: „Wie stehst du zur Sowjetunion?"

Sofort stand er wieder im Kampf um die Köpfe. Dieser Kampf war nicht leichter geworden. Sein Parteiauftrag lautete: Bündnispolitik auf dem Lande! Als Abgeordneter der Volkskammer, als Sekretär des Nationalrats verstand er es, Landwirtschaftspolitik gleichzeitig zu erlernen und zu praktizieren. Die Einsicht der Neubauern und Landarbeiter zu wecken und zu fördern, daß der Zusammenschluß zu Genossenschaften not tat; die Widerlegung großbäuerlicher Demagogie, das Aufdecken großbäuerlicher Umtriebe, die Entlarvung der junkerlichen, konterrevolutionären Einmischung westlicher Medien, die Herstellung und Festigung

Bruder Hans (Mitte)

des Bündnisses der Arbeiterklasse mit den werktätigen Bauern im Sinne des Thälmannschen Programms – das alles bedeutete täglichen Kampf. Und Hans war nicht der Mann am Schreibtisch. Stets war er mittendrin und vornean. Das machte ihn wiederum manchem unbequem.

Dann wurden seine hohe humanistische, sozialistische Bildung und seine kulturpolitische Beschlagenheit gebraucht: im Ministerium für Kultur und im Berliner Stadtbezirk Weißensee. Kulturhaus – das waren für ihn nicht nur Räume, Einrichtungen oder Konzeptionen, sondern Menschen. Und da er ein Mann mit Phantasie war, mit eigenen Gedanken, Einfühlungsvermögen und – zugegeben – manchmal sehr eigenen Methoden, war um ihn das, was wir „Kulturleben" nennen. Aber nicht als Formel, sondern als Realität. Seine Eigenwilligkeit – bei aller Disziplin; seine originellen Methoden und richtigen, aber oft kühnen Entscheidungen machten ihn solchen unheimlich, denen es an Mut zum Risiko mangelte.

Hans Schnitzler (rechts) und der Musiker Günter Fischer

Immer hatte er Freunde und Gegner – auch unter Gleichgesinnten. Solche, die seine Erfolge sahen, anerkannten, förderten und ihnen nachstrebten – und solche, die ihm blind mißtrauten. Das ließ ihn oft härter reagieren und erscheinen, als es seinem Wesen entsprach. Aber das ist nicht ungewöhnlich. Mehr Streit – natürlich von der richtigen Position aus und mit dem richtigen Ziel: Daraus ergaben sich doch unsere, die echten Konflikte, die einige Schriftsteller oft nicht finden. Hans stellte sich neuen Problemen, neuen Methoden, kritischen Fragen. Er wich der Diskussion nicht aus, sondern suchte sie. Und er bestand sie, weil er sein Wissen unaufhörlich vervollständigte und auf den neuesten Stand brachte.

Seine Spezialgebiete: wissenschaftlicher Kommunismus und Militärpolitik. In Jahren, in denen meist etwas verdiente Ruhe einkehrt ins Leben, hat er wohl die meisten Spuren hinterlassen, Bewußtseinsinhalte verändert, Denkweisen beeinflußt, Verhaltensweisen in die richtige Richtung gelenkt. Der Veteran, ehrenhalber als Mitglied in eine Jugendbaubrigade berufen und Ehrenmitglied im Berliner „ISKRA"-Jugendklub und dort aktiv; wissenschaftlich vor kritischen Studenten bestehend; jungen Wissenschaftlern politische Strategie und Taktik verständlich machend; die Zustimmung von Pastoren findend, als er ihnen nachwies, daß der christliche Doppelauftrag, Nächstenliebe zu üben und den Frieden auf Erden zu verwirklichen, nur dank sozialistischer Gesellschafts- und Machtverhältnisse zu verwirklichen ist; Wirtschaftlern die Einheit von Innen- und Außenpolitik, von Friedenspolitik und sozialistischer Militärpolitik erklärend, von Offiziersschülern und Offizieren in seinem Stammlokal gesucht und um politischen Rat gefragt; verdeckte feindliche Argumente geradezu allergisch erfühlend und ihnen offensiv entgegentrotzend (wenn es sein mußte, auch mit der Faust); stolz auf sein sozialistisches Vaterland und immer die Sowjetunion in Herz und Bewußtsein: einer, dem das alles zusammen selbstverständlich ist und der auch weiß, daß das noch nicht allzu vielen selbstverständlich ist, sondern oft dem einen das eine lieb, das andere richtig, das dritte falsch, einiges gar schädlich, womöglich feindlich erscheinend, und der deshalb die geringste Schwankung, den kleinsten Zweifel aufspürt und bekämpft, von Feindlichkeit ganz zu schweigen – wer so überzeugt, so sicher ist, von solch wetterfester Haltung: natürlich ist der unbequem. Hätten wir nur noch viele davon, die so erfüllt sind von schier missionarischem Eifer, die innerlich so brennen für ihre Sache, wie er es tat.

So ist mein Bruder Hans mein ideologischer Vater geworden. Er hat mir als Jüngerem bewußtgemacht, daß es nicht „die Familie" ist und nicht der Dunstkreis um sie, sondern die Klasse, zu der ich nicht gehören wollte. Allein der Bruch mit dieser Klasse, der Verrat – und die Einnahme der Position der Arbeiterklasse, das würde für mich der einzig mögliche Weg ins Leben sein, in ein sinnvolles Leben.

Dem Leben meines Bruders wohnte eine bittere Dialektik inne: Erfüllung seines politischen Willens – oder wie Walter Markov, unser international anerkannter Leipziger Historiker, postuliert: „Man soll sich bemühen (schon um nicht als Bittsteller oder Pensionär dazustehen), der Gesellschaft nach Möglichkeit mehr zu geben, als von ihr zu nehmen ... Unter Freizeit kann ich mir höchstens vorstellen, frei zu sein, noch etwas mehr zu machen" – diese Erfüllung also – und die Entwicklung seines Sohnes, der, trotz aller guten Anlagen, Vorbilder und Bedingungen, vor kleinem, teils vermeintlichem Unrecht und aus eigenem Fehlverhalten die Flucht in die Welt von gestern ergriff.

Gut, daß Hans das nicht mehr erlebt hat, daß ihm diese Enttäuschung erspart blieb. Freude hatte er bis zu seinem Tod an seinen Töchtern, meinen Nichten, der Schauspielerin Hanna Möhnig und der Klubleiterin Maja.

Die Trennung

Daß der jüngste Sohn des Geheimen Legationsrats a. D. Dr. Eduard v. Schnitzler an einem Reichspräsidenten-Wahlsonntag des Jahres 1932 vor dem Wahllokal des feudalen Berlin-Dahlem, dem „Alten Krug", mit dem Wahlplakat „Wählt Thälmann, Kommunisten, Liste 3" auf Brust und Rücken, die Klassenfeinde zu mißbilligenden Blicken, Kopfschütteln und Denunziation beim Vater veranlaßte, brachte mir keine Prügel ein, sondern ein ernstes, fruchtloses Gespräch mit meinem Erzeuger. Mich hatte weniger politische Überzeugung getrieben als vielmehr die Mittagszeit meiner Spielkameraden von SAJ und KJVD. Sie mit Plakaten zu vertreten war eine „Freundschaftspflicht". Die Sozialdemokraten hatten keinen eigenen Kandidaten aufgestellt, sondern sich für Hindenburg, den kaiserlichen Generalfeldmarschall, entschieden. Die Thälmann-Warnung: „Wer Hindenburg wählt, wählt Hitler, wer Hitler wählt, wählt den Krieg!" sollte nur zu bald schreckliche Wirklichkeit werden. Von der Kritik an meiner Familie und der großbürgerlichen Umwelt war es schließlich nur ein Schritt zur Parteinahme für „die im Dunkeln". „Kommunistischer Jugendverband" – das ging bei den elterlichen Verhältnissen damals nicht. Aber „Sozialistische Arbeiterjugend" (SAJ): Das war dem alten Herrn gerade noch abzuringen. Zumal ich gerade mit Krach und wohlbegründet aus dem „nationalen" Jugendverband „Freischar Schill" ausgetreten war, in den mich meine Eltern geschickt hatten. „Kampfgemeinschaft" mit Werner Lass oder Hans-Gerd v. Techow – Beteiligten an der Ermordung des katholischen Reichskanzlers Erzberger und des Reichsaußenministers v. Rathenau – erschien mir zunehmend unerträglich. Sie suchten ihre jugendlichen Mitglieder im großdeutschen, chauvinistischen Sinne zu begeistern und verbrüderten sich in Zeltlagern (Brieselang, Eberswalde) mit der Stahlhelm- und der Hitlerjugend.

Nun hatte ich einen Schritt getan, dessen Tragweite ich erst zu erahnen begann. Zunächst dachte ich: Weg von der Familie, raus aus ihrem Umkreis – und hinein in eine Umgebung, in der ich mich wohl fühlte, weil es da ehrlich und gerecht zuging. Daß es ein Bruch mit der bürgerlichen Klasse war, ein Verrat an der Gesellschaft, aus der ich kam, und Parteinahme für die Arbeiterklasse: diese Erkenntnis festigte sich erst nach und nach. Sie wurde auch nicht dadurch erleichtert, daß beim BVG-Streik im November 1932 plötzlich neben unseren Streikposten SA-Leute standen. Die Berliner Verkehrsarbeiter streikten. Und wir Sozialisten und Kommunisten halfen ihnen natürlich dabei. Streikbrechende Doppeldeckerbusse wandelten wir auf der Schöneberger Hauptstraße in „Eindecker" um. Und als einige U-Bahner ihre schützenden Tunnel zum Streikbruch mißbrauchten, brachten wir sie zwischen Wittenberg- und Nollendorfplatz und am Senefelderplatz zum Stehen, indem wir in die Übergänge von der U-Bahn zur Hochbahn spanische Reiter warfen. In den sackartigen Unterführungen in der Papestraße gab es dann für mich erste Begegnungen mit den Gummiknüppeln, Fäusten und Stiefeln der Polizei; für die streikenden Kommunisten und Sozialdemokraten drei Tote. Die Polizei war in Preußen lange Zeit sozialdemokratisch geführt. Bis zu ihrer ruhmlosen Absetzung waren die Sozialdemokraten Braun und Severing Ministerpräsident und Innenminister gewesen. Aber die Polizisten schlugen mit blutunterlaufenen Augen auf uns ein: auf Kommunisten und Sozialisten, Sozialdemokraten und ausnahmsweise – wenn diese, nicht vorgewarnt, wegliefen – auf Nazis. Berlins Nazigauleiter Goebbels war kein Dummkopf. Der gewachsene und wachsende Widerstand der Arbeiterklasse, ihr Kampf um soziale und nationale Lebensinteressen konnten nicht nur mit rechter Presse, rechtem Rundfunk, rechter Staatsgewalt (von Polizei über Staatsanwalt bis Richter) und von rechtem Terror niedergehalten werden. Also versuchte der Monopolismus in die Arbeiterklasse einzudringen und hatte – ein Meisterstück der Irreführung – schon kurz nach dem Ersten Weltkrieg die NSDAP gegründet: „National s o - z i a l i s t i s c h e Deutsche A r b e i t e r p a r t e i". Um dieses falsche Etikett zur Irreführung der Arbeiter glaubhafter zu machen, ließ Goebbels seine SA zunächst mitstreiken. Gleichzeitig betrieb er Streikbruch und half, den aussichtsreichen Streik abzuwürgen. Aber seinem Ziel war er näher gekommen: „Die Nationalsozialisten vertreten die Sache der Arbeiter..." Viele fielen auf diese Demagogie herein und glaubten es.

Ein Schlüsselerlebnis

Hitler hatte für die Führung seiner „Arbeiterpartei" einen Beirat gebildet: mein Vetter, der Bankier Schröder, mein IG-Farben-Vetter Georg Schnitzler, Geheimrat Kirdorf vom Rheinisch-Westfälischen Kohlensyndikat und noch ein paar ähnliche Arbeiterfeinde par excellence. Dazu gehörte auch ein weitentfernter Verwandter: Peill, Präsident der Industrie- und Handelskammer Aachen und Besitzer der damals größten deutschen Glasfabrik. Sein Sohn hatte mit meinem Bruder Hans zusammen studiert, und die Eltern luden meinen Bruder und mich Ostern 1932 nach Nörvenich bei Aachen ein.

Leider noch nicht clever genug, entging Bruder Hans und mir, *wen* Vater Peill da in die Pläne des deutschen Imperialismus einführte. Auf der österlichen Mittagstafel stellte er nämlich aus Gläsern, Tellern, Gabeln, Messern und Messerbänkchen – feine Leute benutzen ja so etwas – Europa dar. Mit gleichmütiger Stimme und unvergeßlicher Nebenbei-Handbewegung meinte er: „Sowjetrußland muß weg. Frontal ist das nicht empfehlenswert. Wir werden eine Zange ansetzen: im Norden über das Baltikum, im Süden über den Balkan – bis nach Baku zu unserem Öl." „Zu unserem Öl", sagte er, wie selbstverständlich. Peill fuhr fort: „Um sicherzugehen, bilden wir eine zweite Zange: im Norden über Norwegen nach Murmansk, im Süden über Italien, Nordafrika, Ägypten durch Persien" – wieder – „nach Baku, zu unserem Öl."

Das war Ostern 1932, ein knappes Jahr bevor solche Leute Hitler zum Reichskanzler machten! Ostern 1932, an einer großbürgerlichen Festtafel, aus dem Munde eines – nicht sehr bedeutenden – deutschen Kapitalisten: der Plan, den Hitler just so am 22. Juni 1941 in Angriff nehmen sollte!

Bertolt Brecht hat recht: „Imperialisten sind nichts Anonymes. Sie haben Name, Anschrift und Gesicht!" Und ich habe sie in der eigenen Familie und erlebte sie in deren Umkreis. Hitlers angebliche Fähigkeiten als Redner und Organisator waren sekundär. Hätte man ihn nicht gefunden, hätte man einen anderen gesucht. Und maßgebliche Hitlermacher gehörten zu meiner Umgebung.

Profit, Intrigen, Giftgas

Vetter Schröder, Kurt, Freiherr, Bankier, SS-Sturmbannführer ehrenhalber, hat – außer Dividenden – unmittelbare Anteile am Tod der Weimarer Republik und am Aufstieg des Dritten Reiches. Er sammelte schon in den zwanziger Jahren die Gelder der Ruhrindustrie für die Hitlerpartei und war Vater der famosen Idee, daß von jeder Tonne geförderter Ruhrkohle 5 Reichspfennig in die Kasse der „Harzburger Front" flossen. In Bad Harzburg hatten sich die Rechtsparteien zusammengeschlossen. Die größte war Hitlers NSDAP. Sie ergatterte den Löwenanteil der Ruhrspenden.

Aber wie Hitler an die Regierung bringen? Sein wirtschaftspolitischer Berater Wilhelm Kepler gab am 24. September 1946 vor dem Nürnberger Gericht der Völker eine eidesstattliche Erklärung ab, in der es hieß: „Der Freundeskreis, zunächst ‚Freundeskreis Kepler' und später ‚Freundeskreis Reichsführer SS Himmler' genannt, war ein Kreis leitender Persönlichkeiten der deutschen Wirtschaft... Am 18. Mai 1932 empfing der Führer die Herren im kleinen Saal des Hotels ‚Kaiserhof' in Düsseldorf. Der Führer hielt eine kurze Rede und enthüllte darin u. a. als Punkte seines Programms die Abschaffung der Gewerkschaften und die Abschaffung der Parteien mit Ausnahme der NSDAP. Keiner erhob irgendeinen Einwand."

Noch vor Albert Vögler von den Vereinigten Stahlwerken, Steinbrink von Flick, Rostberg von der Kali-Industrie, Bie-

Vetter Kurt Freiherr von Schröder

gel von Siemens, Helfferich von der Hapag, Schacht von der Reichsbank wird auf der Teilnehmerliste „Bankier Kurt v. Schröder (Kölner Bankhaus Stein)" genannt. Er war Initiator und Organisator.

Am 19. November 1932 hatten führende Großindustrielle, Bankiers und Junker mit einer Eingabe an den Reichspräsidenten v. Hindenburg die sofortige Übertragung der Kanzlerschaft an Hitler gefordert. Da war von „Mehrheit im deutschen Volk" die Rede und von „Gewissenspflicht"; man müsse „die größtmögliche Volkskraft hinter das Kabinett" bringen. Darunter standen wiederum Namen wie Schröder, Schacht, Thyssen, Helfferich, Rostberg u. a. Aber der alte

Hindenburg wollte nicht recht. Er regierte durch ein „Präsidial-Kabinett" unter dem General Schleicher, nachdem er seinen Vertrauten und Berater v. Papen als Reichskanzler abgesetzt hatte. Papen nun sollte Hindenburg und Hitler versöhnen. Dazu mußte er mit Hitler Geheimverhandlungen führen.

Vetter Kurt v. Schröder sagte vor dem Nürnberger Gericht unter Eid aus: „Diese Zusammenkunft zwischen Hitler und Papen am 4. Januar 1933 in meinem Hause in Köln wurde von mir arrangiert, nachdem Papen mich ungefähr am 10. Dezember 1932 darum ersucht hatte. Bevor ich diesen Schritt unternahm, besprach ich mich mit einer Anzahl von Herren der Wirtschaft und informierte mich allgemein, wie sich die Wirtschaft zu einer Zusammenarbeit der beiden stellte. Die allgemeinen Bestrebungen der Männer der Wirtschaft gingen dahin, einen starken Führer in Deutschland an die Macht kommen zu sehen, der eine Regierung bilden würde, die lange Zeit an der Macht bleiben würde... Ein gemeinsames Interesse der Wirtschaft bestand in der Angst vor dem Bolschewismus... Ein weiteres gemeinsames Interesse war der Wunsch, Hitlers wirtschaftliches Programm in die Tat umzusetzen."

Natürlich konnte ein Reichskanzler Hitler keinen Schritt außerhalb des Rahmens der staatsmonopolistischen „Ordnung" tun. Die Gesamtheit seiner anachronistischen Ideologie, Politik und Militärdoktrin entsprach dem Imperialismus in seiner abenteuerlichsten, aggressivsten und brutalsten Erscheinungsform: dem Faschismus.

Die Amerikaner J. und S. Pool schreiben in ihrem Buch „Hitlers Wegbereiter zur Macht": „Kurt von Schröders Vetter, Baron Bruno von Schröder, ging in seiner Jugend nach London und wurde 1914 britischer Staatsbürger. Bis zu seinem Tod im Jahre 1940 war er Chef der Bank J. Hanley Schroeder & Company in London und der New-Yorker J. Hanley Schroeder Banking Corporation, die beide früher von einem weiteren Mitglied der Familie Schröder gegründet worden waren... Die Kölner Stein-Bank, die Schroeder-Banken in London und New York vertraten einander im jeweiligen Land und beteiligten sich häufig an denselben Transaktionen. Der Direktor der britischen Schroeder-Bank, F. C. Tiarks, war gleichzeitig Mitglied des Direktoriums der Bank von England und Mitarbeiter Normans." (Montagu Norman war Gouverneur der Bank von England.)

Als der Vorstand der Stein-Bank in Köln erörterte, ob man Hitler finanzieren und zum Reichskanzler machen solle, beschlossen sie – so die Amerikaner J. und S. Pool –, „zunächst herauszufinden, wie Hitler von der internationalen Finanz, deren Zentrum London und deren führender Mann Norman waren, eingeschätzt wurde... Fand Norman die Nazis akzeptabel? Anders ausgedrückt: Hielt Norman eine Nazi-Regierung für die britischen Interessen abträglich? Und wäre Norman bereit, eine größere Anleihe zu gewähren, wenn Hitler Kanzler wäre? Wenn Norman der Meinung wäre, daß die Nazis die britischen Interessen nicht bedrohen, und wenn er bereit wäre, Nazi-Deutschland eine Anleihe zu gewähren, dann würde der deutsche Bankier Baron Kurt von Schröder Wege zur finanziellen Unterstützung der Nazi-Partei ebnen...

Die deutsche Großindustrie und die Finanzwelt, die von Baron von Schröder vertreten wurden, waren so überaus vorsichtig, weil sie befürchteten, wenn ein Radikaler wie Hitler Reichskanzler würde, dann könnte dies von seiten der internationalen Finanzwelt zu Repressalien gegen Deutschland führen. Wenn England Hitler als nicht akzeptabel betrachtete, dann hätte es finanziellen Druck verschiedener Art auf Deutschland ausüben können...

Als Papen schließlich zu dem Schluß kam, daß es an der Zeit sei, die Nazi-Partei vor der Bildung einer Koalitionsregierung mit Hitler zu finanzieren, ging er zu dem Bankier, der am besten über die Meinung der internationalen Öffentlichkeit von den Nazis informiert war – Baron Kurt v. Schröder."

Fotomontage John Heartfields: Auch Verwandte des Autors finanzierten die Faschisten

Da die Herren des internationalen Monopolkapitals Hitler „akzeptabel" fanden (bot er doch Deutschland als „Schutzwall gegen den Bolschewismus" an und als antisowjetische Speerspitze), hatte man sich am 4. Januar 1933 in der Villa meines Vetters in Köln-Lindenthal, Stadtwaldgürtel 35, getroffen, um die Modalitäten der Machtübergabe auszuhandeln: Hitler, sein Stellvertreter Rudolf Heß, sein Wirtschaftsberater Kepler und Heinrich Himmler auf der einen Seite, auf der anderen v. Papen. Einziger Zeuge: Baron Kurt Freiherr v. Schröder, mein Vetter.

Papen, der sich schon am 16. Dezember 1932 im Berliner „Herrenklub" (heute: Club der Kulturschaffenden „Johannes-R.-Becher" unseres Kulturbundes) als Unterhändler mit den Faschisten angeboten hatte und der nun Hitler bei Hindenburg „salonfähig" machen sollte, weil der alte Herr den „böhmischen Gefreiten" nicht mochte und lieber Papen als Reichskanzler gesehen hätte, Hitler, wenn schon unvermeidlich, als Vizekanzler – Papen pendelte zwischen allen Wirtschafts- und Regierungsadressen hin und her. Hitlers Programm ging mit den Wünschen des Monopolkapitals konform. Nur eine verbindliche Forderung hatte er an die Wirtschaft: alle Kräfte vorrangig in den Dienst der „Wehrhaftmachung des deutschen Volkes" zu stellen. Dazu Vernichtung des Kommunismus, Beseitigung der Sozialdemokraten und Juden aus leitenden Positionen, rücksichtslose Wiederherstellung von Ruhe und Ordnung.

Das war Musik in Schröders Ohren, der kein „unbekannter Privatbankier" war, sondern – wie die „Frankfurter Zeitung" ihn zwei Tage nach der Verschwörung in seinem Hause vorstellte – „ein bekannter Bankier und Vorstand der Kölner Börse". Auch die „Tägliche Rundschau", damals Sprachrohr der Deutschnationalen und der Reichswehr, nannte Schröder am selben Tag einen „Exponenten der Kölner Hochfinanz", sein Bankhaus I. H. Stein sei „aufs engste verbunden mit dem Bankhaus A. Levy (Louis Hagen) und S. Salomon Oppenheim jun. & Cie."; dadurch habe er „eine starke Stellung in der rheinisch-westfälischen Industrie". Er gelte als „Typ jener Wirtschafts- und Finanzleute, die im verborgenen bleiben, aber sehr weitreichenden Einfluß besitzen". Er sei „Vertrauensmann Schachts, zugleich befreundet mit Adenauer und Silverberg, dem Nachfolger des verstorbenen Louis Hagen der Fa. A. Levy in Köln". Außerdem habe Schröder „enge Beziehungen zum Nazi-Gauleiter Ley".

Kurt Gossweiler schreibt in dem Buch „Sturz ins Dritte Reich" über meinen Vetter: „Schröders Bedeutung wird noch deutlicher, wenn wir die Rolle seiner Bank betrachten.

Das Bankhaus I. H. Stein war bereits 1921, als Schröder dort Teilhaber wurde, mit den beiden tragenden Säulen des deutschen Imperialismus, der Ruhrschwerindustrie und der chemischen Industrie, aufs engste verbunden. Nach Gründung der IG Farben (1925) und der Vereinigten Stahlwerke (1926) war sie im Aufsichtsrat beider Konzerne durch Heinrich von Stein und Richard von Schnitzler, Schröders Schwiegervater, vertreten. Für das Bankhaus Stein hat sich die faschistische Diktatur als das glänzendste Geschäft erwiesen – von der Katastrophe bei Kriegsende einmal abgesehen. Es profitierte von Schröders engen Beziehungen zu Himmler und dessen monopolkapitalistischem ‚Freundeskreis', der jährlich eine Million auf das Sonderkonto S, bestimmt für die ‚Sonderaufgaben' des Reichsführers SS, spendete, dieses Sonderkonto wurde vom Bankhaus Stein verwaltet. Schröder selbst avancierte sogar zum SS-General."

Vetter Schröder starb in Hamburg friedlich und angesehen im Bett, nachdem er vorzeitig aus dem Nürnberger Gefängnis entlassen worden war.

Mein Onkel Richard also in Schröders Auftrag im Aufsichtsrat des Chemiekonzerns IG Farben. Dessen Verkaufsdirektor: mein Vetter Dr. Georg v. Schnitzler, der noch in Nürnberg unter Eid voller Stolz aussagte: „... die IG zog daraus sehr bald Nutzen, und während 1933 die Gesamtausgaben der IG für neue Betriebe und Maschinerien, glaube ich, nur 10 – 12 Millionen Mark betrugen, erhöhten sie sich in den Jahren 1934–1936 sprunghaft und stiegen von da ab stürmisch."

Trotz dieser Profite und trotz der Geschichtsfälscher, die das Hitlerregime als „Retter aus der Weltwirtschaftskrise" hinstellen wollen: 1936 gab es in Deutschland immer noch 1,6 Millionen Arbeitslose. Konjunktur, Autobahnbau und andere Ankurbelungsmaßnahmen brachten dem Volk nichts. Nur einen Weltkrieg mit seinen verheerenden Folgen.

Vetter Georg aber beeidete: „Die ganze Entwicklung der

IG in den Jahren von 1934 an und in verstärktem Maße seit Ende 1936 ist voll und ganz auf die enge Zusammenarbeit mit Regierung und Wehrmacht zurückzuführen."

In einer Denkschrift beschrieb das Mitglied des Vorstandes und des Zentralausschusses der IG-Farben-Industrie AG, Georg v. Schnitzler, am 3. August 1940 (Polen, Dänemark, Holland, Belgien, Luxemburg und Frankreich waren bereits „eingemeindet") die Kriegsziele:

„1. Es wird davon ausgegangen, daß im Zuge der Gestaltung einer europäischen Großraumwirtschaft eine Planung auch für das Chemiegebiet notwendig ist. Ziel der Planung ist:
a) die wirtschaftliche Eigenständigkeit dieses Raumes im Sinne weitgehender Sicherung seiner Versorgung zu gewährleisten,
b) die Produktionskräfte dieses Raumes dementsprechend planvoll durch rationelle Ausnutzung der vorhandenen Produktionseinrichtungen zu ordnen.
2. Diesem kontinentalen Großraum wird nach Abschluß des Krieges die Aufgabe gestellt sein ... Rückgewinnung und Sicherung der Weltgeltung der deutschen Chemiewirtschaft ... Eine grundsätzliche Neuordnung ... nämlich a) Frankreich, b) Holland, c) Belgien/Luxemburg, d) Norwegen, e) Dänemark, f) England und Empire ...
3. Eine ähnliche Sonderstellung ist auch für Rußland ins Auge zu fassen..."

Hitler arbeitete nicht auf eigene Rechnung, sondern zum Nutzen des Imperialismus. Er praktizierte, was Karl Marx im „Kapital" zitierte: „Mit entsprechendem Profit wird Kapital kühn. Zehn Prozent sicher, und man kann es überall anwenden; 20 Prozent, es wird lebhaft; 50 Prozent, positiv waghalsig; für 100 Prozent stampft es alle menschlichen Gesetze unter seinen Fuß; 300 Prozent, und es existiert kein Verbrechen, das es nicht riskiert, selbst auf die Gefahr des Galgens."

Der Galgen drohte Georg v. Schnitzler nicht. Er stand zwar im Nürnberger IG-Farben-Prozeß vor Gericht, unter anderem, weil er als Verkaufsdirektor die Lieferung des Giftgases Zyklon B in die Vernichtungslager unterschrieben hatte. Als Mitglied im „Rat der Götter" (so ein großer DEFA-Film) wurde er nach einer läppischen Verurteilung begnadigt und starb als vielfacher Millionär in Frankfurt am Main friedlich und angesehen im Bett. Hitler war bei aller kriminellen Energie und Aktivität kein „Betriebsunfall der Geschichte" oder „von Gott gesandt" und auch nicht „vom heiteren Himmel gefallen". Vielmehr war er an die Macht geschoben worden. Von deutschen und ausländischen Industrie- und Bankherren. Und mit solchen und ähnlichen Leuten bin ich verwandt, versippt, verschwägert.

Trotz dieser Sippschaft bin ich Kommunist geworden. Damit sagte ich den Vorteilen einer bürgerlichen „Karriere" ade. Ich wollte nicht daran mitschuldig werden, was die Klasse, der ich entstamme, über mein Volk und Europa bringen würde. Ich glaubte fest an eine bessere Welt, ohne sicher zu sein, daß ich sie noch erleben würde. Aber wenn: Dann würde ich dort einen Platz finden, an dem zu schaffen dem Leben einen Sinn gibt und glücklich macht.

Die Frage der Macht

Ich habe in meinem Leben am eigenen Leibe in Familie und Klasse zu oft erlebt, was es bedeutet, ob sich die Macht in den richtigen oder in den falschen Händen befindet. Auch, daß der Kampf um die Macht notwendig ist und die Ausübung der Macht noch schwerer. Vor allem aber: Besitzt man die Macht, darf man nicht mit ihr spielen!

Ich bin niemals der bürgerlichen Behauptung erlegen, Macht sei etwas Schlechtes und Machtstreben verächtlich. Natürlich ist Macht nicht gleich Macht. Aus der Macht der Arbeiterklasse kann zum Beispiel keine Monarchie entstehen und kein Faschismus. Die Staatsgewalt richtet sich im sozialistischen und im kapitalistischen Staat nicht schlechthin gegen Staatsfeinde, sondern da ist ein qualitativer Unterschied: Drüben richtet sie sich gegen solche, die die geschichtliche Entwicklung voranbringen wollen; wir wenden die Staatsgewalt gegen die Feinde des Sozialismus an. Sozialismus aber ist identisch mit Frieden und Fortschritt. Die Arbeiter-und-Bauern-Macht schützt also den Frieden.

Sie hat aber keineswegs nur Unterdrückungscharakter gegen Feinde von Frieden und Fortschritt. Sie dient zugleich vielmehr der Entfaltung aller Vorzüge des Sozialismus, der Stärkung seiner moralischen, witschaftlichen, kulturellen Kraft, der Förderung des menschlichen Wohlbefindens und der Überlegenheit des Sozialismus.

Feindbild? Freundbild? Da war mir meine Herkunft hilfreich. Der jeweilige Rahmen ist nicht die Familie, sondern die Klasse, der Mensch. Für oder gegen den Menschen, für seine Freiheit, seine Rechte, sein Leben – oder gegen sie: Das ist das Kriterium für mein Freund- und Feindbild. Ich wurde vor Jahren öffentlich gefragt – es war im niederländischen Fernsehen –, ob wir nicht „in erster Linie alle Deutsche" seien. Meine Antwort: „Ich bin einmal zusammen mit einem polnischen Genossen und französischen Katholiken von einem deutschen SS-Mann verprügelt worden. Dreimal dürfen Sie raten, wer mir nähergestanden hat: mein polnischer Genosse, der französische Katholik – oder mein ‚deutscher Landsmann' von der SS." Mein sechzehnjähriger Freund und Genosse, den Faschisten 1934 viehisch zu Tode trampelten, stand mir näher als mein ehrbarer siebzigjähriger Vater, dem gewiß kein Blut an den Händen klebte.

Das Feindbild zeichnen? Das bedeutet nicht nur entlarven und warnen. Das ist mehr: Mit dem Mittel der Wahrheit Widerstände und Hindernisse suchen und darstellen, die Kräfte analysieren und definieren, die dahinter stehen, lebenswichtige Kenntnisse vermitteln, dem Geschichtsbe-

In einer Diskussion mit NVA-Angehörigen

wußtsein Geschichtsgefühl hinzufügen, dem Klassenbewußtsein Klassengefühl. Damit der Mensch sich zurechtfindet. Also Lebenshilfe.

Außerdem geht es auch um diejenigen, die heute noch Feinde oder vielleicht schon nicht mehr Feinde sind, aber noch nicht unsere Freunde. Schließlich ist Mensch-Sein kein Zustand, sondern ein Prozeß. Und ein Produkt der Umgebung.

Wenn das Sein das Bewußtsein bestimmt, dürfen wir nicht die Umkehrung zulassen: Das Sein verstimmt das Bewußtsein ... Es bedarf also der Einheit von Wirtschafts- und Sozialpolitik und der Kunst, das Richtige glaubhaft zu machen.

Ich betrachte den Journalismus als ein Mittel der Machtausübung, als Klasseninstrument. Da ich – durch Herkunft und Entwicklung dafür prädestiniert – an vorderster Front der Systemauseinandersetzung stehe, habe ich mich, seit ich Klasse und Zone gewechselt, mit den Organen der „Macht in den richtigen Händen" immer besonders verbunden gefühlt: Grenzpolizei, Volksarmee, Grenztruppen, Polizei und Tscheka, unseren Dzierżyńskis.

Von Anfang an habe ich einen beträchtlichen Teil meiner gesellschaftlichen Arbeit in die Kreisorganisation meiner Partei gelegt, war frühzeitig bei Soldaten und Grenzpolizisten tätig, hielt Foren schon in der bekannten Schule in Kochstedt; die Armee ist mir vertraut, und die Grenztruppen sind quasi mein Patenbetrieb: Seit Jahrzehnten helfe ich regelmäßig mit Tonkassetten, das Feindbild zu festigen. Filme für die Nationale Volksarmee („Drum wisse, wer dein Feind") und für das Ministerium des Innern („Feind bleibt Feind") betrachte ich als Verpflichtung. Ebenso meine Zugehörigkeit als Vizepräsident des Armee-Fußballclubs Vorwärts und – nach dessen Übersiedlung an die Oder – als Förderndes Mitglied beim Berliner Fußballclub Dynamo. (Man möge mir in Frankfurt und Rostock, Dresden und Aue, Erfurt, Leipzig und anderswo verzeihen.)

Den Grenzern sage ich immer: „Ihr seid mit dem Feind zu Wasser, zu Lande und in der Luft konfrontiert, ich im Äther." Daß diese Waffenbrüderschaft mit dem „Theodor-Körner-Preis" und der zweimaligen Verleihung der „Medaille für hervorragenden Grenzdienst" bestätigt wurde, werte ich beinahe höher als meinen Nationalpreis für den Dokumentarfilm „Du und mancher Kamerad".

Deutschland

Ich bin Deutscher. Und ich bin stolz darauf. Mein Volk hat große Verdienste, hat große Beiträge geleistet zur Weltkultur, hat wertvolle Traditionen. Ich kann deshalb stolz sein, weil ich zu den Deutschen gehöre, die diese guten Traditionen verteidigt haben und am Sturz des alten Deutschlands beteiligt waren, in dem alle Tugenden meines Volkes mißbraucht und entstellt worden sind.

Es hat immer zwei Deutschland gegeben. Das Deutschland der Fürsten und Feudalherren und das Deutschland Thomas Müntzers und Martin Luthers, der Bauern und Leibeigenen; und nichts von einer „Einheit der Nation", sondern Knechtschaft und Mord. Das Deutschland der Kapitalisten und ihrer Hohenzollern – und das Deutschland der Arbeiter, der Sozialdemokraten, der Marx und Engels, Wilhelm Liebknechts und August Bebels; und nichts von „nationaler Gemeinsamkeit", sondern Polizisten und Richter, Sozialistengesetze und die Verleumdung als „vaterlandslose Gesellen". Das Deutschland der Krupp und ihrer Hindenburg und Ludendorff – und das Deutschland Spartakus' und Karl Liebknechts, Rosa Luxemburgs und Clara Zetkins; und nichts von „nationaler Einheit", sondern Staatsterror und Konterrevolution, Fememord und blutige Reaktion. Das Deutschland schließlich des Monopolkapitals und seines Hitler – und das Deutschland Ernst Thälmanns und Thomas Manns, der deutschen Humanisten und Kommunisten; und statt „Einheit der Nation": Verfolgung, Gefängnis, Nächte klirrender Scheiben und langer Messer, Konzentrationslager, Illegalität, Emigration, Krieg nach innen und außen.

Erst in der Deutschen Demokratischen Republik ist diese ewige Spaltung der Nation überwunden, ist die Einheit hergestellt worden zwischen Volk und Macht, Geist und Macht. Die Herausbildung von Staaten ist keine Frage des Datums ihrer Gründung. Die Entstehung der Nation beginnt nicht mit einem Schuß oder einem Federstrich oder der Annahme einer Verfassung. Die Wurzeln unserer sozialistischen Nation und ihres Staates reichen tief in die Traditionen der deutschen Geschichte. „Die Deutsche Demokratische Republik ist das Werk vieler Generationen", sagt Erich Honecker.

„Ein Wendepunkt in der Geschichte Europas"? Auf unserem Territorium wurde die Einheit der Nation hergestellt und das Vorbild geschaffen, der Grundstein gelegt zur Einheit Deutschlands in Freiheit.

Die Deutschen in der Bundesrepublik haben da noch einen langen Weg, tiefe Einsicht und harte Kämpfe vor sich. Und es wird noch viel Zeit brauchen, bis eines Tages die Frage der Einheit Deutschlands auf der Tagesordnung steht.

Ich verlange gar nicht, daß jedem Ausländer, wo er auch lebt, alles gefällt, was wir in der Deutschen Demokratischen Republik machen: unsere soziale Ordnung, unsere unlösliche Einbindung in den Warschauer Vertrag und in den Rat für Gegenseitige Wirtschaftshilfe, unsere unlösliche Freundschaft mit der Sowjetunion.

Aber es ist bitter nötig, endlich einzusehen: Zum erstenmal gibt es einen deutschen Staat, in dem der Frieden zum Regierungsprogramm erhoben wurde. Zum erstenmal gibt es eine deutsche Hauptstadt, von der nicht Krieg, sondern Frieden ausgeht. Zum erstenmal gibt es eine deutsche Armee, die keine fremden Länder, Schätze, Einflußzonen und Absatzmärkte anstrebt, sondern nur der Verteidigung dient.

Das ist kein Nationalismus, sondern echter Nationalstolz – im besten Sinne des Wortes. Ich bin Patriot meines sozialistischen Vaterlandes; denn meine Republik ist deutsch im Sinne Goethes und Thomas Manns, sie ist humanistisch. Und aktiver Humanist, wirksam für den Frieden kann man in einem modernen, hochindustrialisierten Staat erst sein, wenn sozialistische Gesellschafts- und Machtverhältnisse herrschen. Deshalb ist die „deutsche Frage" bei uns beantwortet. Da ist nichts mehr „offen".

Davon zeugen Leitlinien des Humanismus, die in die BRD führen, Gegenkräfte und Bündnispartner, deren Zahl wächst. Leider führen aber noch einige Leitlinien des Deutschlands der Unterdrücker in die Bundesrepublik. Doch alle historischen Linien der Unterdrückten und ihres Einheitskampfes, alle Klassenkämpfe führen in die Deutsche Demokratische Republik. Sie also ist der erste sozialistische deutsche Staat, die BRD der letzte kapitalistische Staat auf deutschem Territorium. Der antifaschistische deutsche Staat heißt Deutsche Demokratische Republik.

Demokratische Legitimation

Es sei ein Vorgriff gestattet auf das Zustandekommen beider deutscher Staaten.

Unser Staat, unser Parlament, die Volkskammer, seien „nicht demokratisch legitimiert" und deshalb „nicht gleichwertig", tönt es aus Bonn.

Ich würde als bundesdeutscher Politiker oder Journalist diese Frage nicht so aufwerfen. Denn am Rhein haben 1948 ausländische Besatzungsmächte westdeutsche Politiker – nicht wählen lassen, sondern willkürlich zu „Parlamentarischen Räten" ernannt. Dieser nicht gewählte, sondern von Ausländern ernannte „Parlamentarische Rat" bastelte an einem Verfassungsentwurf (Grundgesetz), wurde über dreißigmal auf den Petersberg zitiert – ins Siebengebirge; aber nicht zu den sieben Zwergen, sondern zu den drei Hohen Kommissaren. Diese Ausländer redigierten jedesmal an dem Entwurf herum. Und als sich dieser nicht gewählte, sondern von Ausländern ernannte „Parlamentarische Rat" spalterisch als „Provisorischer Bundestag" konstituierte, setzte er das von außen redigierte, volksfremde Grundgesetz in Kraft. So entstand die BRD.

In der damaligen sowjetischen Besatzungszone wählte die Bevölkerung ihren Volkskongreß, ein frei gewähltes Vorparlament, das einen Verfassungsentwurf erarbeitete und der Bevölkerung zur Diskussion vorlegte. Hunderte von Vorschlägen aus dem Volk wurden in den Verfassungsentwurf aufgenommen. Als sich die drei Westzonen vom deutschen

Nationalverband abspalteten und die BRD gegründet war, konstituierte sich der gewählte Volkskongreß als „Provisorische Volkskammer" und setzte die vom Volk gebilligte Verfassung in Kraft. So entstand die Deutsche Demokratische Republik: demokratisch, wie noch nie zuvor ein deutscher Staat ins Leben getreten war.

Ich erinnere daran aus eigenem Erleben, weil im Kampf um Normalisierung und bestmögliche Nachbarschaft beider Staaten von feindlicher Seite immer aufs neue falsche, fälschende Darstellungen von Ereignissen und Entwicklungen eingeführt werden.

Natürlich ist das demokratische Zustandekommen der Deutschen Demokratischen Republik nicht die einzige Begründung ihrer Existenz. Gewichtiger ist die historische Legitimation: Die Geschichte war reif für den realen Sozialismus auf deutschem Boden, reif dafür, daß die Macht der Arbeiter und Bauern errichtet, das Bündnis mit christlichen und anderen demokratischen Kräften geschmiedet und so der überlebten Unordnung des Kapitalismus die Ordnung gegenübergestellt wurde, der die Zukunft gehört.

Pubertät und Antisemitismus

Aber noch lebte ich in der Weimarer Republik. Natürlich gab es ausgangs der zwanziger Jahre mit „meinen Kreisen" keinen Bruch von heute auf morgen.

Schließlich gab es ja auch Mädchen, mit denen man damals spielte. Eine namens Vocke – lang ist's her, und nicht einmal eine Brechtsche „Wolke" gab es damals, der Vorname ist vergessen. Sie gefiel mir nicht deshalb, weil der Name ihres Vaters unter jedem Geldschein stand, er war einer der Reichsbankdirektoren, sondern weil sie lange Beine hatte und blond war. Spielkameradin Grauert hatte auch nicht deshalb etwas Anziehendes, weil ihr Vater alter Nazi und neuer Diplomat in den USA war; sie war sogar fett, aber nett.

Doch da war Maria Lewy. Intelligent, lebhaft, quirlig, heiter, in kurzen Lederhosen begeisterte Fahrerin eines Knabenfahrrades. Keinerlei Anderswertigkeit, wohl aber Andersartigkeit – allerdings in dem Sinne: sympathisch, meinem Naturell ähnlich, eine lustige Kindheitsfreundin. Es gab Schlägereien, weil blonde, blauäugige Jungen und Mädchen sie zunehmend beschimpften, an ihre Haustür Hakenkreuze schmierten. Ein früher Hitlerjunge, Sohn des Heizers im Dahlemer Lyzeum, schimpfte die Zwölfjährige „Judenhure". Sein Vater beschwerte sich bei meinem Vater über das Loch, das ich seinem Sohn in den beschränkten Kopf geschlagen hatte, seine himmelblauen Arieraugen waren auch ein wenig dunkelblau umschattet.

Zweierlei Menschen, wertvolle und minderwertige? Ich ein „Herrenmensch", Mariele ein „Untermensch"? Ich beschäftigte mich intensiver mit Streichers berüchtigtem „Stürmer". Die „Opfer und Verführten" waren dort immer die Blonden, Edlen; die „Unmoralischen", Missetäter, „Unmenschen" waren Juden. Und immer waren sie abstoßend dargestellt und häßlich. Während doch Mariele ausgesprochen hübsch war.

Hitler kam an die Regierung. Mein Altersgenosse und Spielkamerad Adolf Hirsch wußte wohl damals mehr als ich vom Schicksal, das seinesgleichen zugedacht war. Er war ängstlich, hielt sich zurück und blieb eines Tages verschwunden. Auch Freundin Mariele war über Nacht mit ihren Eltern fort. Ohne Abschied. Sicherheit – oder eben doch dem „Arier" nicht zu trauen bereit? Ihre Eltern waren materiell nicht unbedarft. Mögen sie im Ausland Rettung gefunden haben. Ich hörte nie wieder von ihnen.

23 Jahre später mußten viel verständliche Vorurteile überwunden, mußte heiß diskutiert werden, damit in der jüdischen Budapester Familie Rafael die wenigen Überlebenden

der Globke und Eichmann den adligen kommunistischen Deutschen als Schwiegersohn akzeptierten...

Ich erfuhr erst durch den Rassismus der Faschisten, daß es „Juden" gibt. Heute ist es im Westen üblich, die faschistischen Verbrechen auf den Holocaust zu reduzieren. Und weniger über nichtjüdische oder jüdische kommunistische, sozialdemokratische, bürgerliche Widerstandskämpfer zu sprechen als über jüdische Opfer. Hochachtung den Filmen, Ausstellungen, Büchern, Diskussionen, in denen der Rassenwahn entlarvt und bekämpft wird. Aber häufig noch will man mit Philosemitismus faschistische Verbrechen abschwächen: „Die Autobahnen waren ja nicht schlecht, auch sonst war manches gut, nur die Judenverfolgung: das war ein Fehler; und den Krieg hätte Hitler auch nicht anfangen sollen..." Die „Fast-Ausschließlichkeit", mit der heute die Verbrechen an Juden aller Nationalitäten in den Mittelpunkt der bürgerlich-konservativen Geschichtsschreibung gestellt werden, soll von denen ablenken, die sich nicht als Opfer betrachten, sondern Kämpfer waren. Und das waren – als erste und mit den größten Opfern an Freiheit, Gesundheit und Leben – die Kommunisten, dann Sozialdemokraten und Gewerkschafter, schließlich Christen, Liberale, Generale – ob Nichtjuden oder Juden.

Israel

Aber da gibt es nun den jüdischen Staat Israel. Wie viele leben dort, die selbst – oder deren Nachkommen – wissen, was Pogrome in Europa waren oder Globkes Judenstern, Kaltenbrunners KZs, Eichmanns Todesbuchhaltung und der Holocaust!

Um so erschreckender, wenn es in einem solchen Staat Rassismus gibt, nämlich Menschen erster, zweiter und dritter Klasse: in Israel Geborene und jüdische Bürger aus Europa und Amerika, jüdische Bürger aus afrikanischen und asiatischen Ländern – und Palästinenser. Die Bürger zweiter und dritter Klasse: mit weniger Rechten, minderwertig, der Polizei- und Gerichtswillkür ausgesetzt, Staatsgewalt von rechts gegen links – bis zu Folter und Massenmord.

Und Aggression nach außen, Okkupation, Besatzungswillkür. Kein Nachbar, der nicht überfallen, der nicht seiner Grenzgebiete beraubt worden wäre. Die Mehrzahl der Palästinenser, die man von ihrem Lande verjagt, denen man weniger Bildung vermittelt, die man um ihren Besitz gebracht hat, viele zur Emigration gezwungen, mit Gewalt aus der Heimat über die Grenze getrieben.

Alles schon mal dagewesen? Gelernt von früheren Unterdrückern – im zaristischen Rußland, in Piłsudskis Polen, unterm Faschismus deutscher Prägung? Im Bunde mit Südafrika, Chile und Südkorea: ein ganz gewöhnlicher kapitalistisch-imperialistischer Staat. Mit allen Merkmalen: reich gegen arm, Unterdrückung im Innern wie nach außen, Ausbeutung und Profitsucht. Und militärpolitische Dienstleistungen für die Förderer in Übersee: US-amerikanischer Festlanddegen in Nahost gegen die Araber und deren Staaten.

Sind derartige Analyse und Parteinahme gegen Israel Antisemitismus? Israel ist ein kapitalistischer Klassenstaat. Unterdrückte und kommunistische Israelis sind unsere Verbündeten.

Ich zog 1933 mit meinem Bruder Hans gegen den Berliner Bankier Grünfeldt nicht zu Felde, weil ich Antisemit gewesen wäre, sondern weil der jüdische Bankier Grünfeldt dem faschistischen Gauleiter Goebbels die Bildung einer „jüdischen SA" angeboten hat. Wir sind nicht gegen den Bankier Rothschild, weil er Jude ist, sondern weil er Bankier ist. Mir steht der jüdische Antifaschist näher als jeder „arische" Konservative. Das jüdische Opfer des Faschismus und sein deutscher Folterer – das sind zwei Welten. Ich betrachte im wesentlichen Rassenfragen als Klassenfragen.

Deshalb ist es folgerichtig und bereitet mir Genugtuung, wenn nunmehr der UNO-Beschluß vom November 1947 wieder in den Mittelpunkt politischer Überlegungen rückt: Daß die 5900 Quadratkilometer des Westjordanland und der Gaza-Streifen zu jenen Landstrichen gehören, aus denen der arabische Palästina-Staat geschaffen werden soll. Ebenso, daß im Frühjahr 1988 siebenundzwanzig Gruppen der israelischen Friedensbewegung bekundeten, ein „anderes Israel" sei „bereit zu akzeptieren, daß auch ein zweites Volk das Recht hat, hier zu leben". Noch sind Realisten in Israel in der Minderheit. Aber die Differenzierung schreitet fort. Immer mehr Israelis erkennen, was der Schriftsteller Amos Oz so beschrieben hat: „Was war, wird nie wiederkehren; was kommen wird, war noch nie." Und dann prophezeit dieser israelische Schriftsteller nicht nur Gleichberechtigung innerhalb Israels, sondern auch einen palästinensischen Staat „morgen früh".

Der 30. Januar 1933

Von der Vorgeschichte hatte ich beim Hitlerberater Peill in Nörvenich etwas mitbekommen. Auch beim BVG-Streik. Die Namen, die dann eine Rolle spielten, waren mir durch meinen Bruder, meine Freunde von der Domäne Dahlem und aus Zeitungen ein Begriff. Mein Vater las die „Deutsche Allgemeine" (reaktionär-deutschnational) und das „Zwölf-Uhr-Blatt". Hans hatte „Die Rote Fahne" und „Die Welt am Abend", meine Freunde den sozialdemokratischen „Vorwärts"; und ich hatte auch Zugang zu Goebbels' „Angriff", Streichers „Stürmer" und zum „Völkischen Beobachter".

Das hatte nichts mit „Pluralismus" zu tun und nichts mit „Objektivität", etwa in dem Sinne, man sei erst richtig informiert, wenn man nach allen Seiten hinhöre... Das ist nicht der Weg zur Bildung einer „eigenen Meinung", nicht der Weg zur Wahrheit, sondern zur Selbsttäuschung. Und in letzter Konsequenz zum Verrat an den eigenen Interessen, an der eigenen Sache. Ich bin nicht dagegen, Westfernsehen und Westrundfunk einzuschalten. Friedliche Koexistenz heißt, mit dem Feind leben zu lernen. Aber wenn man beiden Seiten der Barrikade gleiche Möglichkeiten einräumt, gesteht man der Feindseite Wahrheitsliebe, Glaubwürdigkeit und gute Absicht zu. Man zieht Schmutzkübel zum ernsthaften Vergleich heran. Man öffnet sein Ohr dem eigenen Todfeind.

Soviel wußte ich schon damals. Darum nahm ich keinen Schaden. Was ich freilich nicht wissen konnte: daß mich Parteiauftrag und Beruf ein gutes Jahrzehnt später eben an diese Front der ideologischen Auseinandersetzung binden sollten.

Die Machtübergabe an Hitler am 30. Januar 1933 war natürlich kein Tagesereignis, sondern logische Folge eines Prozesses, dessen Klassenbedingtheit und dessen Hauptakteure ich in der eigenen Familie kennengelernt und schon zum Teil geschildert habe. Aber es sind noch einige Abläufe und Namen rund um jenen 30. Januar nachzutragen, die mir teils aus eigenem Erleben, teils aus Pressepublikationen der damaligen Zeit und aus meinem Selbststudium der Geschichte zweier Weltkriege bekannt sind.

Bevor Hitler berufen werden konnte, mußte sein Vorgänger, General v. Schleicher, gestürzt, das heißt vom Reichspräsidenten v. Hindenburg entlassen werden. Vor Schleicher wiederum war v. Papen Regierungschef gewesen. Obwohl Steigbügelhalter Hitlers, hatte er nach seinem Staatsstreich in Preußen und angesichts des verstärkten blutigen Terrors der faschistischen Organisationen gegen den Roten Frontkämpferbund, das sozialdemokratische Reichsbanner und gegen die Gewerkschaften eine Notverordnung erlassen müssen, die politischen Mord mit der Todesstrafe bedrohte.

Mir ist die Nachricht unvergeßlich, als im oberschlesischen Dorf Potempa fünf SA-Leute einen kommunistischen Bergarbeiter nachts in seiner Wohnung überfallen und vor den Augen seiner Mutter buchstäblich zu Tode getrampelt hatten. Sie mußten wohl oder übel zum Tode verurteilt werden. Aber Hitler – zum Entsetzen seiner großbürgerlichen und junkerlichen Gönner und im Gegensatz zu seiner wiederholten Beteuerung, er werde „legal und nur legal" an die Macht kommen –, Hitler telegrafierte den Mördern ins Gefängnis: „Meine Kameraden! Angesichts dieses ungeheuerlichen Bluturteils fühle ich mich mit Euch in unbegrenzter Treue verbunden. Eure Freiheit ist von diesem Augenblick an eine Frage unserer Ehre."

Papen begnadigte die Mörder; jener Erlaß sei „den Tätern noch nicht bekannt gewesen". Eine der ersten Regierungsmaßnahmen Hitlers war die Freilassung der fünf SA-Mörder nach der SS-Losung „Unsere Ehre heißt Treue".

Aber Reichskanzler v. Papens Treue half ihm nicht. Unter Druck der Reichswehr entließ Hindenburg seinen Berater und berief zunächst den General v. Schleicher zum Reichskanzler. Golo Mann, Sohn des großen Humanisten und Antifaschisten Thomas Mann, schreibt in seinen Erinnerungen: „Wir alle glaubten an den General v. Schleicher." Der gab sich nämlich als „sozialer General": Sein einziges Regierungsprogramm hieß „Arbeitsbeschäftigung". Und ihm stand der sogenannte Tat-Kreis bei, eine Gruppe junger Intellektueller, die sich um den erzkonservativen Journalisten Hans Zehrer scharten.

Zehrer kreuzte mehrfach meinen Lebensweg. In meiner Kindheit verkehrte er in meinem Elternhaus, traf sich dort mit meinem Vetter, dem damaligen Botschafter in Moskau, Herbert v. Dirksen. Er war Chefredakteur der „Tat" und der „Täglichen Rundschau", die zeitweilig von der Reichswehr finanziert wurde. (Der sogenannte Tat-Kreis leistete unter den Intellektuellen Vorarbeit für Hitler.) Nach dem Krieg war Zehrer Chefredakteur des protestantischen „Sonntagsblattes", dann Chefredakteur der „Welt" des Axel Cäsar Springer.

Vor 1933 hatte Zehrers Zeitschrift „Die Tat" so getan, als läute sie dem Liberalismus und Kapitalismus das Sterbeglöckchen. Er propagierte einen autoritären Ständestaat, in welchem sich „die nationalen und sozialen Elemente des Volkes" zusammenfinden sollten. In Wirklichkeit wurde daraus das Tarnhemd für Hitlers „Nationalsozialistische Arbeiterpartei" und für das Dritte Reich gewirkt. Gemeint war natürlich etwas ganz anderes.

Am 4. Januar 1933 war ja im Hause meines Vetters Schröder in Köln das geheime Bündnis Papen – Hitler geschmiedet worden. Am 17. Januar bezog Hitler – zum Etagenpreis von 10 000 Reichsmark je Woche – den Berliner „Kaiserhof". Der Umweg zur Reichskanzlei begann. Im sozialdemokratischen „Vorwärts" wurde gespottet: „Hitler bei Papen, Strasser bei Schleicher, Hugenberg bei Hitler, Papen bei Hugenberg, Hugenberg bei Hindenburg, Alvensleben schiebt vorne, Thyssen schiebt hinten, Strasser wird Vizekanzler, Hitler will das Reichswehrministerium, Schleicher ist für dieses geneigt, Hindenburg für jenes. Wer findet noch durch in der Geheimpolitik, die ohne das deutsche Volk getrieben wird?"

Man hätte weniger leichtfertig spotten, dafür ernster nachdenkend handeln sollen. Am 22. Januar, gewissermaßen zur Feier des Todestages ihres Idols und Zuhälters Horst Wessel, marschierten 10 000 SA-Männer auf dem Bülowplatz auf, mit Front zum Karl-Liebknecht-Haus, dem Sitz der Parteiführung der KPD. Die Polizei schützte die Faschisten.

Am 28. Januar gibt Hindenburg v. Schleicher den fälligen Tritt und verabschiedet ihn mit den überlieferten Worten: „Nun wollen wir mal sehen, wie mit Gottes Hilfe der Hase weiterläuft." Statt des Hasen läuft mein Vetter Werner v. Alvensleben. Dessen Bruder ist Präsident des „Herrenklubs". Dort pflegten sich damals die Herren der Banken, Industrien und Rittergüter mit Regierungsmitgliedern aller Ränge, mit

Abgeordneten des Reichstages und des Landtages und mit allen möglichen Zuträgern zu treffen. Alvensleben läuft in Goebbels' Wohnung, neben dem Brandenburger Tor, hinter dem Hotel „Adlon". Dort bringt er Goebbels und Göring die Schreckensnachricht, die Generale um Schleicher planten mit der Potsdamer Garnison einen Putsch.

Fieberhaft wird nun Hindenburg bearbeitet. Hitler schickt seinen – mit der Sektfirma Henkell verschwägerten – Gefolgsmann v. Ribbentrop zu Hindenburg und läßt diesem versichern, die nächsten Wahlen unter seiner Reichskanzlerschaft würden „die letzten Wahlen" sein. Göring verspricht Hindenburgs Staatssekretär Dr. Meissner, daß Hitler nur legal an die Regierung wollte. Schließlich erfüllt Hindenburg seine „unangenehme Pflicht" und beruft Hitler: „Dieser Gefreite wird sich in acht Wochen totgelaufen haben." Göring eilt mit einer Kabinettsliste zu Hitler, der gerade bei Goebbels Kaffee und Kuchen zu sich nimmt: Morgen werde die Vereidigung sein. Goebbels notiert: „Wir sagen lange Zeit nichts, und dann erheben wir uns und reichen einander die Hände..."

In Breslaus Theater wird an jenem Vorabend Bernard Shaws „Zu wahr, um schön zu sein" gespielt, am Hamburger Stadttheater Jacques Offenbachs „Die Banditen".

Am nächsten Abend verfolge ich im Kreis junger Genossen, die Fäuste in den Taschen geballt, Unter den Linden/ Ecke Wilhelmstraße jenen makaber-symbolischen Fackelzug: mehr von emotionaler Ahnung bewegt als vom Bewußtsein, wohin der Marsch führen sollte.

Als ich nach Hause wollte, war mein Fahrrad gestohlen. So begann das Dritte Reich für mich mit einem Diebstahl.

Die ersten braunen Wochen

Ein Vater meiner Freunde nach dem anderen verschwand. „Schweigen ist Gold, Reden ist Oranienburg" war damals in aller Mund. Aber niemand wollte etwas gewußt haben ... Auf Wunsch meiner Mutter hatte ich mich – wider Überzeugung und besseres Wissen – konfirmieren lassen. Wenig später gehörte mein Dahlemer Pfarrer Niemöller zu den Verschwundenen. In Hamburg, Köln, Hannover und Berlin hatte ich nach dem Krieg oft Kontakt mit ihm. Er sagte und schrieb Aufschlußreiches über die Bündnispolitik: „Als sie die Kommunisten holten, habe ich geschwiegen, ich war ja kein Kommunist. Als sie die Sozialdemokraten einsperrten, habe ich geschwiegen, ich war ja kein Sozialdemokrat. Als sie die Katholiken holten, habe ich nicht protestiert, ich war ja kein Katholik. Als sie mich holten, gab es keinen mehr, der protestieren konnte."

Als sie mich holten – drei Tage nach meinem Bruder (am 26. September 1933) –, gab es welche, die protestierten: „Ein Fünfzehneinhalbjähriger, aus solcher Familie, von seinem roten Bruder irregeführt..."

Im obersten Stockwerk des Berliner Polizeipräsidiums waren 3 Säle mit 800 Häftlingen belegt. Morgens holten Gestapo, „Geheime Feldpolizei", Ordnungspolizei, SA und SS ihre Delinquenten zur „Befragung". Wer nicht zur Vernehmung mußte, wurde „beschäftigt". Auf dem 80 Meter langen Flur: „Im Gleichschritt marsch! Ein Lied!" – „Märkische Heide, märkischer Sand sind des Märkers Freude..." – „Aufhören! Abteilung halt! Ganze Abteilung kehrt! Im Gleichschritt marsch! Ein Lied!" – „Märkische Heide, märkischer Sand..." – „Abteilung halt! Kehrt! Ein Lied!" So wurde es Mittag.

Dann brachte mir meine Mutter Bismarcks „Gedanken und Erinnerungen". Nicht gerade hilfreich, aber sie hatte wohl ihre „nationale Phase", und Bismarck kam ihr wahrscheinlich „entlastend" vor. Ich habe die damals ungeliebte Lektüre nicht bereut.

Am dritten Tag Vernehmung: erst bei der Gestapo in der Prinz-Albrecht-Straße, dann in Tempelhof in der Columbia-Kaserne. Es gab die ersten Faustschläge ins Gesicht.

Heute befindet sich dort Westberlins Polizeipräsidium. Bei der Festnahme vor einem Dienstflug für den Deutschlandsender zur Berichterstattung über die Bundestagsitzung sollten dort 1952 meine Fingerabdrücke genommen werden. Meine Frage, ob diese nicht noch von damals vorhanden wären, vielleicht wären sogar noch einige Herren von damals anwesend, fand nicht direkt freudige Zustimmung.

Zur gleichen Stunde speiste mein hochverehrter Freund Professor Friedrich Kaul im Berliner Presseklub. Er wurde ans Telefon gerufen und kam an seinen Tisch zurück. „Ich muß leider sofort weg; der Schnitzler ist verhaftet." Skeptisch-zurückhaltende Gegenfrage seines Gastes aus unserem Justizapparat: „Wo?" – „In Tempelhof." Erleichtert: „Ach so. Dann wirst du ihn ja rausholen."

Man hatte mir meine Brille weggenommen, „wegen Selbstmordgefahr"! Reine Schikane. Dann kam Fritz Kaul und begrüßte mich mit festem Händedruck und einem lauten „Tach, Genosse Schnitzler!". Ich hätte nie gedacht, wie ermutigend eine solche Demonstration des Vertrauens wirken kann.

Gleicher Ort, gleiche Stelle, in der Columbia-Kaserne, 19 Jahre zuvor. Nach der Prügellektion und der Rückkehr zum Alex am selben Tag: mein erstes (illegales) Parteilehrjahr: Lenin, „Staat und Revolution". Im feindlichen Staat, in seinem konterrevolutionären Polizeipräsidium.

Nach ein paar Tagen: kommentarlose Freilassung. Abends – auf Wunsch des Vaters – im Ufa-Palast: Premiere des Films „Hitlerjunge Quex". In Gegenwart von Hitler und Goebbels. Wenig später kam mein Bruder nach Hause. Unsere Freilassung war natürlich ungewöhnlich. Denn bei meinem Bruder hatte man am Arbeitsplatz illegales Material gefunden, mir konnte man die reinigende Filzung seiner Wohnung nachweisen. Aber die Familie war aktiv geworden. Man bedenke: zwei Schnitzler; Bankhaus I. H. Stein, IG Farben, Baron Schröder, Verwandte wie v. Dirksen und v. Bergen im diplomatischen Dienst, und dann „zwei Staatsfeinde"? Also: Gnade vor braunem Unrecht. Es war ja erst 1933. Und noch kein 20. Juli vierundvierzig...

Die Ausnahme

Und dennoch war etwas Bemerkenswertes, das Entscheidende, im Spiel, was man gemeinhin nicht für möglich hält. Bruder Hans und ich spielten bei den Zehlendorfer „Wespen" Hockey. Hans mit mehr, ich mit weniger Erfolg. Dafür konnte ich besser Handball und Fußball spielen. Wegen meines Brillengestells stand ich stets im Tor. Im Lauf der Jahre verlagerten sich Interesse und Vorliebe immer mehr auf den Fußball.

Zu den Hockeyspielern der ersten Herrenmannschaft, zum Klubvorstand der „Wespen" und zur obligatorischen Trinkerrunde gehörte in den Jahren 1932/33 auch Dr. Heinrich Gattineau.

Der IG-Farben-Konzern war bei der Hitlerförderung zunächst ein wenig spät gekommen, jedenfalls später als Thyssen, Krupp, das Rheinisch-Westfälische Kohlensyndikat und das Bankhaus I. H. Stein. Um nicht den Anschluß zu verpassen, machte man Dr. Gattineau, einen der Direktoren, zum SS-Obersturmbannführer ehrenhalber und knüpfte so den lukrativen Kontakt zur NSDAP. Im Sommer 1932 gelang es Gattineau, ein Treffen mit Hitler zu arrangieren. Das war in derselben Zeit, als wir zusammen Hockey spielten und tranken.

Der Hockey-Sportkamerad – ein Faschist? Gewiß war er weder rassistisch noch mordgierig, sondern eher nach dem Motto meines ältesten Bruders angetreten: „Ich bin Kapitalist, also bin ich Nationalsozialist."

Mein „großer" Bruder hatte es bei seiner Karriere glücklich bis zum Handlungsbevollmächtigten des Kölner Bankhauses gebracht. Zu mehr langte es nicht. Er durfte – ein Kleingeist, der seine Beschränktheit hinter einem nachdenklichen Gesicht zu verbergen trachtete – in seinem Kölner Wohnviertel für die NSDAP Parteibeiträge kassieren und unterschlug – schon damals mit dem Bankier und Bankrotteur Iwan Herstatt befreundet – meine wenigen ererbten Einlagen bei I. H. Stein; ich ließ ihn ungeschoren. Noch 1950 meinte er meinem Bruder Hans und mir gegenüber: „Adenauer ist ein zehnmal so guter Deutscher wie ihr." Als seine Kinder „versorgt" waren und er sich nur noch mit seinem eigenen „Versagen im Leben" konfrontiert sah, erschoß er sich. Über ihn braucht man nicht zu reden. Mit ihm hatte man nicht reden können...

Mit Heiner Gattineau konnte man reden. Sehr offen. Er wußte, wie wir dachten und wer wir waren. Er war interessiert. Es gab lange, heiße Diskussionen, bei denen ich keineswegs nur zuhörte: über Sozialismus und Kapitalismus, Gewinn und Profit, Volk und Ausbeutung, über die Sowjetunion, über Krieg und Frieden; auch über moralische Verhaltensweisen, Ehre, Vaterlandsliebe, Vaterlandstreue. Natürlich konnte er aus seiner Haut nicht heraus. Aber er war weder Ignorant noch Denunziant. Was ihn nicht davor bewahren konnte, in Nürnberg angeklagt und gerechterweise verurteilt zu werden. Schließlich war er nicht unschuldig daran, daß der Chemie-Riese IG Farben eine der wichtigsten Stützen der faschistischen Kriegsrüstung war und willig wie gierig alles produziert hat, was die Ausbreitung des „Reiches" benötigte: vom synthetischen Benzin bis zum Auschwitzgas Zyklon B. Gattineau war einer von denen, die trotz Krieg die lukrativen Beziehungen zu US-amerikanischen

Geschäftspartnern und Monopolen aufrechterhielten. Kein Wunder, daß er zu den rasch Begnadigten gehörte.

Als ich nach Hans' Verhaftung zu Gattineau ging, empfing er den Fünfzehneinhalbjährigen sofort, hörte mich an, machte sich Notizen und griff, während ich hinausging, zum Telefon. Nach unserer Freilassung ergab sich folgendes: Gattineau hatte sich mit dem ihm befreundeten damaligen Chef der Geheimen Staatspolizei, Diels, verabredet.

Dieser Diels machte schon als Oberregierungsrat im preußischen Innenministerium aus seiner antikommunistischen Gesinnung kein Hehl und hatte seine Hände in der Reichswehrverschwörung gegen die sozialdemokratische Regierung in Preußen am 20. Juli 1932. Ein Leutnant und zwei Mann erklärten die Regierung für abgesetzt, im Reich war das größte Hindernis für Hitler beseitigt. Auch hatte Diels den Faschisten schon jahrelang polizeiliche Informationen zugespielt. Das honorierte 1933 der zum preußischen Innenminister ernannte Göring, indem er Diels zunächst mit der Leitung der Abteilung I A im Berliner Polizeipräsidium betraute. Diels' erste Schläge: die Durchsuchung des Karl-Liebknecht-Hauses, Aufstellung der Verhaftungslisten für die Nacht der Reichstagsbrandstiftung, die ersten Verhaftungswellen. Diels bezog mit seinem antikommunistischen Dezernat das Karl-Liebknecht-Haus, siedelte dann mit der gesamten Politischen Polizei in die Prinz-Albrecht-Straße über, wenige Tage später wurde das Gestapogesetz erlassen und Diels erster Chef der Gestapo.

Mit ihm also verabredete sich Gattineau Ende September 1933 im Luxusrestaurant „Horcher" am Kurfürstendamm. Dort ließ er den Gestapochef vollaufen und redete ihn so nieder, daß der längst nicht mehr nüchterne Diels mit ihm ins „Gestapa" (Geheimes Staatspolizeiamt) fuhr, Aktenschränke öffnete und die Akte meines Bruders vernichtete.

Ausnahme natürlich, „Beziehung", Glück. Aber so etwas

gab es auch. Es ist nichts so komisch, daß man nicht darüber weinen, nichts so tragisch, daß man nicht darüber lachen könnte. Hinterher...

Tante Helene

Nach der Haftentlassung war es angeraten, Berlin zu verlassen. Hans ging nach Saarbrücken. Ich folgte zunächst einer Einladung Tante Helenes nach Leipzig.

Helene v. Harck, die um ein Jahr jüngere Schwester meines Vaters, verheiratet mit Fritz v. Harck (der Park zwischen ihrer Doppelvilla in der Leipziger Karl-Tauchnitz-Str. 6 und dem Dimitroff-Museum trug noch bis in die fünfziger Jahre den Namen „Fritz-v.-Harck-Anlagen"), verwitwet, war eine bemerkenswerte Frau. Hochgebildete Persönlichkeit, sprach Französisch wie Deutsch, war Kunstmäzenin, Förderin des großen Geigers Siegfried Borries, den ich bei ihr spielen gesehen und gehört habe (er trug noch kurze Hosen), und des „Nachwuchsdirigenten" Wolfgang Abendroth; Kunstsammlerin. Die erhaltenen Teile ihrer Galerie, darunter Botticellis „Jungfernkranz", gehören heute zu den Kunstschätzen der Messestadt. Sie war befreundet mit dem damaligen Oberbürgermeister von Leipzig, Dr. Goerdeler, der – obzwar erzreaktionär – gegen Hitler eintrat und nach dem 20. Juli 1944 als Verschwörer hingerichtet wurde. Tante Helene jedenfalls war eindeutig und auf ihre Art konsequent gegen den Nationalsozialismus, wobei ihre Ablehnung nicht etwa Klassengründen entsprang; da wäre ihr schon manches recht gewesen. Aber die Faschisten waren „Emporkömmlinge", „Parvenüs", „nicht salonfähig", „kein Umgang für kultivierte Leute".

So lud sie ihren Lieblingsneffen Kled Anfang November 1933 nach Leipzig ein, unmittelbar aus Gestapohaft. Das

Tante Helene von Harck

war eine Tat. „Aber damit du siehst, wohin dieser Unsinn führt, Widerstand und so – da gehst du morgen hin!", und sie gab mir eine Eintrittskarte und einen kleinen persönlichen Ausweis. So wanderte ich am nächsten Morgen von ihrer Villa durch die „Fritz-v.-Harck-Anlagen" ins Reichsgericht und saß an dem Tag im Zuschauerraum, als Genosse Georgi Dimitroff seinen historischen Zusammenstoß mit dem Faschistenführer Göring hatte. Es war der 4. November 1933.

Noch ein Schlüsselerlebnis

Der Prozeßverlauf ist bekannt. Ich hatte das einmalige Glück, Georgi Dimitroff an einem Tag zu erleben und ihm aus 12 Meter Entfernung ins Gesicht zu blicken, während mir der feiste Göring sein Hinterteil bot. Genosse Dimitroff, fälschlich der Brandstiftung des Reichstages beschuldigt, stand mit beiden Beinen im Grab. Die Faschisten wollten ihn sowenig freilassen wie Ernst Thälmann. Aber Dimitroff verteidigte sich nicht. Vor den offenen Mikrofonen des „Reichsrundfunks" griff er Göring an, kritisierte und sezierte den Faschismus, bekannte sich zum Kommunismus und legte – als Bulgare – ein Bekenntnis zur Sowjetunion ab.

Das wurde für mich zu einem Schlüsselerlebnis für alle Zeiten. Was wußte ich schon von der Sowjetunion? Noch keine 16 Jahre alt, seit einem Jahr in der Arbeiterbewegung und 8 Monate davon auf faschistische „Informationen" angewiesen. Hitlerdeutschland ist schlecht, Sowjetrußland ist gut – das war alles, was ich wußte.

Und nun Georgi Dimitroff! Ein Schlüsselerlebnis, wie gesagt, gültig bis zum heutigen Tag. Ich habe niemals an der Sowjetunion gezweifelt. Nicht in den dreißiger Jahren, als es bestürzende Nachrichten aus dem Osten gab und manche wankten. Nicht als der richtige, für den Verlauf des Zweiten Weltkrieges wichtige Nichtangriffspakt Deutschland – Sowjetunion geschlossen wurde. Nicht bei den anfänglichen Rückzügen im Hitlerkrieg, als manche verzagten. Nicht in den Zeiten der Verletzungen Leninscher Normen im Nachkrieg, als mein Bruder zu den Betroffenen zählte, als man ihn – bis zu seiner Rehabilitierung – fälschlich, aber wissentlich als „IG-Farben-Schnitzler" identifiziert hatte. Ich bin auch nie einer Gleichsetzung erlegen. Verbrechen des Imperialismus erwachsen aus seinen inneren Gesetzen. Terror, Mord und – wenn möglich – Krieg sind dem Imperialismus wesenseigen. Tödliche Folgen des Personenkults sind Verletzungen sozialistischer Grundprinzipien, stellen Entartungen dar, Abweichungen von Leninschen Prinzipien, sind keine Widerlegung des Sozialismus. Sie sind dem Sozialismus nicht immanent. Und sozialistische Gerechtigkeit wurde wiederhergestellt. In unserer Republik übrigens gab es auf der Grundlage des Stalinschen Personenkults kein Todesurteil. Wer von Ungerechtigkeiten getroffen wurde, ist rehabilitiert worden.

Inzwischen wurde bekannt, was mit Duldung und Wissen Stalins geschehen ist. Aber ich werde nicht vergessen, daß Millionen sowjetischer Soldaten bei der Befreiung ihrer und meiner Heimat mit dem Namen „Stalin" auf den Lippen gefallen sind und gesiegt haben. Unter dem historischen Schreiben, wonach die Gründung der Deutschen Demokratischen Republik „ein Wendepunkt in der Geschichte Europas" war, stand der Name Stalin. Gewiß muß diese Phase der Vergangenheit bewältigt werden. Für mich sind Abwägung und richtige historische Einordnung geboten.

„Es hat viele Revolutionen gegeben. Aber jene von 1917 war anders. Bis dahin – auch bei der Französischen – war bei Revolutionen und Veränderungen an die Stelle einer Ausbeuterordnung stets nur eine neue Ausbeuterordnung getreten. Die Oktoberrevolution aber schaffte die Ausbeutung ab. Sie leitete die größte Veränderung in der Welt ein. Ein Begriff – Wunsch und Sehnsucht aller Menschen – nahm vor vierzig Jahren greifbare Gestalt an: der Frieden! Während an den Fronten in Rußland, Italien und Frankreich Menschen aller Nationalitäten sterbend im Stacheldrahtverhau hingen, während Giftgas Lungen und Augen zerfraß und Schrapnells und Granatsplitter Glieder abtrennten – in dieser ersten Revolutionsnacht erließ der Sowjetkongreß jenes historische ‚Dekret über den Frieden'. Zum erstenmal in der menschlichen Geschichte wurde damit der Frieden zum Regierungsprogramm erhoben."

Diese Sätze schrieb ich 1957, zum 40. Jahrestag der Oktoberrevolution, in einer Broschüre für den Ausschuß der Nationalen Front des demokratischen Deutschland der Hauptstadt Berlin. Und noch zwei Passagen möchte ich zitieren. „Die Sowjetunion will keinen Krieg. Sie will den friedlichen Wettbewerb. Wieder und wieder haben Lenin und andere sowjetische Staatsmänner die Möglichkeit betont, daß gegensätzliche wirtschaftliche und politische Systeme längere Zeit nebeneinander bestehen und zusammenarbeiten können. Es sind die Imperialisten, die die Zusammenarbeit und den friedlichen Wettbewerb scheuen, weil sie ihrer inneren Kräfte nicht sicher sind und ihre Hoffnung darauf setzen, es könne ihnen gelingen, durch militärische Abenteuer das Rad der Geschichte zurückzudrehen. Lenin sagte schon 1920: ‚Mögen die amerikanischen Imperialisten uns in Ruhe lassen, wir werden sie in Ruhe lassen; wir sind für ein Bündnis mit allen Ländern, ohne Ausnahme.'

Im Kampf gegen die Gefahr eines neuen Krieges steht die Sowjetunion an der Spitze. Sie zeigt den Völkern, wie der Frieden erhalten bleibt, dann nämlich, wenn sie selbst, wenn wir alle die Sache des Friedens in die Hände nehmen. Man muß nicht in einer Partei sein, um Partei zu ergreifen, wenn es um die ureigensten Interessen geht, ums nackte Leben, um den Frieden. Der Frieden ist unteilbar. Bomben fragen nicht danach, ob du Russe, Amerikaner oder Deutscher bist. Sie fragen nicht nach dem Parteibuch und nicht danach, ob ein Sterbender, Verstümmelter flucht oder betet. Es wird immer schwieriger, irgend jemanden in der Welt davon zu überzeugen, daß eine Mutter, die ihr Kind vor den Schlächtereien eines kommenden Krieges schützen will, unbedingt eine Kommunistin sein muß oder sowjetische Interessen vertritt. Es wird aber immer klarer, daß die stärkste Friedensmacht, daß die Führerin im Friedenskampf die Sowjetunion ist. Deshalb kann man nicht um den Frieden kämpfen, ohne unverbrüchliche Freundschaft zu halten mit der Sowjetunion, ohne von ihr zu lernen."

Thesen und Feststellungen, die sich 30 Jahre später, kurz

nach dem 70. Jahrestag der Oktoberrevolution, mit dem Raketenabkommen von Washington bestätigen sollten.

Kein Kommunist hat sich für Irrtümer, Fehlleistungen oder Rechtsbrüche vor dem Westen zu entschuldigen oder zu rechtfertigen. Wir haben uns auch nicht für „schlechte Jahre" zu entschuldigen. Jedes der 70 Jahre war gut und wichtig. Wir Kommunisten sind nachdenkliche Leute. Niemand überprüft immer wieder eigenes Verhalten in Vergangenheit und Gegenwart wie wir. Aber das ist unsere Angelegenheit. Im Westen hat man es gerade nötig, einen Zeigefinger zu erheben. Da globket, barzelt und barschelt es unaufhörlich und unvermeidlich, systemimmanent.

Grundtorheit oder latenter Faschismus?

Marx und Engels beginnen ihr „Manifest" mit dem souverän-ironischen Hinweis auf die Hetzjagd, die „alle alten Mächte" auf das umgehende „Gespenst" entfesselten: den Kommunismus.

Der Antikommunismus ist Ausdruck der Defensive, der historischen Aktion der Bourgeoisie auf den Sozialismus. Zunächst auf den Sozialismus als wissenschaftliche Theorie; dann gegen die politische Bewegung der Arbeiterklasse; seit 1917 gegen den Sozialismus als staatliche Realität, nach dem sowjetischen Sieg über den deutschen Imperialismus gegen den historisch herangereiften Übergang vom Kapitalismus zum Sozialismus.

Nicht zuletzt: Waffe gegen die Opposition im eigenen Land, gegen die, die den Hauptfeind im eigenen Land erkannt haben, Schreckgespenst, um davon abzulenken, daß der Feind im eigenen, kapitalistischen Staat steht.

Da die Sowjetunion die stärkste Macht im Sozialismus ist, ist der Antisowjetismus das Kernstück des Antikommunismus. Antikommunismus ist keine „Grundtorheit" mehr, keine Dummheit: Er ist Grundverbrechen an der Menschheit und letztlich Selbstmord. Oder, wie Thomas Mann sich 1954 selbst korrigiert hat: „Antikommunismus ist Faschismus, der das Wort ‚Freiheit' im Munde führt."

Fast alle großen politisch-militärischen Abenteuer und Verbrechen des Imperialismus wurden im Namen des Antikommunismus begangen. Die Ergebnisse sind bekannt und sollten warnen. Aber die aggressivsten Imperialisten bleiben unbelehrbar und haben den Antikommunismus zu ihrer Staatsdoktrin erhoben.

Wer die Vergangenheit leugnet, ist in Gefahr, sie zu wiederholen.

Wie wurde stets die vorgebliche „Notwendigkeit der Rüstung" begründet: Beim Kaiser mußte eine „schimmernde Wehr" her, schließlich liege „die Zukunft auf dem Wasser". Also Rüstungswettlauf zu Wasser und zu Lande. Göring wollte „Meier heißen, wenn ein feindliches Flugzeug Berlin erreicht" – so gut sei die Luftwaffe von Messerschmitt, Heinkel und Junkers aufgerüstet worden, wobei Junkers enteignet und sein Name mißbraucht worden war.

Bebels Reichstagswort „Diesem System keinen Mann und keinen Groschen!" ist unverändert aktuell. Und heute geht das Abrüstungsproblem über das „System" hinaus: Abrüstung in aller Welt – bis zur Verschrottung des Teufelszeugs!

Härter denn je tobt der Kampf um Argumente für und wider die Vernunft, für und wider den Realismus. Frieden ist nicht technisch herstellbar. Physik, Chemie, Ballistik, Mathematik, Mikroelektronik – was auch immer: sie sind kein Ersatz für Politik. Politik im Nuklearzeitalter aber kann nur heißen: friedliche Koexistenz! Koalition der Vernunft! Was nützt den Kapitalisten eine Welt, auf der es niemanden mehr zum Ausbeuten gibt? Was nützt uns der Sozialismus auf einem verbrannten Erdteil? Denn es wird weder Sieger noch Besiegte geben.

Die Uneinsichtigen muß man im Zaum halten. Darum bleiben militärische Bereitschaft und Fähigkeit auf der Tagesordnung – mit einer neuen, auf Verteidigung gerichteten Militärdoktrin.

Mit den Kapitalisten müssen wir leben. Sie bleiben Feinde. Denn ideologische Gegensätze kommen ja nicht von selbst und stellen keinen Selbstzweck dar. Sie sind das Ergebnis vorhandener entgegengesetzter Weltanschauungen und Gesellschaftskonzeptionen. Kompromisse sind da nicht möglich. Einen marxistisch-leninistisch-kapitalistischen Mischmasch gibt es nicht. In „Was tun?" schreibt Lenin: „... bürgerliche oder sozialistische Ideologie: Ein Mittelding gibt es hier nicht (denn eine ‚dritte' Ideologie hat die Menschheit nicht ausgearbeitet, wie es überhaupt in einer Gesellschaft, die von Klassengegensätzen zerfleischt wird, keine außerhalb der Klassen oder über den Klassen stehende Ideologie geben kann). Darum bedeutet jede Herabminderung der sozialistischen Ideologie, jedes Abschwenken von ihr zugleich eine Stärkung der bürgerlichen Ideologie."

Das Neue

Aber der Umgang mit dem Feind muß ein anderer werden. Als ich vor bald 30 Jahren meinen „Schwarzen Kanal" begann, war es einfach: Es war kalter Krieg. Und auf einen groben Klotz gehört ein grober Keil. Nach der Durchbrechung der diplomatischen Blockade wurde das schon anders. Vor allem aber angesichts der alles vernichtenden nuklearen Waffensysteme war ein anderer Ton geboten, mußte differenziert werden.

1951 hatte Bertolt Brecht unter dem Eindruck der Atombombe an die deutschen Künstler historische Worte geschrieben.

„Das große Karthago führte drei Kriege.
Es war noch mächtig nach dem ersten,
noch bewohnbar nach dem zweiten.
Es war nicht mehr auffindbar nach dem dritten."

Ein Menschenalter später mußte der Dichter Wolfgang Tilgner die Warnung verschärfen, denn es geht nicht mehr nur um ein Karthago.

„Die Amerikaner denken,
daß der Dritte Weltkrieg in Europa stattfinden wird.

Die Engländer und Franzosen denken,
daß der Dritte Weltkrieg in Deutschland stattfinden wird.

Die Deutschen an Rhein und Donau denken,
daß der Dritte Weltkrieg im Raum Berlin stattfinden wird.

Die Zehlendorfer denken,
daß der Dritte Weltkrieg in Berlin-Mitte stattfinden wird.

In der Potsdamer Straße denken sie,
daß er in der Leipziger Straße stattfinden wird.

Solange wir denken, daß er irgendwo stattfinden wird,
wird er überall stattfinden."

Man muß also lernen, mit den bestehenden und unverzichtbaren Gegensätzen zu leben und sie unter friedlichen Bedingungen auszutragen, in zivilisierten Formen – und nicht wie Springers, Augsteins oder Löwenthals Epigonen. Ideologische Gegensätze dürfen nicht auf zwischenstaatliche Beziehungen übertragen werden. Aus ihnen und ihrem Austragen darf keine Friedensgefährdung erwachsen, kein Hindernis für normale zwischenstaatliche Beziehungen, keine Erschwerung oder Verhinderung notwendiger politischer Kompromisse. Es gibt über den antagonistischen Klassengegensätzen auf dem Gebiet der Sicherheit übergeordnete Gemeinsamkeiten, um die zu ringen eine Überlebensfrage ist. Aber die Gegensätze und Unvereinbarkeiten dürfen auch nicht „in die Ecke gestellt" oder verkleistert werden. Wenn wir einerseits verhandeln, miteinander zum gegenseitigen Vorteil Handel treiben, eine gemeinsame Sicherheitspolitik anerkennen und auf friedliche Koexistenz setzen, so sitzen doch auf der anderen Seite des Tisches Leute, die nicht gerade Anhänger, Freunde und Förderer des Sozialismus sind. Wenn man sich jedoch entschlossen hat, miteinander zu verhandeln, statt aufeinander zu schießen, dann spuckt man sich nicht ins Gesicht und tritt sich nicht vors Schienbein. Aber – um des Friedens willen muß nicht nur unser Freundbild stimmen, das Bündnis, die Klassen- und Waffenbrüderschaft: Wir müssen auch ein klares, unverrückbares Feindbild prägen. Feindbild ist nicht Hetze (Hetze verbietet unsere Verfassung). Feindbild heißt: Tatsachen aufdecken. Es ist also nicht – wie Feinde und Naive es fordern – „das Feindbild abzuschaffen", sondern wir müssen mit dem Feind anders umgehen. Die Zeiten sind andere, die Waffensysteme sind andere, Kriegsverläufe sind andere, Denk- und Verhaltensweisen werden andere. Dennoch müssen wohl zunächst noch sozialistische Soldaten und Matrosen, Unteroffiziere und Maate, Generale und Admirale breit sein, Frieden und sozialistisches Vaterland zu verteidigen. Johannes R. Becher hat uns das Wichtigste auf den Weg gegeben:

> „Seid Euch bewußt der Macht!
> Die Macht ist Euch gegeben,
> daß Ihr sie nie, nie mehr
> aus Euren Händen gebt!"

Von der Sowjetunion lernen heißt siegen lernen

Das ist die einfache, historisch nachweisbare Wahrheit: Sozialistische Macht ist Friedensmacht, kapitalistische Macht war, ist und bleibt potentielle Kriegsmacht.

Diese historische Wahrheit schützt vor falscher Gleichsetzung. Imperialismus ist nicht gleich Kommunismus, die USA sind nicht gleich der Sowjetunion. NATO und Warschauer Vertrag sind sowenig miteinander gleichzusetzen wie Pershing und SS-20. Amerikas Verbrechen an Vietnam und Grenada sind nicht vergleichbar mit der internationalistischen sowjetischen Rettungstat in Afghanistan. Hitler ist nicht gleich Stalin oder – um auf Herrn Kohls Geschichtsbild zu kommen – Goebbels nicht gleich Gorbatschow; und der Strafvollzug in sozialistischen Haftanstalten ist nicht gleich „Konzentrationslagern".

Was in der Sowjetunion in Angriff genommen wurde, entspricht den sowjetischen Notwendigkeiten und ist für das Sowjetvolk von historischem Ausmaß. Unsere Freunde haben ihre nationalen „Gewordenheiten" und Gegebenheiten. Wir haben die unseren. So bringen wir das Unsere, bringt die Sowjetunion das Ihre in den gemeinsamen Kampf um Frieden und Sozialismus ein.

Wie hätte wohl, wenn seit Lenins Tod alles falsch gewesen sein sollte, der Faschismus besiegt, hätte das militärstrategische Gleichgewicht hergestellt werden können, von dem bis zum heutigen Tag und künftig der Frieden abhängt? Die Sowjetunion beginnt nicht bei Null, sondern baut auf einem Fundament großer Erfolge und Siege weiter und auf unbestreitbaren Errungenschaften vieler Generationen von Sowjetmenschen. Dieser Sowjetunion gebühren Ehre, Ruhm, Dank, Freundschaft und Treue. Wir werden Freundschaft und Waffenbrüderschaft wie einen Augapfel

Als Leiter einer Reisegruppe in Moskau, (links), 1955

Als Referent im Marmorsaal des Hauses der Deutsch-Sowjetischen Freundschaft in Berlin

hüten und alle Versuche zunichte machen, uns „auseinanderzudividieren". Wir werden voneinander lernen und gemeinsam siegen.

Noch ein Schloß

1933 ließ mich Tante Helene mit ihrem Maybach zum Völkerschlachtdenkmal fahren. Ich hegte damals Zweifel, ob das Bündnis zwischen dem zaristischen russischen „Völkergefängnis" und dem reaktionären Preußen tatsächlich dem historischen Fortschritt förderlich war. Folgten doch den Armeen des Eroberers Napoleon die Ideen der Französischen Revolution. Nach meiner Rückkehr vom Völkerschlachtdenkmal kam die unvermeidliche Frage, wie es mir gefallen

Schloß Seußlitz

habe. Ich wollte nichts Abfälliges sagen und antwortete: „Schön groß!"

Tante Helene besaß ein Sommerschloß – Seußlitz an der Elbe, gegenüber von Meißen. Ich war vor und während des Krieges niemals dort, aber mein Vater verbrachte auf dem Schloß regelmäßig Wochen des Urlaubs. Zu Weihnachten erhielt er Kisten voll köstlichen Seußlitzer Rosés oder Rotweins: Spitzenweine, aber leider in sehr geringen Mengen. Arrogant verzog er sein rheinisches Gesicht. „Wein aus Sachsen." Und trank ihn heimlich und mit Vergnügen.

Heute ist unsere Weinzunge leider mit übersüßten Weinen aus Ungarn oder Rumänien verdorben. Wie viele wertvolle, herbe, trockene Weine gelten als „sauer" oder „bitter".

Merkwürdig, daß sie in den Interhotels gefragt sind. Auch „Seußlitzer"...

Das Schloß, einst verkommen, jetzt renoviert, ist ein Schmuckstück geworden: Altersheim, zum erstenmal ein vernünftiger Verwendungszweck. Fremdenführer erzählen ihren Touristen – wie beim Schloß Klink – ebenfalls, das sei „Schnitzlers Schloß", er habe es „dem Staat geschenkt" und, und, und...

Ein paar Flaschen Wein kaufe ich, obwohl Biertrinker, immer noch ab und zu in Seußlitz. Sie schmecken. Und ein wenig verstehe ich davon, wenn auch nicht soviel wie mein Vater. Er konnte drei oder vier durcheinandergegossene Weinsorten „erschmecken".

Als Brandts Pressesprecher, Staatssekretär Konrad Ahlers, in Erfurt beste Weine aus Meißener und Unstrut-Lagen vorgesetzt wurden, meinte dieser Weinkenner, wir seien Hochstapler: Wir hätten auf Mosel- und Saarweine nur unsere Etiketten draufgeklebt. Ich sandte ihm eine Auswahlkiste von DDR-Weinen mit Zertifikaten, und er ließ – beschämt, falls er dazu fähig war – nichts mehr von sich hören.

1941 besuchte ich dann noch einmal Tante Helene in Leipzig. Das war, bevor ich in Richtung Sowjetunion in Marsch gesetzt wurde. 4 Jahre später hinterließ sie einen Brief: „Die Russen werden siegen, und das ist sicher gut fürs Volk, aber nicht für Leute wie mich." Dann hat sie sich im Keller ihrer Villa erhängt. Eine gewisse Hochachtung kann man ihrer konsequenten Haltung nicht versagen.

Die leidige Schulzeit

Berlin war nach der Haftentlassung 1933/34 für mich als Aufenthaltsort nicht mehr empfehlenswert. Vor der „Hauptstadt-Flucht" – ich wollte ja nicht für die Schule lernen, sondern fürs Leben, also auch verbotenes Wissen erwerben und Verbotenes tun – wechselte ich vom Friedenauer Gymnasium zunächst zum Arndt-Gymnasium in Dahlem über.

In Friedenau hatte es mancherlei Bemerkenswertes gegeben. Ich widerlegte leibhaftig Karl Marx' Randbemerkung, wer nicht Mathematik verstehe, könne nicht logisch denken. Auf meinem Mathematikbuch stand stets „chinesische Grammatik". Außerdem gab es an dieser Bildungsanstalt noch die Prügelstrafe: vom Lehrer mit dem Lineal auf die Fingerkuppen, in „schwereren Fällen" vom Direktor persönlich, mit präpariertem Stock, auf den blanken Allerwertesten. Dieser Direktor hieß Pflug-Hartung und gehörte zur Sippe der Fememörder, jener Offizierskamarilla, die nach dem Ersten Weltkrieg – mit Hakenkreuzen am Stahlhelm – Rosa Luxemburg und Karl Liebknecht, wie auch bürgerliche Politiker, die den Verlust des Krieges anerkannten und im Nachkrieg realistische Auswege suchten, ermordet hatte.

Ich entwickelte physikalische und feinmechanische Kenntnisse, die – später in der Illegalität nützlich – zunächst zu nichts anderem führten als zu Schülerstreichen, wenn auch intelligenten, aber natürlich nicht weniger verwerflichen.

Das Maybach-Gymnasium (die Schule lag am Friedenauer Maybachplatz) besitzt einen Turm mit Turmuhr. Mit einem Freund studierte ich begierig die Werke der bekannten Windsoruhren. Außerdem lernten wir, mit Wachs und Feile umzugehen. Als wir für alle Türen zum Turm Nachschlüssel gefertigt hatten, schlichen wir uns eines Sonnabends um 7 Uhr 40 auf den Turm, warteten den Dreiviertelachtschlag ab und nahmen dann eilig am Uhrwerk einige eingeübte Manipulationen vor. Dann eilten wir die Treppen hinab, nicht ohne hinter uns jede Tür abzuschließen und jeweils den Schlüssel im Schloß abzubrechen. Rechtzeitig in der Klasse angelangt, warteten wir gespannt auf das Gelingen unserer Tat. Pünktlich schlug die Turmuhr erst viermal und dann zwölfmal. Und diese sechzehn Schläge dröhnten

Das Maybach-Gymnasium in Berlin-Friedenau

dann jede Viertelstunde über die Dächer Friedenaus und Schönebergs. An Unterricht war nicht mehr zu denken, das Wochenende begann früher. Erst gegen Mittag hatten Schlosser alle Schlösser geöffnet. Und damit das Uhrwerk stillgelegt und in den alten Zustand versetzt werden konnte, mußten Uhrmacher geholt werden. Endlich, am frühen Nachmittag, vermochten sie die Ruhe wiederherzustellen.

Übrigens war es gar nicht so einfach gewesen, auf das Gymnasium zu kommen. Mein Vater hatte sich in den Kopf gesetzt, daß ich es nach 3 Jahren an einer Privatschule schaffen würde statt nach 4 Vorschuljahren. Ein Berliner Schulrat war anderer Meinung. Er lehnte schlicht ab. In einem Brief teilte er dem Herrn Geheimrat mit, sein Sohn Karl-Eduard habe „eine mangelnde Auffassungsgabe; seine Ausdrucksfähigkeit" ließe „zu wünschen übrig". Auch zeige sich „bei der Entwicklung eigener Gedanken eine gewisse Schwäche". Nach meinem heutigen Wissensstand lag dieser lustigen

Einschätzung weder ein Irrtum noch eine subjektive Bösartigkeit zugrunde, sondern der gesunde Klassenstandpunkt eines sozialdemokratischen Schulrats: Soll der Sohn des adligen Herrn Geheimrats gefälligst seine vier Vorschuljahre absitzen wie andere auch! Geschadet hat's mir nicht.

Zunächst hatte ich die Nase von der Schule voll und begann – zum Entsetzen meiner Eltern, aber letztlich doch mit deren unvermeidlicher Zustimmung – eine handwerkliche Lehre: Schlosserlehrling in der Friedenauer Filiale des damals in Berlin führenden Fahrradhauses Machnow. Mein hochverehrter Meister war Walter Rütt, einer der ersten Sechstagerennkönige im Berliner Sportpalast.

Vor- und Rückblicke in die große Politik

Im Sportpalast hörte ich 1932 Ernst Thälmann und den katholischen Reichskanzler Brüning reden. Brüning besaß die bessere Rhetorik, aber Thälmann verstand ich besser. Und er gefiel mir besser. Nach Brünings Versammlung stand draußen die Polizei Spalier. Nach Thälmanns Versammlung warteten Polizei- und SA-Schläger auf der Potsdamer Straße.

Im Juli 1932 fanden wieder mal Reichstagswahlen statt. 3 knappe Minuten durfte Wilhelm Pieck für die KPD im Rundfunk sprechen. Der Schluß seiner Rede beeindruckte mich so, daß ich mir nach der Befreiung den Wortlaut beschaffte. An Kommunisten und Sozialdemokraten, an alle Werktätige gewandt, hatte er gesagt: „Ihr habt die Macht in den Händen, wenn ihr einig seid zum revolutionären Kampf! Nieder mit dem Hitlerfaschismus! Nur eine Arbeiter-und-Bauern-Regierung im Bunde mit der Sowjetunion ist der alleinige Ausweg. Darum hinein in die Antifaschistische Aktion!"

Max Reimann, Vorsitzender der KPD, Wilhelm Pieck und Otto Grotewohl, Vorsitzende der SED (v.l.n.r.), im Juli 1946 in Essen nach einem Gespräch zur Unterstützung der Einheitsbestrebungen der Arbeiterklasse in den Westzonen

14 Jahre sollte es dauern, bis sich im Berliner Admiralspalast Delegierte der Berliner KPD und SPD versammelten. Der damalige Vorsitzende der Berliner SPD, Karl Lidke, sagte im April 1946: „Ich glaube, daß heute abend, wenn der

Das Lehrerkollegium des Deutschen Kolleg in Bad Godesberg

Rundfunk die Übertragung dieser Tagung vornimmt, 14 000 Sozialdemokraten, die sich für die Zusammenarbeit mit der KPD bei der Urabstimmung ausgesprochen haben, auch jene Begeisterung empfinden werden, die uns hier erfaßt hat... Unsere Aufgabe im neuen Vorstand ist es nicht, zu reden. Unsere Aufgabe ist es, zu handeln. Und wir sind dankbar für die Unterstützung, die wir durch den Genossen Wilhelm Pieck, durch den Genossen Grotewohl und vorher durch die Genossen vom Zentralausschuß und vom ZK der Kommunistischen Partei gehabt haben. Wir werden so zusammenwachsen und keinen Bruderstreit mehr aufkommen lassen... Die Arbeiterklasse wird durch diese Sozialistische Einheitspartei Deutschlands den politischen Aktionsradius bekommen, den die gespaltene Arbeiterklasse bis zum Jahre 1933 nicht gehabt hat."

Ich hörte diese Worte 1946 in Köln. Mit Genugtuung und mit Erbitterung. Das Streben nach Arbeitereinheit war in der britischen Zone nicht geringer. Aber es wurde sabotiert durch Spalter und Feinde der Arbeiterklasse und durch Verbote ausländischer Besatzungsmächte.

In den ersten Januartagen 1933, wenige Wochen vor der Regierungsübergabe an Hitler, hatten wir Dahlemer SAJler

Gymnasiasten und Lehrer des Deutschen Kolleg (hintere Reihe, 4.v.r., der Autor)

an der LLL-Demonstration teilgenommen: Lenin – Liebknecht – Luxemburg – so hieß damals die Demonstration nach Friedrichsfelde. Es war das letztemal, daß ich Ernst Thälmann gesehen habe.

Wissen ist Macht

Immer noch war ich wild entschlossen, Handarbeiter zu werden. Ventile zu reparieren, Speichen anzuziehen, Räder auszuwuchten, Pedale zu richten, Ketten zu spannen und zu ölen, Rahmen zu löten – das gefiel mir gut. Besser als die Aussicht, Kaufmann zu werden, auch wenn es vielleicht tatsächlich „zum Direktor gereicht" hätte ...

Aber Bruder Hans riet mir dasselbe, was kurz vorher Grete Wittkowski und Ulli Fuchs ihm geraten hatten: Mit besserem Bildungsgang und in anderen Funktionen könnte ich unserer Sache nützlicher sein.

Also Abitur. Das hieß, zunächst Aufnahmeprüfung am Arndt-Gymnasium in Dahlem, bis sich – weg von Berlin – Geeigneteres fand. Am Arndt-Gymnasium waren mehr Internatsschüler als Externe: Söhne des Landadels, der Junker aus Pommern, West- und Ostpreußen bevölkerten die Internatsvillen. Und jedem Heim stand ein Lehrer vor. Übrigens gehörte damals dem Lehrerkollegium des Arndt-Gymnasiums als Studienassessor – bis zu seiner Verhaftung, die ins KZ führen sollte – Wilhelm Girnus an. 14 Jahre später war Willy einer meiner Leiter am Berliner Rundfunk.

Ich hatte wegen Krankheit ein paar Tage gefehlt. Nach meiner Rückkehr gratulierte unser „Vertrauensmann" dem Klassenlehrer Liebmann, Spitzname „Mops". Hinter mir saß ein Sproß der Grafen Dürkheim, Internatsbewohner beim Heimvater Liebmann. Ich fragte ihn, warum dem „Mops" gratuliert wurde. Der Graf stotterte ungeniert laut: „D-die M-m-möpsin hat geka-ka-ka-gekalbt." Das war der Geist des Hauses. Arndt-Gymnasium? Armer Ernst-Moritz Arndt! Ein gräflicher Kretin; und sein Lehrer fürs Leben: ein verachteter Steißtrommler; das vertrottelte Grafensöhnchen: der zukünftige „Herr".

Dr. Liebmann wurde mein Lieblingslehrer. Der adlige Schnitzler konnte ihn ein wenig vor der rohen Willkür der Junkerspößlinge schützen. Hier war es nicht mehr mit der Manipulation der Turmuhr getan, obwohl der Turm höher ragte und die Uhr lauter und verlockend schlug.

Dr. Liebmann hatte uns als Aufsatzthema „Was sagt uns Schillers Taucher?" vorgegeben. Mein Aufsatz war nicht schlecht, aber der Klassendurchschnitt erschien dem Lehrer so miserabel, daß er allen einen „Musteraufsatz" zu diesem Thema diktierte. Als ich nach dem ersten Absatz merkte, der Weisheit letzter Schluß würde in dem Satz „und der Mensch begehre nimmer zu schauen, was Gott gnädig bedeckt mit Nacht und Grauen" münden, hörte ich nicht mehr auf das Diktat, sondern schrieb eigene Gedanken dazu: Himmelshöhen und Meerestiefen seien keine Grenzen, es gebe für den Menschen nichts Unerreichbares, sondern lediglich Erkenntnisse und Gebiete, die der Mensch „noch nicht" erkannt und erreicht hätte. Damals wußte ich natürlich nicht, wie unchristlich, wie materialistisch ich Welt und Leben schon betrachtete, ahnte nichts von Gegenwärtigem, nichts von Gagarin und Jähn. Und der Lehrer kannte wohl Marx nicht. So schrieb er unter meine Extratour: „Thema nicht erreicht. Aber der Aufsatz zeugt von selbständigem Denken."

Meine Schulleistungen waren das Jahr über schlecht, zu Versetzungszeiten mäßig, aber ausreichend, in Religion und Geschichte, Deutsch, Sport und Musik „sehr gut". Dennoch: Ich wollte an den Rhein.

Hinter der Elbe beginnt Sibirien

Das hörte ich oft von meinem Kölner Vater. Und das war nicht nur Überheblichkeit der rheinisch-französischen Zivilisation, auch keineswegs geographische Unkenntnis. Berlin klammerte man aus. Nein, man fühlte sich als „Europäer", und an der Elbe „begann Asien".

Viel später erst, nach dem Krieg, in Köln, erkannte ich, daß das mehr als rheinische Honoratiorenarroganz und dümmliche Überheblichkeit war.

Der rheinische Separatismus unter Dr. Dorten, schon damals von Adenauer unterstützt; Adenauers Abspaltung der Westzonen vom deutschen Nationalverband – das war nicht nur der Wille, dem Kapitalismus ein reiches deutsches Stück Territorium zu retten, sondern dahinter steckten auch Emotionen, wie sie in meinem Elternhaus gepflegt wurden.

Und heute NATO und EG: Das sei „Europa"! (Völkerrechtswidrig bezieht man Westberlin ein.) „Wir Europäer" wohnen alle westlich der Elbe; „wir Deutschen" wohnen in der BRD und in den Westsektoren. Jenseits liege „der

Osten", „Ostdeutschland", „Ostberlin", „Asien", eben „der Kommunismus..."

Nun reicht Europa vom Atlantik bis zum Ural. Wir sind so gut Europäer wie Russen, Franzosen, Polen oder Portugiesen, Norweger wie Italiener, Griechen und Ukrainer, Litauer wie Holländer, Letten wie Belgier, Esten wie Dänen und Monegassen.

Wir wohnen in einem europäischen Haus. Mit großen europäischen Traditionen. Die großen Kulturleistungen der Menschheit wachsen in nationalem Boden und weiten sich zu internationalem Lebensinhalt aus. Deshalb sind die großen Kulturschöpfungen Gemeinbesitz aller Völker und Zonen. Darum ist Platon nicht ausschließlich griechischer Philosoph und Christus nicht nur jüdischer Prophet, sind deutsche Minnesänger und französische Troubadoure nicht voneinander zu trennen, gehören Goethe und Shakespeare der gleichen europäischen Geisteshaltung an, sind Romain Rolland und Lew Tolstoi Teile einer gleichen Humanitätsgesinnung. Der Italiener Palestrina und der Deutsche Bach, Raffael und Albrecht Dürer sind nationale Erscheinungen mit internationaler Wirkung. Marx und Lenin, der Russe Maxim Gorki und der Däne Martin Andersen Nexö, Siemens und Edison gehören zusammen wie Darwin und Haeckel; der Spanier Ortega y Gasset und der Elsässer Albert Schweitzer: Sie repräsentieren gemeinsam europäischen Geist.

Darum ist es ahistorisch, die heutige amerikanische Dekadenz, die Verkommenheit von Denken und Sitten als „westlich" zu etikettieren. Auch in den USA gab und gibt es große Geister und Traditionen, auf die man sich besinnen sollte. Wir aber haben Anlaß zum Stolz darauf, Europäer zu sein und in unseren europäischen „Etagen" zwischen Ural und Elbe, zwischen Elbe und Oder allem Priorität zu geben, alles zum höchsten Gut erhoben zu haben an Tugenden, Geist, Kunst, Wissenschaft, was Europa in die Geschichte eingebracht hat.

In unserem europäischen Haus gab es traditionell eine historische Distanz zur politischen Macht, bis Geist und Macht zur Einheit fanden, Humanismus und Macht, Frieden und Macht im Sozialismus. Ausgangs des 20. Jahrhunderts geht es in diesem europäischen Haus um die Einheit von Frieden und Leben, von nuklearwaffenfreier Gegenwart und der Zukunft in friedlicher Koexistenz.

Das zwingt zu größerer ideologischer Tiefe, zu produktivem Nachdenken, zu einem neuen Stil im Umgang mit uns selbst und mit dem Klassenfeind, zu größerer Kenntnis voneinander, zu mehr Verständnis füreinander, auch zu mehr gemeinsamen Aktionen. Es zwingt uns zu einem neuen Niveau im Denken, Reden und Handeln: deutsch, europäisch, internationalistisch, marxistisch-leninistisch.

Von der Spree zum Rhein

1934 bezog ich das Deutsche Kolleg in Bad Godesberg. Wieder eine Feudalschule – mit Söhnen und Töchtern von Ruhrherren und mitteldeutschen Großunternehmern, von Bankiers und Großbürgern. Deren Kinder erhielten dort nicht faschistische Halbbildung, sondern richtige, hervorragende Kenntnisse in Deutsch, Weltliteratur, Latein, Griechisch, Naturwissenschaften, Musik (einschließlich des Juden Mendelssohn Bartholdy), in klassischem Humanismus.

Das Monopolkapital hatte Hitler gewollt und gemacht, und es erwartete viel von ihm. Aber die Söhne sollten ja mal ins Ausland und sich dort nicht mit Rassenwahn und Unbildung blamieren. Fürs einfache Volk, an „Volksschulen" und anderen Bildungsanstalten, standen dagegen geistige Mißbildung und Verhetzung auf dem Lehrplan. Die „Hitlerjugend", schon am Berliner Arndt-Gymnasium kaum gefragt, war am Deutschen Kolleg nicht existent. Wer später mal um des Berufs und der Geschäfte willen höherer SA- oder SS-Führer werden sollte, würde andere Wege finden als über die „Straße" und eine „Volksgemeinschaft".

Außer dem Deutschen Kolleg, diesem Sprungbrett zu Ämtern und Macht deutscher Monopole, gab es in Bad Godesberg das Aloysius-Kolleg, eine Jesuitenschule, und das evangelische Pädagogium, wo man besonders stolz darauf war, daß einst Hitlers Stellvertreter Rudolf Heß dort seine höhere Schulzeit absolviert hatte.

Direktor Hans Berend war Halbjude. Seine Frau sang. Laut und falsch. Sonst war sie menschlich. Die Lehrer waren zum kleinsten Teil Parteimitglieder, das Hakenkreuz-Bonbon wurde nicht getragen. Es ging liberal zu. Eins meiner freiwilligen Aufsatzthemen: „Lenin". Benotung: „gut", mit dem schützenden Zusatz: „Nicht etwas schönfärberisch gesehen?" (Ich hatte „Staat und Revolution" nicht vergessen und eine gerettete, zerfledderte deutschsprachige Lenin-Biographie eines Moskauer Verlages fast auswendig gelernt.)

Unser Musiklehrer Tetzlaff trug viel zu meiner musikalischen Bildung bei. Das Klavierspielen war mir schon im Kindesalter durch Etüden und musikalische Platitüden verleidet worden. Außerdem besaß ich noch nicht so rechtes Verständnis dafür, daß die Klavierlehrerin meine Hände an ihrem üppigen Busen zu wärmen beliebte, um sie geschmeidig zu machen.

So klimperte ich denn vor mich hin, suchte mir mit gutem Gehör zu allen Schlagern und Melodien die richtigen Harmonien zusammen und spielte zur Freude meines Bruders und seiner Freunde und Freundinnen konzertante Tanzmusik. Ein guter Bekannter meines Bruders, Rudolf Zeller, war Barpianist. Er brachte mir ein paar Tricks und Übergänge bei, lehrte mich fallende Harmonien und bestärkte mein Rhythmusgefühl. Noten zu lesen, gar vom Blatt zu spielen blieb mir versagt. So improvisierte ich, frei nach Gehör und immer in C-Dur, a-moll oder c-moll.

Ein Mitschüler war der Sohn des Bonner „Königshof"-Direktors. Da ich spärliches Taschengeld erhielt, erreichte er bei seinem Vater, daß ich an Wochenenden von 17 bis 20 Uhr in der Cafébar des „Königshofes" auf dem Klavier die Leute unterhalten durfte, bis abends der richtige Barpianist kam.

Leider ist heute dieses musikalische Genre, bei dem es auf ein gutes musikalisches Gedächtnis und auf musikalische Phantasie und Improvisationsfähigkeit ankommt, so gut wie ausgestorben.

Die aktuelle Wahrheit des Wilhelm Busch

Nichts gegen wechselnde Trends in der Musik. Schon gar nichts gegen die Disko. Das ist Geschmackssache und wahrscheinlich eine Generationsfrage.

Aber die Macht der Töne ist in einem Maß auf dem Vormarsch, daß sie zu einem echten Umweltproblem wird. Im Restaurant und im Fahrstuhl, auf dem Klo und dem Bahnhof, beim Friseur und im Krankenhaus, auf Fahrrädern und Skipisten, auf der „Arkona", im Kuhstall und bei Schularbeiten – von der Wiege bis zur Bahre: Musik. Noch sind Museen und Bildergalerien frei davon. Aber wann werden auch diese Reserven erschlossen? Stehen uns in Kürze „musikfreie Räume" ins Haus?

Es geht um das Übermaß an Beschallung: zuviel, zu oft, zu laut! Die da Technik zum Fluch werden lassen, begründen ihr Tun damit, es werde „eine sympathische Geräuschkulisse" geschaffen, Musik „spreche an", auch wenn man nicht hinhöre.

Also Musik zum Weghören? Ich finde, Musik ist zum Hinhören da. Der Mißbrauch als akustische Tapete schadet gleichermaßen dem Gehör, dem wechselseitigen Gespräch und der Musik jeglichen Genres selbst. Also Musik als musisch und nicht als Geräusch: „Musik wird störend oft empfunden, dieweil sie mit Geräusch verbunden", meinte schon Wilhelm Busch.

Ende der Schulzeit

Als meine musikalischen Wochenendausflüge nach Bonn herauskamen, zitierte mich der Direktor des Deutschen Kollegs zu sich und meinte mit ernstem Gesicht: „Eigentlich verboten!" Dann fuhr er lächelnd fort: „Aber wenn deine Leistungen nicht darunter leiden, mach weiter." Ein Bürokrat war er nicht.

Dann bekam ich doch etliche Schwierigkeiten. Meine Gestapoakten, im Gegensatz zu denen meines Bruders nicht vernichtet, waren angekommen. Gewisse Herren tauchten auf, stellten Nachforschungen an, fragten mich und andere aus. Skandale waren an dem Feudalinternat nicht üblich. Ein diskreter Wechsel führte mich nach Köln: unter die vermeintlichen Fittiche meines 12 Jahre älteren Nazibruders und dessen Frau, einer karrieregeilen Tochter aus dem Hause des Farbenkonzerns Sachtleben. Am Friedrich-Wilhelm-Gymnasium machte ich ein „Vorkriegsabitur", damals „Schmalspurabitur" genannt. Deutsch „sehr gut", Geschichte (Prüfungsthema: Bismarcks Rückversicherungsvertrag mit Rußland) „sehr gut"; „sehr gut" auch Sport und Musik. Chemie und Physik knapp „genügend", Mathematik „mangelhaft". Bestanden mit „genügend". (Diese Darstellung ist selbstkritisch gemacht; sie soll keinen Vorbildcharakter haben.)

Ich wollte Arzt werden

Voraussetzung fürs Medizinstudium waren 6 Monate „Reichsarbeitsdienst". Das erste militärische Kommando, das ich zu hören bekam: „Die wo was Aburenten sind, links raus!" Latrine schrubben ...
Dann kam mir zugute, daß ich im nahen Löningen eine Frau vor dem Feuertod retten konnte und meine schwere Rauchvergiftung auf der Insel Borkum ausheilen durfte. Und so etwas ließ sich sehr in die Länge ziehen ... Nach der Rückkehr ins emsländische Lager war noch Schonung angesagt. Im Gegensatz zum üblichen Stiefelputzen und Kartoffelschälen hatte ich diese Tätigkeiten anderer durch Akkordeonspiel „verschönt". Allerdings drohte und folgte dann auch „Musik zur Unterhaltung" der Führung. Märsche kann ich heute noch nicht spielen. Aber dann war die Zeit auch schon um. Ein „Erntedankfest" mit Hitler, „Arbeitsfront"-Führer Ley, „Reichsbauernführer" Darré und anderen Faschisten auf dem Bückeberg durfte ich noch mit blankem Spaten und glänzendem Koppelzeug erhellen.
Dann ging es nach Freiburg. Jenem Freiburg im Breisgau, das zu Füßen des Schwarzwaldes liegt, dicht an Rhein und Schweizer Grenze, nahe dem Spargel-Schwätzingen (wo Goebbels als Ehrenbürger galt, weil er den „Spargel quer in den Mund" bekam) und dem Glottertal, heute durch eine „Schwarzwaldklinik" verziert. „Der Engel" nebenan war gemütlicher.

Landschaften

Oft fuhr ich nach Frankfurt am Main, wo ich mich mit meinem Bruder Hans traf, der teils in Saarbrücken, teils in Frankfurt arbeitete. Auf einer dieser Fahrten passierte ich im Januar 1938 die Autobahnabfahrt Mörfelden, in deren Nähe der Rennfahrer Bernd Rosemeyer tödlich verunglückt war. Die Hintergründe seines Unfalls sind von der Auto-Union stets verheimlicht worden. Leichtfertig war die Karosserie des Porsche-Rennwagens nur mit vier Schrauben am Chassis befestigt. Als aus einer Waldschneise eine Windbö seitlich über die Fahrbahn fegte, brachen die unzulänglichen Schrauben, die gesamte Karosserie verschob sich nach hinten, Bernd Rosemeyer wurde buchstäblich geköpft.

Rosemeyer auf Auto-Union/Porsche, Manfred v. Brauchitsch, Caracciola und Lang auf Mercedes, Nuvolari auf Alfa Romeo, vorher noch Lous Chiron auf Bugatti – das waren damals unsere Sporthelden. Ich ließ kein Nürburg- oder Avus-Rennen aus, und beim Bergrennen am Schauins-Land im Schwarzwald mit Hans Stuck auf Porsche habe ich von der ersten Trainingsminute an am Straßenrand gehockt.

Manfred v. Brauchitsch schätzte ich damals besonders. Ich war Zeuge seiner sensationellen Fast-Unfälle (Brand beim Tanken am Ersatzteillager, Bruch des Steuerrades), nicht ahnend, daß uns einmal – seit er in unsere Republik übersiedelte, seit dem ersten „Oberhofer Gespräch" Anfang der fünfziger Jahre – eine echte Freundschaft verbinden sollte, bis zum heutigen Tag. Mit dem Motorrad erschloß ich mir die Landschaft. Zunächst den bergigen Südwesten, später den flachen Norden. Ich hatte mir aus zweiter Hand günstig eine kopfgesteuerte englische TRIUMPH, 350 Kubikzentimeter, mit hochgezogenen Auspuffrohren, kaufen können. Motorradfahren war schon immer meine Leidenschaft. Und da zur Teilnahme an Motorrad-Geländefahrten die Mit-

Auf dem TRIUMPH-Motorrad, 1938

gliedschaft im ADAC Voraussetzung war, trat ich in den Allgemeinen Deutschen Automobil-Club ein und hatte rund um den Feldberg und den Titisee einige Erfolge.

Vor allem lernte ich den Schwarzwald kennen und den Breisgau, den Kaiserstuhl, den Bodensee, Schwaben, Baden bis nach Heidelberg und zum Neckar. Später schlug dann meine Liebe zur Landschaft von Bergen und Gebirgen zur weiten Ebene um, zur Küste, zum Meer. Nach der frohsinnigen Reisemaxime meines Vaters – „Berge von unten, Kirchen von außen, Gasthöfe von innen" – handelte ich nur, was den dritten Rat angeht.

Die Landschaftsbilder Caspar David Friedrichs, später meiner verstorbenen Malerfreunde Otto Niemeyer-Holstein und Tom Beyer, bringen zum Ausdruck, was ich empfinde. Das steht nicht im Widerspruch zum Erzgebirge oder zum Vogtland, das der von mir geschätzte Maler Fredo Bley so wiedergibt, wie ich es liebe. Ich liebe, was man „Land und Leute" nennt.

„Land und Leute" sagt sich leicht. Aber deutsche Landschaft und die Menschen, die sie bevölkern – das ist mehr. Wie erst, wenn die Heimat im sozialistischen Vaterland liegt und die Menschen – ob Sozialisten oder noch nicht – ihrem Leben und ihrer Arbeit einen neuen Sinn gegeben haben.

Das mitzuteilen und zu helfen, es bewußtzumachen – das ist die Absicht meiner Fernseh-Reportagen aus Dörfern, Städten und Kreisen unserer Republik, auch aus der Sowjetunion und aus Ungarn. Und außerdem: Ein halbes Menschenalter zweiundfünfzigmal im Jahr „Feindbild" (jeden Montag: Lügen entgegenzutreten, Fälschungen richtigzustellen, verbogene Meinungen geradebiegen zu helfen), da braucht man zum Ausgleich wenigstens einmal jährlich das „Freundbild". Und zwar nicht nur einfach als Abbild, schon gar nicht als Addition von Sujets der „Aktuellen Kamera", sondern ein mit Liebe und Gefühl gestaltetes Mosaikbild, das keineswegs der Ökonomie, der Technik, des Neuererwesens entbehrt, nicht der Einheit von Wirtschafts- und Sozialpolitik. Aber durch Themenreichtum, Opulenz des Angebots von menschlicher, landschaftlicher, städtebaulicher, industrieller Schönheit will ich nicht nur den Verstand erreichen, sondern auch das Herz. Künstlerische Mittel – wie Einheit von harter Gegenüberstellung und Zusammenhängen, von Optik und inhaltlich verwandter Musik, wie Dramaturgie, Sprache, Andeutung und Schweigen, das Bekenntnis zur „Übersichtsreportage" (wie einige dieses eigenständige Genre abschätzig nennen) – sind nicht eben üblich in der Publizistik und erscheinen deshalb manchem Routinier als „unnütz". Im Gegensatz zum Publikum...

Ein Stammtisch

Zurück nach Freiburg, ins Jahr 1938.

Nicht irgendein Arzt wollte ich werden, sondern Kinderarzt. Ich konnte immer besonders gut mit Kindern umgehen, finde schnell Kontakt, eine gemeinsame Sprache, gemeinsame Interessen.

Ich nahm meine Überzeugung ernst, wollte nicht politisch „pausieren" oder gar „aussteigen", nicht in die „innere Emigration", mich nicht aufs verschlossene Kämmerlein beschränken. Ein „Stammtisch" bot sich an, im „Breisgauer Hof", im Volksmund „Nackte Geige" genannt. Man fiel förmlich in das kleine Lokal hinein.

Am Stammtisch saßen ein ewiger Zahnarztstudent, der mit seinem aktiven Antifaschismus nicht hinterm Berge hielt; der größte Büstenhalter-Ladenbesitzer Freiburgs, der die Nazis auch nicht mochte, weil er jüdische Verwandte hatte; der bonbonbewehrte Chefredakteur der Nazizeitung, von einer bürgerlichen Gazette übernommen und alles andere als überzeugt, es sei denn von dem Motto „Geld ist gut gegen Zweifel"; ein ehemals sozialdemokratischer Polizist („Wir haben natürlich keine Chance, aber wir werden sie nützen.") und schließlich der stellvertretende Gestapochef von Freiburg: kein Denunziant, tief beleidigt, weil sein Chef mit seiner Frau und seiner Sekretärin schlief. So hatte er sich den Nationalsozialismus nicht vorgestellt, und deshalb hatte er nichts gegen „Nonkonformisten" und Kritiker und nahm schweigend an hitlerfeindlichen Diskussionen teil. Man kam miteinander aus. Nirgendwo geht es so zu wie auf der Welt...

Man erfuhr viel, konnte es über andere Kontakte weitergeben. Es kam wie im Selbstlauf, daß ich mit meinem Motorrad bald als Kurier über die Schweizer Grenze fuhr – mit Material und Informationen hinüber und herüber und mit mehr Angst fast vor den Schweizer als vor den deutschen

Zöllnern, denn die Schweizer Patentdemokraten lieferten nämlich ans „Reich" aus.

Niemals werde ich die Gegend um Singen/Hohentwiel vergessen: Viele Grenzübergänge waren günstig und variabel, aber überall duftete es nach Maggi. Vielleicht hat mich der Geruch der nahen Fabrik vor gefährlichen Verzögerungen bewahrt. Denn die Badenserinnen sind die übelsten nicht.

„Schnitzler und die Frauen"

Nein, ich werde Klatschmäulern und Moralaposteln nicht den Gefallen tun, ins Detail zu gehen. Ich kenne meinen Ruf und die Gerüchte. Wären sie nur zur Hälfte wahr, wäre ich längst aus der Partei ausgeschlossen worden. Allerdings, wie sagt man so schön: Ich war kein Kostverächter.

Im Ernst: Ich habe Frauen immer ernst genommen und geachtet. Es gab Freundinnen und drei Ehefrauen: Eine Kriegsehe, eine Nachkriegsehe, eine Ehe, in die ich aus Verzweiflung hineinfloh. Die Frage nach einer „Schuld" ist bei schmerzlichen Trennungen müßig. Es gibt keine schuldhafte Einseitigkeit.

Seit über einem Vierteljahrhundert lebe ich mit Márta Rafael. Es ist meine vierte und letzte Ehe (übrigens Mártas dritte). Und sie muß mit mir leben, was gewiß nicht einfach und leicht ist.

Resümee: Frauen spielten in meinem Leben eine große Rolle. Je größer und gewichtiger ihre Rolle wurde, desto weniger wurden es.

Alles andere gehört in die Intimsphäre und nicht in eine solche Niederschrift.

Selbstverpflegung

Ich besaß niemals viel Geld. Abgesehen davon: Wenn ich etwas hatte, konnte ich nicht damit umgehen. Als Student allerdings war's besonders knapp. Um die bemessene Erbschaft meines Vaters hatte mich mein ältester Bruder erleichtert. Motorradkauf und Unterhalt ließen mir ein Minimum zum Leben.

So lernte ich, mich selbst zu verpflegen. Das heißt, ich kochte. Zunächst nach Kochbüchern und Rezepten aus Zeitungen, dann mit eigener Phantasie und viel Mut zum Risiko.

Was damals eine Notwendigkeit war, wurde später zum Hobby, schließlich zur Hausmannspflicht. Da meine Frau singen, aber nicht kochen kann, besteht erstens die Verpflichtung: Wenn sie nicht kocht, singe ich nicht. Zweitens: Zu Hause koche ich.

Zwei einfache Lieblingsrezepte will ich zum besten geben.
I. Man nehme ein Drittel Zwiebeln, ein Drittel Äpfel, ein Drittel Geflügelleber, eine Flasche saure Sahne, ein oder zwei Eigelb, Majoran, Pfeffer, wenig Salz, einen Schuß Zückli, 100 Gramm Wodka oder Rum (aber mindestens 45prozentigen). In Öl und Butter werden erst die kleingewürfelten Zwiebeln gegeben, bis sie glasig sind, dann die ebenso gewürfelten Äpfel, schließlich die in daumengroße Stücke geschnittene Leber. Wenn alles gar ist, fügt man die saure Sahne, vermengt mit Majoran, Pfeffer und etwas Zückli, hinzu, verrührt alles und flambiert. Dazu Salzkartoffeln oder Weißbrot.
II. Mittelgroße Kartoffeln (vier je Person) werden geschält, mit einem spitzen Teelöffel ausgehöhlt und in einer gut gewürzten Brühe fast gar gekocht. Inzwischen fertigt man aus Gehacktem und Schabefleisch, Eigelb, Pfeffer, Salz und einem Schuß Rotwein eine Füllung für die aus dem Wasser

Als Hobbykoch in Aktion

genommenen erkalteten Kartoffeln. Das Ganze – nach Geschmack auch mit Käse belegt – in den Backofen. Schnell, einfach und eine Delikatesse.

Aus den Kartoffelresten wird – unter Zuhilfenahme von

Suppina-Tüten – eine wundervolle Kartoffelsuppe (mit Wurst) für den nächsten Tag.

Damals standen in meiner Studentenbude vorwiegend Eintöpfe auf der Speisekarte. Mit Phantasie und Mut zum Risiko, wie gesagt, kann man in Kürze und billig Wohlschmeckendes auf den Tisch stellen.

Ende eines Studiums

Mein Studium nahm ich ernst, machte mein Vorphysikum in Chemie bei Staudinger, dem Miterfinder von Buna. Bis ich zum faschistischen Studentenführer der Universität zitiert wurde. Auf meine Gestapoakte pochend, stellte er mich vor die Wahl: Eintritt in den NSDStB (Nationalsozialistischer Deutscher Studentenbund) oder Relegierung. Nachträglich sagt es sich leicht: Na und? Das wäre doch so schlimm nicht gewesen... Ich reagierte spontan und – wie ich immer noch meine – richtig: „Nein!"

Kurz vor meiner Relegierung konnte ich ein Leben retten. Es hatte sich die Beziehung zu einer interessanten Diseuse ergeben: Greta Keller, Halbjüdin mit „arischem" Vater, hervorragende Chansonsängerin, völlig naiv in Sachen Politik. Beim Gastspiel in Freiburg schaute sie verwundert aus ihren Äuglein, als wir über Antisemitismus sprachen und über die unverkennbaren Absichten der Faschisten. Plötzlich verstand sie, warum man ihr die berühmtesten Chansons jener Zeit weggenommen und sie einer Zarah Leander gegeben hatte. Eine Halbjüdin als „deutscher Star"? Dann war ihr Vater gestorben, und der gelbe Stern drohte. Zehn Worte gaben hundert andere, fünf Erklärungen zwanzig Einsichten. Die Zeit war überreif.

Und so saß sie dann eines Spätnachmittags auf meinem

Soziussitz, die Koffer abenteuerlich verzurrt. Ich fuhr mit ihr teils quer durchs Gelände, teils über Waldwege und durch Maggidünste und ließ sie jenseits der Schweizer Grenze absitzen. Einmal schrieb sie mir, ich habe sie nicht wiedergesehen, aber oft gehört. Sie ist in England und dann in Amerika ein echter Star geworden. Nicht so bekannt wie die Leander, aber dafür besser. Vor allem, was Charakter und Haltung angeht.

Vorkrieg

Zunächst fuhr der geschaßte Student nach Berlin. Die Strecke Freiburg – Nürnberg, dann ein fertiggestelltes Stück Autobahn Nürnberg – Leipzig, schließlich Landstraße durch die Dübener Heide über Potsdam, Wannsee nach Berlin – die Straße war mir vertraut. Monatelang war ich sie gefahren: freitags 860 Kilometer hin, sonntags 860 Kilometer zurück. Nur wer die Liebe kennt ...

Ein unvergeßliches Erlebnis hatte ich auf einer dieser Fahrten. Während einer Rückkehr nach Freiburg verspürte ich Heißhunger auf eine Hühnersuppe und wußte, im Ratskeller in Crailsheim wurde eine solche bereitet.

Die Stühle standen schon auf den Tischen, aber am Stammtisch saßen noch einige Crailsheimer Honoratioren und ein Berliner Fernlastfahrer. Nun halten sich ja manche Schwaben für „das Salz der Erde", nicht von ungefähr hießen die Deutschen im Mittelalter „Die Schwaben". Die Crailsheimer Spießbürger, ausnahmslos mit dem Hakenkreuz am Revers, gaben dementsprechend an.

Ich merkte, wie es bei dem Urberliner langsam hochkam. Und dann brach es aus ihm heraus: „Also, ick will ma mal so formulieren: Als ihr in euern Scheiß-Schwaben-Landeli noch uff de Bäume gesessen habt, da war die Sifilis in Berlin schon ne Kulturkrankheit..." Zur Ehre der Schwaben sei gesagt, daß auch sie sich vor Lachen bogen.

Auf meiner letzten Fahrt von Freiburg nach Berlin war mir nicht mehr nach Lachen zumute.

Diesmal schmerzten mir nach der Ankunft nicht nur die Hände. Da ich wahrscheinlich beschattet wurde, durfte ich meine Berliner Freunde und Genossen nicht gefährden. Also spielte ich den „bekehrten, gemäßigten Nazi". Sie hatten alle Charakter. Die einen brachen die Beziehungen ab, andere versuchten vorsichtig, mich „zu überzeugen". Damals konnte ich – wie heute gegenüber unsensiblen Genossen, die tausendmal Gesagtes, tausendmal Gehörtes zum tausendunderstenmal wiederholen – nicht sagen: „Ich bin doch schon in der Partei." Ich mußte Überzeugung und Überzeugt sein in engen äußeren Grenzen halten und habe sicher manchen Freund und Bekannten enttäuscht. Freundschaften verblaßten oder brachen. Einigen nur konnte ich vertrauen. Zum Beispiel zwei Genossen, die als „Berufsringer" in einem Freiburger Varieté unter- und in meinem Stammlokal aufgetaucht waren und die ich nun in Berlin wiedertraf.

Die folgende, von der „Familie" arrangierte kaufmännische Lehre Anfang 1939 – bei Felten & Guillaume in Köln-Mühlheim – interessierte mich weniger. In einer knappen Motorradstunde war man in Aachen. Dort war das „Dreiländereck" mit herrlichen verborgenen Grenzübergängen nach Belgien und Frankreich, weiter nördlich nach Holland, südlich nach Luxemburg. Es war eine Frage der Organisation (in Köln), daß wir rund 150 politisch und rassisch Verfolgten über die Grenze verhelfen konnten.

Krieg

Dann kamen Krieg und Einberufung nach Danzig: Infanteriefunker. Funken ist immer gut, dachte ich und lernte überdurchschnittliche Tempi im Geben und Nehmen. Sicher kam mir dabei mein musikalisches Gehör zugute. Nach kurzer Ausbildung ging es über den Oberrhein ins Elsaß. „Wer kann reiten und mit Pferden umgehen?", und schon hatte ich zwei Gäule: einen mit Sattel für mich, einen fürs Funkgerät und eine Batterie. Das Neue: berittener Artilleriefunker, vorgeschobener Beobachter. Doch im Westen war erst einmal „Frieden".

Im nächsten Teil-Krieg, in Jugoslawien, wo ich wieder mit Pferden und Funkgerät vorgeschoben beobachtete, wurde „zufällig" zu kurz oder zu weit geschossen. Und dann – Ende Juni 1941, nach kurzem Aufenthalt nahe Leipzig – ab in die Sowjetunion. Zunächst mit dem Zug, dann mit dem Motorrad. Naivlinge glaubten anfangs das Geschwätz, die Sowjetunion erlaube den Transit für Hitlers militärischen Griff nach Indien. Indes, von der Grenze an ging es durch zerstörte Dörfer und verwüstete Landschaften den Bug abwärts. Eine Panzerabwehrgranate war gnädig: Sie zerschlug mir das Vorderrad, ein Splitter drang ins Kniegelenk, der Sturz zerbrach mir die Kniescheibe. Diese Heldentat trug mir die einzige Kriegs-„Auszeichnung" ein – das Verwundetenabzeichen.

Im Feldlazarett sollte mein Bein amputiert werden. Mir gelang es, einen Aufschub zu ergattern und in einen Lazarettzug geladen zu werden, der von Krakau nach Eisenach fahren sollte. Dort praktizierte ein Meniskusspezialist als Chefarzt: Professor Gebhardt. Er war wirlich gut, erhielt mir mein Bein, wenn auch mit steifem Knie. Später experimentierte derselbe Arzt mit KZ-Häftlingen und wurde gehängt.

Ich kam ins Sportlazarett Oberhof, traf dort meinen

Freund aus Freiburger Zeiten, Rudi Gehring, der als erster Skispringer die 100 Meter übersprungen hatte. Und – was sollte schon sein: Wir besorgten uns Skier und liefen mit unseren steifen Knien Schußfahrten. Nicht in der damals üblichen tiefen Schneiderhocke, sondern zwangsweise aufrecht, nur mit Kanten und Gewichtsverlagerung. Damals verlacht, waren es Elemente dessen, was man heute als „Parallelschwung" kennt. So rauschten wir auch an unserem Chefarzt vorbei. Der war ein vernünftiger Mann. „Wer so laufen will und kann, hat auch die Energie, sein Bein wieder hinzukriegen." Das wurde schmerzhaft; denn die gewichtigsten Krankenschwestern hängten sich jeden Morgen an unsere Unterschenkel, bis die Kniegelenke sich millimeterweise zu bewegen begannen. Heute kann ich – mit etwas Mogeln – aus der Kniebeuge mühelos in den Stand und bin ansonsten beschwerdefrei.

Frankreich

Kaum genesen, wurde ich leichtfertig. Weniger körperlich als politisch. Ich sprach mit den falschen Leuten über Politik und Krieg: Kein Wunder, daß ich mich bald im Mittelmeer wiederfand. Auf dem Wege zum Strafbataillon 999 nach Afrika notgelandet in einer Ju-52. Südlich von Kreta aus dem Salzwasser herausgefischt, ging es ins Gefängnislazarett Eberswalde, wo mich mein Vetter Blumenthal, mittlerweile im Generalstab, fand und zum General der Kraftfahrzeugtruppen, Kühn, am Fehrbelliner Platz in Berlin versetzte. Meinem Bein ging es wieder schlechter, ich galt als verwundet und wurde Schreiber. Mit zwei Gleichgesinnten verschickten wir winterfeste Motoren nach Afrika und tropenfeste Motoren an die Ostfront. Das konnte nicht von langer Dauer sein. Vetter Blumenthal sah uns verdächtigt und versetzte rechtzeitig den einen nach Jugoslawien, den anderen nach Italien, mich nach Frankreich.

Dort machte ich die Bekanntschaft mit französischen Familien, wurde in deren Wohnungen eingeladen. Dann sprach mich ein Mann an, der im illegalen Widerstand war. Wenig später wurde ich bei einem Treff mit Maquisarden, denen ich sechs Kanister Benzin zukommen lassen wollte, verhaftet. Während ich auf Prozeß und Urteil wartete, konnte ich bei einem Luftangriff aus dem Gefängnis Paris-Fresnes entkommen. Abenteuerliches Untertauchen bei befreundeten Franzosen. Teilnahme an Sabotageaktionen, Kontaktaufnahme mit meinem früheren, antifaschistischen Batteriechef, Hauptmann Mauve, der mir mutig zu einer Halblegalität verhalf. Es war ein abenteuerliches Katz-und-Maus-Spiel mit sehr, sehr viel Glück. Denn als Widerstandskämpfer war ich weder organisiert noch ausgebildet, sondern blutiger, wenn auch entschlossener Laie und Einzelgänger.

Mein Standort war Caen in der Normandie. Als ich von der bevorstehenden Invasion hörte, fuhr ich mit einem Bei-Krad nach St.-Aubin und schließlich nach Rivabella an der Ornemündung.

Dann kam die Invasion. Ich erlebte sie auf den Dünen bei Rivabella, in der Nacht zum 6. Juni 1944: Fallschirmjäger, die keine Gefangenen machten; dann Lastensegler, die ohne Rücksicht auf Verluste in Wiesen und Felder einflogen, welche mit „Rommel-Pfählen" bestückt waren. (Ein nutzloser Einfall des Generalfeldmarschalls, dessen Show-Feldzüge in Nordafrika mit Verlusten, Blamagen, Rückzügen, Flucht nach Kreta, Griechenland und Italien endeten. Und nun sollten seine Zaunpfähle die Invasion Westeuropas verhindern.)

Der Himmel war voller britischer und amerikanischer Flugzeuge. Görings „Luftwaffe" fiel mangels Masse und Treibstoff aus. Der Ärmelkanal war schwarz von Landungsbooten, Hilfsschiffen, Torpedo- und Schnellbooten, Zerstörern und Kreuzern. Der „unbezwingbare Atlantikwall" des

Kriegsverbrechers Speer erwies sich als brüchig und durchlässig. Das Landemanöver – verlustreich, aber unbestreitbar kühn und militärisch genial angelegt – gelang. Das faschistische Deutschland sah sich einer zweiten Front gegenüber. Endlich!

40 Jahre später – 1984 – in der Normandie ein Grund für NATO-Feiern? Die Alliierten hatten ein Versprechen an Moskau erst 2 Jahre nach dem zugesagten Termin eingelöst. Nach dem Rezept des damaligen amerikanischen Senators und nachmaligen Präsidenten und Atombombenwerfers Harry S. Truman vom Juni 1941: „Wenn wir sehen, daß Rußland gewinnt, sollten wir Deutschland helfen, wenn Deutschland gewinnt, sollten wir Rußland helfen – and that way lets them kill as many as possible – und so sollen sie sich gegenseitig umbringen, soviel wie möglich!"

So hatten sie sich auch davor verhalten. Erst war man in Afrika, Griechenland und Italien gelandet: nicht zur Entlastung der Sowjetarmeen, sondern um einem sowjetischen Vorstoß von der Wolga nach Südosteuropa zuvorzukommen. Nun also Westeuropa: aber wiederum weniger, um Rußland zu helfen, eher aus Angst, die Sowjetarmee könnte allein bis zum Atlantik durchrollen.

Und ich saß da mittendrin und weiß heute noch zu schätzen, daß normannische Wiesen nicht durch Zäune begrenzt sind, sondern durch dichtbewachsene Wälle und Hecken, in denen man sich trefflich verbergen konnte – bis zur ersten Gelegenheit, vom faschistischen Feind zum alliierten Verbündeten überzugehen.

Eine notwendige Zwischenbemerkung

Ich erzähle „Kriegserlebnisse" nicht gern, weil ich nicht zu denen gehöre, denen sich in gewissem Alter die sentimentale Frage aufdrängt: „Weißt du noch...?" Meistens folgt dann zunehmende Verklärung, weil man ja – nach Wilhelm Busch – „gehabte Schmerzen" gern haben soll.

Krieg ist nicht nur Blut und Tod, bedeutet nicht nur Arm- und Beinstümpfe und Schreie von Verwundeten. Krieg ist auch nicht nur Angst vor Minen und Granatfeuer, Luftangriffen und Hinterhalten. Auch im schlimmsten Kriegsgeschehen kann man zeitweise manches verdrängen, sogar Spaß erleben, heiter sein, Vergnügen empfinden, Lustiges oder Schönes wahrnehmen (wenn nicht gerade im Nuklearkrieg, der alles verbrennt). Ich hatte immer großes Glück. Andere haben so Furchtbares erlebt, während ich immer mit einem blauen Auge davongekommen bin. Deswegen beanspruchte ich auch nie den Status eines Widerstandskämpfers oder eines Opfers. Gemessen an Leistungen und Leiden anderer, scheint mir Bescheidenheit geboten. Ich habe auch im schlimmsten Geschehen nie meinen Humor verloren – allerdings auch niemals meinen Haß auf die, die an allem schuld waren.

Ich kannte sie ja: von den großen Herren bis zum Kameradenschinder. Oder den ehemaligen Gewerkschafter in Darmstadt, meinen Hauptmann Mauve, mit dem ich als sein Fahrer reden und auf dessen Frage, warum ich nicht Offizier werden wollte, antworten konnte: „Damit ich nicht solchen nationalpolitischen Unterricht halten muß wie Sie heute morgen, Herr Hauptmann." Und er schwieg und nickte, und das war schon viel, später kamen wir uns näher. Aber ich kannte auch den herrischen, menschenverachtenden Regimentskommandeur, Oberst Bornscheuer, der am ersten Tag der Invasion (nicht aus Überzeugung, sondern aus Feigheit) in Gefangenschaft ging und dem – laut „Wehrmachtsbericht" – eine Woche später das Ritterkreuz verliehen wurde, weil er angeblich „immer noch in einem Bunker des Atlantikwalls Widerstand" leistete.

Mauve fiel. Bornscheuer überlebte, verurteilte mich in Gefangenschaft illegal zum Tode und landete später in Adenauers Bundeswehr.

Mein erster Schuß

Über mir kurvten – so hörte ich später – 10 000 Flugzeuge. Unerträgliche Geräusche dröhnten in den Ohren. Die Luft erzitterte von Explosionen, Schüssen und Schreien. Vor meinen Augen, zu meinen Füßen, über meinem Kopf fand die Invasion statt. Die Ornemündung war der Schwerpunkt.

Mich fror, und ich hatte Hunger und Durst. Die Kampfhandlungen hielten mich in meinem Gebüsch fest. Jenseits des Weges wieder ein buschiger Wall, dahinter eine Ferme, ein Bauernhof, dessen Brunnen Wasser und dessen Schornstein Wärme und warmes Essen versprachen.

Beim Sprung über den Weg in die andere Hecke landete ich in einem Trupp der Waffen-SS. Sie hatten sich von Rivabella durchgeschlagen, wollten zurück und wähnten mich in meinen Uniformstücken als Gleichgesinnten. Auch sie verspürten Hunger und Durst und Appetit auf die Ferme.

Dort vorsichtig hingerobbt, stellten wir fest, daß Kanadier auf dieselbe Idee gekommen waren. Sie hatten drinnen Angst wie wir draußen. Der SS-Obersturmführer wollte stürmen (einschließlich Handgranaten). Ich sah – günstigenfalls – Gefangenschaft auf uns zukommen und riet zu Verhandlungen. Denn nach der Tötung kanadischer Soldaten würde man kaum unterscheiden, wer das Hoheitszeichen mit dem Hakenkreuz auf der Brust trug und wer auf dem Oberarm (wie die SS), Überlegung aus Selbsterhaltungstrieb. Als einziger, der etwas Englisch beherrschte, erreichte ich die Bereitschaft der Kanadier zur Kapitulation.

Als die Tür geöffnet wurde, befahl der Obersturmführer: „Legt sie um!" Der erste und einzige Schuß, den ich im Krieg auf einen Menschen gezielt abgegeben habe, traf ihn und war tödlich. Beide Seiten zeigten sich fassungslos: Ein Deutscher springt vor, dreht sich um und erschießt nicht den „Feind", sondern „seinen Führer". Die SS-Bande hielt ich mit der MP in Schach, bis die Kanadier die Lage begriffen. Über ein Tornister-Funkgerät riefen sie dann derweil gelandete Panzereinheiten zu Hilfe.

Der Vorgang wurde zu Protokoll genommen, die SS-Leute als Kriegsgefangene ans Ufer transportiert; ich blieb bei der kanadischen Panzereinheit. Als ein Angriffsbefehl kam, mußte ich – ziemlich beklommen – in einem Panzer mitfahren, konnte einige Hinweise auf mir bekannte faschistische Pak-Stellungen geben und erlebte dann einen kanadischen Abend mit Corned beef, Ale und Whisky.

Am nächsten Morgen brachte mich ein Adjutant mit einem entsprechenden Begleitschreiben des kanadischen Kommandeurs in einem Jeep an die Küste, auf ein Landungsboot. Mit an Bord – welch freudiges Wiedersehen – mein Oberst Bornscheuer und Mitglieder seines Stabes. Und die SS-Leute aus der Ferme. Ihren Kommandeur hatten sie begraben dürfen. Mit Hitlergruß.

Nun rückten sie – an ihrer Spitze Oberst Bornscheuer – an Bord des britischen Schiffes dem „Verräter" zu Leibe. Es gab eine handfeste Schlägerei. Bis mich Kanadier in Schutz und – nach der Lektüre meines Begleitschreibens – in Obhut nahmen.

Das Verhör

In England ging es nach Kempton Park, einer Pferderennbahn, die vermittels diverser Stacheldrahtgevierte in ein Vernehmungscamp umgewandelt war.

Man wurde einzeln aufgerufen, mußte Haltung annehmen, Dienstgrad und Namen nennen. „Soldat von Schnitzler." Ich war ja vom Obergefreiten degradiert worden. Der Vernehmer sah auf, bot mir Platz und Zigaretten an, ging ins Nebenzimmer und kam unverzüglich mit einem höheren Geheimdienstoffizier zurück. „Wer ist Georg von Schnitzler?" – „IG-Farben-Verkaufsdirektor, Hitlermacher." – „Wer ist Kurt von Schröder?" – „Bankier in Köln, Finanzier Hitlers, ebenfalls mein Vetter." – „Wer ist Herbert von Dircksen?" – „Ein Vetter und Hitlers Botschafter in Tokio, Moskau und London." – „Wer ist Diego von Bergen?" – „Ein Vetter und Botschafter im Vatikan, Vater des Lateranvertrages, mit dem Hitler erstmalig völkerrechtlich salonfähig gemacht wurde." Die gleichen Fragen, Schlag auf Schlag, nach meinen Vettern v. Bose und v. Kriess. Man war gut informiert.

„Und jetzt sind Sie wohl Antifaschist?" – „Nein, ich war schon gegen Hitler, als Ihre Industrie der Nazipartei Kredite gewährte und als Ihre Regierung Hitler anerkannte; als Ihre Regierung die Militarisierung des Rheinlandes widerstandslos hinnahm und in München Hitler die Tschechoslowakei auslieferte, damit er gen Osten marschiere." Man konnte die Luft schneiden, und ich wurde barsch hinausbefohlen.

In einem abgeteilten Areal auf der Rennbahn winkte mich ein Obergefreiter an den Stacheldrahtzaun. Er hatte sich ebenfalls auf dem Schiff befunden und fragte nun, ob ich wüßte, daß mich ein illegales provisorisches Kriegsgericht unter Oberst Bornscheuer zum Tode verurteilt hatte; das Urteil solle von einem Oberfeldarzt, der ausgetauscht werden würde, nach Deutschland geschmuggelt werden, damit an meiner damaligen Frau und meinen Kindern die „Sippenhaft" vollzogen werde.

Der Arzt, der zu Hause diese „Sippenhaft" auslösen sollte, wurde rasch in einem britischen Durchgangslager ausfindig gemacht und festgesetzt. Die niederträchtige Absicht konnte verhindert werden.

Am nächsten Tag befand ich mich auf freiem Fuß. Mit einem Zivilanzug ausgestattet, Wäsche, Waschzeug, Koffer – und zur Verfügung des PID (Political Intelligence Department). Das war nun nicht gerade mein Ehrgeiz, Mitarbeiter eines Geheimdienstes zu werden. Es gab in einer Villa in Brondsbury, in der ich vorübergehend untergebracht war, Begegnungen, Gespräche, Beratungen, Überlegungen: Ob zum Beispiel die Gründung eines Nationalkomitees „Freies Deutschland" möglich wäre, mit dem Ziel der Umerziehung kriegsgefangener deutscher Soldaten. Umgehend war das britische Kriegsministerium mit einem Verbot bei der Hand.

Schließlich nahm in einer Runde, bestehend aus dem deutschen Kommunisten Wilhelm Koenen, dem deutschen Sozialdemokraten Erwin Schoettle, dem englischen Sozialisten Gordon Walker und anderen, die Idee Gestalt an: Rundfunkpropaganda durch deutsche Kriegsgefangene. Diese sollten in einem Antifalager zusammengezogen werden. Von dort war an Sendearbeit im Londoner Bush House gedacht.

„Propaganda" – das war nicht Sache des Kriegs-, sondern des Außenministeriums, des Foreign Office. Von diesem wurde auf der Pferderennbahn Ascot ein solches Lager eingerichtet. Ich stimmte dem Auftrag zu, dort als Sekretär die Rundfunkarbeit deutscher Kriegsgefangener zu leiten.

Zugleich wollten wir aber mit einer Klappe eine zweite Fliege schlagen. Aus deutschen Antifaschisten, die sich für unsere Sendung „leergeschrieben" hatten, wollten wir Gruppen zusammenstellen (Lagerleiter, Stellvertreter, Bibliothekar, Küchenmannschaft), um jene Führungsgruppen ablösen zu können, denen die Engländer in ihren Kriegsgefangenenlagern „Ruhe und Ordnung" anvertraut hatten. In den Camps hatten die alten Nazis das Sagen. Es gab Willkür, Benachteiligungen – bis zu Terror und Mord an Antifaschisten. Mit unserer Absicht hatten wir einige Erfolge und fanden zunehmend Unterstützung bei britischen Hitlergegnern. Auch Londoner Zeitungen berichteten über unsere Tätigkeit.

Rundfunk-Journalismus

Schon am 10. Juni 1944 sprach ich im britischen Rundfunk BBC den ersten Kommentar meines Lebens. Unsere tägliche 30-Minuten-Sendung um 19 Uhr in der BBC hieß: „Hier sprechen deutsche Kriegsgefangene zur Heimat". Der klare politische Kurs: antifaschistisch-demokratisch, alles für das Ende des Krieges, Wahrheit über die deutsche Geschichte. Die Abfassung von Flugblättern zum Abwurf mit Bomben verweigerten wir – wie jegliche Arbeit für die Agentensender „Hier spricht der Chef" oder „Sender Calais". Wir machten ehrliche Politik für ein neues Deutschland, wollten zur Rückkehr Deutschlands in die Gemeinschaft der Völker beitragen.

Britische Controler wie Hugh Carleton Greene, der weniger bedeutende Bruder des großen Schriftstellers Graham Greene, oder Lindley Frazer verhielten sich anfangs loyal und tolerant. Ein permanenter Gegenspieler – bis Feind – war Sefton Delmer, der die britischen Agentensender leitete und bei uns ständig Mitarbeiter abwerben wollte – für seine „schwarze Propaganda": verlogen, spekulativ, antideutsch statt antifaschistisch.

Eine Begegnung

Das Rundfunklager trug die Bezeichnung Ascot II. Im benachbarten Ascot I wurden solche festgehalten, die als Kundschafter tätig gewesen waren, Agentendienste geleistet hatten, aber nun antifaschistische Arbeit verweigerten, den Engländern jedoch für spätere Verwendungszwecke nützlich erschienen. Gelegentlich wurden das Verbindungstor geöffnet und gegenseitige Besuche oder wechselseitige Beteiligung an Veranstaltungen gestattet.

Einer der in Ascot I Inhaftierten, der merkwürdig oft nach London zitiert wurde, aber nicht ins Bush House fuhr, wo die BBC saß, hieß Stefan Greskowiak. Er rühmte sich, „Marxist" zu sein und in Berlin die „Masch" (Marxistische Abendschule) besucht zu haben. Doch sein Gerede und sein Verhalten geboten Mißtrauen.

In die britische Zone zurückgekehrt, wurde er in Hannover Leiter des Ostbüros der SPD, tätig gegen Kommunisten in Westdeutschland und gegen die sowjetische Besatzungszone, später gegen die Deutsche Demokratische Republik. Sein Agentenname: Stefan Thomas.

Zu den „Umerziehern" in London („Re-education" hieß das Schlagwort) gehörte auch ein „Professor King". Er hielt in unserem Antifalager regelmäßig Vorlesungen, die im allgemeinen recht vernünftig klangen. Die Haupttätigkeit bei den Besuchen dieses „Engländers" bestand allerdings in persönlichen Einzelgesprächen mit Kriegsgefangenen. Diese verließen dann meist früher oder später unser Lager. Ich gehörte nicht zu seinen Auserwählten.

In Wirklichkeit hieß dieser Mann Köppler und baute in Wilton Park jene berüchtigte „Umerziehungsschule", sprich: Agenten-Akademie, auf, aus der dann viele Politiker, Funktionäre und Journalisten der britischen Zone und der BRD hervorgingen.

Unseren „Nachschub" an Antifaschisten gewannen wir

auf Vortragsreisen in Kriegsgefangenenlagern in England, Schottland, Irland, Frankreich, Italien, USA, Kanada und Nordafrika. Die Aufnahme von Verbindungen zum Nationalkomitee „Freies Deutschland" verbot man uns jedoch.

Es gab „Nebenaufgaben": Goebbels veröffentlichte jeden Sonnabend in der Wochenzeitung „Das Reich" einen Leitartikel. Die Schlagzeile wurde donnerstags über Funk an die Druckerei in Dänemark gegeben. Das hörte man in London ab. Wir wußten also, Goebbels würde in zwei Tagen seinen Leitartikel unter diesem bestimmten Thema veröffentlichen. Nach kollektiver Beratung schrieb ich dazu Kommentare, die freitags – also am Vorabend des „Reich"-Artikels – gesendet wurden. Achtunddreißigmal trafen wir ins SchwarzBraune – einmal ging es daneben, wir konnten nicht wissen, daß Goebbels in letzter Stunde Titel und Thema geändert hatte.

Auch für die Sendereihe „Kurt und Willi" hatte ich einige Folgen zu schreiben: zwei erdachte Faschisten, Ministerialdirektor der eine, noch größerer Primitivling der andere. Politik und heiter? Warum nicht? Wenn man der letzte ist, der lacht...

Dann war da Annemarie Hase, später in Brechts „Berliner Ensemble". Sie hatte an der BBC eine Serie „Frau Wernicke", für die auch einige Beiträge aus meiner Feder stammten. Wir lernten uns aber erst in Berlin kennen und sofort schätzen. Ihr Bruder, Sebastian Haffner, betätigte sich nach dem Krieg als „Historiker". Für ihn gab es kein Monopolkapital, keine Banken, Junker und andere Hitlermacher, sondern nur einen „Betriebsunfall der Geschichte". Er schwankte zwischen gelegentlichen Anfällen von Realismus und wachsendem Antikommunismus.

Ich konnte auch Kommentare für die Nachrichtensendungen der BBC schreiben. Sie wurden dann meist von Hugh Carleton Greene, Lindley Frazer oder dem Mann der großen deutschen Schauspielerin Lucie Mannheim, dem berühmten

Shakespeare-Darsteller Marius Goring alias Charles Richardson, gesprochen.

Die Hauptarbeit aber war die tägliche Sendung „Hier sprechen deutsche Kriegsgefangene zur Heimat".

Bei einer der Reisen, auf der wir antifaschistische Kriegsgefangene suchten, lernte ich in Algier am „Sender der Vereinten Nationen" (das waren die Westmächte, die UNO gab es noch nicht) einen britischen Major Holt kennen: englisches Image, Tropenuniform, blonder Schnurrbart, unterm Arm nicht die Reitpeitsche, sondern den lederbezogenen Zollstock zum Abmessen des richtigen Abstands beim Antreten zwischen erstem, zweitem und drittem Glied. Er sprach nur sehr gebrochen deutsch. Seine „Whisky-Time" um 18 Uhr war unsere einzige Gemeinsamkeit.

Wenige Wochen später tauchte Holt in Zivil in Ascot auf und stellte sich vor: „Verbindungsmann zwischen dem britischen Außenministerium und den deutschen antifaschistischen Kriegsgefangenen." Er begleitete uns fortan auf unseren Auslandsreisen.

Von denen, die ich auswählte, trafen alle in Ascot ein: katholische und evangelische Pfarrer, Kommunisten, Sozialdemokraten, Liberale. Von Holts Auserwählten kamen in unserem „Antinazilager" Hitlerjugendführer und andere Nazifunktionäre an. Sie wurden später „umgeschult" und in der britischen Zone in Vertrauensstellungen eingesetzt.

Von Holt ausgewählte Kommunisten sahen wir nicht wieder. Sie wurden nach Nordengland und Schottland in SS-Lager unter Polenbewachung (Teile der Armee des polnischen Generals Anders waren dort stationiert) und bei Kriegsende nach Ägypten und in den Sudan verschleppt. Das waren Genossen, die bis 1935/36 illegal gearbeitet hatten, die verhaftet worden waren, ins Zuchthaus kamen, aus dem Zuchthaus ins KZ, aus dem KZ ins Strafbataillon und die aus dem Strafbataillon zu den Engländern übergelaufen waren. Wenn sie überlebten, kehrten sie 5 bis 7 Jahre nach Kriegsende nach Hause zurück. Als ich später in Köln eines Morgens

Churchill, Roosevelt und Stalin im Februar 1945 auf der
Konferenz von Jalta. Noch geht es um die gemeinsame Befreiung
Europas vom Faschismus, doch reaktionärste imperialistische
Kräfte planen bereits den kalten Krieg gegen den sowjetischen
Verbündeten.

die „Neue Zeitung" der Amerikaner in die Hand bekam, befand
sich auf der ersten Seite ein großes Gruppenbild und in dessen Mitte – ich dachte, mich tritt ein Pferd – mein „Major
Holt". Unterschrift: „Zum Vorsitzenden der Sozialdemokratischen Partei Bayerns wurde einstimmig gewählt: Waldemar v. Knöringen." Zugleich war er bis zu seinem Tode stellvertretender Vorsitzender der Sozialdemokratischen Partei.

In London sah ich die Durchschrift eines Briefes, dessen
Echtheit mir von Briten und deutschen Emigranten glaubwürdig versichert wurde: „An die Regierung Churchill":
„Nachdem die Invasion unvermeidlich geworden ist" –
schon eine Ungeheuerlichkeit, denn die Landung in West-

europa war ja nun schon 2 Jahre lang hinausgezögert worden –, „empfehlen wir, den Vormarsch auf die deutsche Reichsgrenze möglichst langsam vonstatten gehen zu lassen, damit Hitlerdeutschland und Sowjetrußland aneinander verbluten." Unterschrift: „Erich Ollenhauer, Vorsitzender der Sozialdemokratischen Emigrationsführung in Großbritannien". Reale Begegnungen. Auch in Ascot gab es Sozialdemokraten. Mit ihnen verbanden uns die Erfahrungen und der Schwur aus Illegalität, Verfolgung und Haft: Nie mehr gegeneinander! Aktionseinheit! Einheit!

Natürlich hatten wir über Grundwerte und Grundrechte, über Fragen der Macht und der Machtausübung, über Staat, Freiheit und Demokratie, über gesellschaftliches Eigentum und die Rolle der Partei viele Meinungsverschiedenheiten. Daß sie überwindbar sind, beweisen die Vereinigung der Arbeiterparteien in der sowjetischen Besatzungszone und die Einheitsbestrebungen, die in den Westzonen von den Besatzungsmächten verboten und von einigen Uneinsichtigen verhindert worden sind. In den Berliner Westsektoren gab es – entgegen einigen dortigen Geschichtsschreibern – kein prinzipielles sozialdemokratisches Nein zur Vereinigung, sondern dem verschwindenden absoluten Nein weniger stand der überwältigende Mehrheitsbeschluß gegenüber: Noch nicht Vereinigung, aber sofort Aktionseinheit. Zwischen Oder und Elbe gab es keine „Zwangsvereinigung", sondern zum Teil schon Aktionseinheit, ja Vereinigung, ehe Verhandlungen zwischen Sozialdemokraten und Kommunisten auf oberster Ebene aufgenommen worden waren.

Die antikommunistische Legende vom „Druck der Russen" läßt sich auch leicht widerlegen: Im Kreis Schwarzenberg war es durch ein alliiertes Versehen zu keiner Besetzung gekommen. Welche Entwicklung gab es dort – ohne jegliche ausländische Präsenz? Dieselbe wie in der sowjetischen Zone: Vereinigung, Bodenreform, Enteignung der Kriegsverbrecher, Volkseigentum.

Gegensätze zwischen Sozialdemokraten und Kommunisten dauern an. Der Streit der Ideologien geht weiter. Aber der Wille zum gemeinsamen Überleben gebietet gemeinsame Sicherheit und eine Kultur des politischen Dialogs zwischen beiden Parteien und ihren Mitgliedern. Frieden darf nicht gegeneinander errüstet, er muß miteinander vereinbart und organisiert werden. Es gibt Meinungsverschiedenheiten und Gemeinsamkeiten. „Wir werden in der Spannung von Konsens und Konflikt leben müssen." Das gemeinsame Dokument von SPD und SED entspricht also voll und ganz meinen eigenen Erlebnissen und Erfahrungen. Wir waren niemals Vertreter des Exports unserer Revolution. Aber genausowenig werden wir den Import der Konterrevolution zulassen.

Ich weiß nicht, ob man den Begriff „Sozialdemokratismus" streichen soll. Geschichte ist Geschichte. Aber zum einen klären sich historische Betrachtungsweisen. Zum anderen kann man auf geschichtliche Rückgriffe verzichten, wenn diese in der Gegenwart Gemeinsamkeiten behindern oder vereiteln. Die Entwicklung nuklearer Waffensysteme gebietet: „Kritik und Kooperation dürfen einander nicht ausschließen." Das eine mit Kultur, das andere mit zu festigendem Vertrauen.

Was es so alles gab

Wir haben am britischen Rundfunk BBC Features über Kriegs- und Friedenspolitik in der Geschichte und in der faschistischen Zeit produziert. Mir gelang – mangels Tonbändern auf 38 Schallplattentellern – ein musikalisch-politischer Rückblick auf die Jahreswende 1932/33: Unkommentiert wurden – durch Vorführung beziehungsweise Gegenüberstellung von Ausschnitten aus Inszenierungen Berliner Theater und Kabaretts, Veranstaltungen und Versammlungen und kleine Sketchs – die politische Auseinandersetzung an jener Jahreswende, Aktivität wie künstlerische Leistung der Linken, Primitivität und Brutalität der Schwarz-Weiß-Roten und der Faschisten nachgewiesen. Eine Sendung übrigens, die nach Kriegsende einer der österreichischen Emigranten als „eigene Produktion" mit nach Hause nahm und als Langspielplatte verscherbelte.

Aber diese Londoner Musikproduktion war für mich zugleich ein Vorläufer mehrerer Sendungen, die ich später für Rundfunk, Fernsehen und Film zum Thema „Schlager und Politik" fertigte. Es ging mir um den Nachweis, wie zum Beispiel Goebbels aus der Musik braune Politik machte. Pünktlich zum Kriegsbeginn sang man „Das kann doch einen Seemann nicht erschüttern, keine Angst, keine Angst, Rosmarie". Als die Ostfront erstarrte und Urlaubssperre verhängt wurde, tönte es aus den Lautsprechern: „Wovon kann der Landser denn schon träumen? Er träumt von einem Urlaubsschein." Während in Stalingrad die blutige Wende eintrat, röhrte die Dame Leander: „Davon geht die Welt nicht unter..." Und als Hitler versprach, seinen Krieg mit Wunderwaffen, das heißt mit den Raketen des Herrn v. Braun, zu gewinnen, unterstützte ihn Frau Leander: „Ich weiß, es wird einmal ein Wunder geschehn..." Schlager zur rechten Zeit, bestellte Arbeit...

Musik ist – bei allen ästhetischen Kategorien – eine „Macht". Es besteht kein Grund, diese Macht nicht zu gebrauchen. Entscheidend ist nur, wer es tut, mit welcher Absicht und wie. Als ich für und mit Andrew Thorndike das Buch für den Dokumentarfilm „Du und mancher Kamerad" schrieb, besaß ich von Anfang an konkrete musikalische Vorstellungen. Die Musik komponierte uns Paul Dessau.

Einmal gab es eine interessante Diskussion. Wir hatten Filmbilder aus dem Jahre 1912 gefunden: In Freiberg paradierten Spießbürger im Bratenrock mit geschultertem Karabiner und Kinder in Kieler Matrosenanzügen mit Holzgewehren vor dem Kaiser. Das war eine große Verlockung, mit Hilfe der Musik diesen Vorgang zu verulken. Paul Dessau legte denn auch die Parodie eines Militärmarsches darunter. Aber im Grunde war das kein komischer, sondern ein tragikomischer Vorgang. Und je mehr man darüber nachdachte, desto tragischer wurde doch diese „Parade". Paul Dessau, in unmittelbarer Nachbarschaft wohnend, verstand meinen Einwand sofort: Er zog die verulkende Marschmusik ganz leise herunter und legte darüber die volksliedhafte Melodie „O wie ist es kalt geworden". So wurde der wahre Charakter jener Bilder dem Zuschauer ohne ein Wort verdeutlicht. Durch die emotionale Wirkung der Musik.

Silvester 1944 durften einige von uns in London das Konzert besuchen, das große deutsche Künstler wie Richard Tauber, Lucie Mannheim, Greta Keller, Marlene Dietrich u. a. für deutsche Emigranten gaben. Auch die Beherrschtesten unter uns griffen sich an die Kehle und schluckten und zückten das Taschentuch.

Damals ahnte ich noch nicht, welche „Schwierigkeiten" wir noch mit dem Weihnachtsfest bekommen sollten: Gehören Weihnachtslieder ins Programm des sozialistischen Rundfunks und Fernsehens? Dürfen auf unseren Bildschirmen Tannenzweige, Kerzen und Kugeln erscheinen? Ist Weihnachtsstimmung zu vereinbaren mit wissenschaftlichem Sozialismus?

Ich habe es immer als Mangel an Souveränität empfunden, im Grunde als unwürdig, wenn Programmsitzungen vom November bis zum 24. Dezember von der Frage erfüllt waren, wenn statistische Buchführung angewiesen wurde: Wann, welche, wie viele und wie oft Weihnachtslieder? Und „ja nicht zuviel Weihnachtsstimmung".

Ich glaube nicht, daß ein Atheist durch „Stille Nacht, heilige Nacht" von der jungfräulichen Geburt eines Gottessohnes überzeugt wird, sowenig wie ein Christ Unbehagen fühlen dürfte, von erklärten sozialistischen Sendern ein paar Tage lang „O du fröhliche, o du selige, gnadenbringende Weihnachtszeit" verkündet zu hören. Das Christentum hat heidnische Sonnenwendbräuche übernommen. Mein Gott, warum sollen wir nicht alte Bräuche und Traditionen aufnehmen, ohne daß unsere materialistische Betrachtungsweise Schaden nimmt...

Noch eine Musikeinlage

In London erfuhren wir, daß auf der britischen Kanalinsel Guernsey ein Luftwaffenmusikkorps durch die Invasion vom europäischen Festland abgeschnitten worden war. Da die Inseln nicht zerstört werden sollten, ließ man sie mitsamt deutscher Besetzung bis zur Kapitulation ungeschoren. Wir brauchten auf die Kapelle nur zu warten wie auf das Fallen einer reifen Frucht. Auf unsere Intervention hin kamen die Musiker nach der Einnahme Aachens geschlossen zu uns nach Ascot – mit klingendem Spiel und Schellenbaum. Interessant war der Schlagzeuger – Joe Wick. Er verstand etwas von Unterhaltungsmusik, Schlagern und dem bis dahin in Deutschland verrufenen Jazz. Und er war kein Nazi. Meine Rechnung ging auf: Wir bildeten unter Wick ein Tanz- und Unterhaltungsorchester, schickten die Musik-Kommißköpfe in andere Lager und hatten für unsere Sendung wie fürs Lagerleben Musik.

In einer Broschüre „Die Joe-Wick-Story, von ihm selbst erzählt", aufgezeichnet von Horst J. P. Bergmann und Rainer E. Lotz, heißt es auf Seite 15: *„Joe Wick lernte bei dieser Gelegenheit manche Persönlichkeit kennen, die sich kurz darauf beim Wiederaufbau Deutschlands einen hervorragenden Namen machen sollte. Einer seiner vielen Freunde aus der damaligen Zeit war Eduard von Schnitzler, trotz des ‚von' ein überzeugter Kommunist; aber es war die gemeinsame Liebe für den Jazz, die die beiden miteinander verband, denn Eduard von Schnitzler war ein hervorragender Jazzpianist – ein ‚Mordstyp', wie sich Joe*

Wick noch 40 Jahre später erinnert... Nach anfänglicher Ungewißheit, wie es denn nun weitergehen werde, wurde Joe Wick beschieden, daß er mit seinem Orchester von nun an in den deutschsprachigen Sendungen der BBC sowie in den Kriegsgefangenen-Sendungen auftreten werde... Zwei- oder dreimal pro Woche reiste das Orchester von nun an zu den Aufnahmen nach London."

Im Lagerkasino führten wir u. a. konzertant „Die Dreigroschenoper" auf. (Ich krähte den Macky Messer.) Nach der Entlassung hat Joe Wick in der amerikanischen Zone eine eigene erfolgreiche Band aufgebaut. Mehrere seiner, unserer Musiker landeten schließlich bei Kurt Edelhagen, und ich begegnete ihnen in Berlin und während einer Tournee in der Sowjetunion wieder. Mit Edelhagen verstand ich mich gut, er äußerte sich nie feindlich gegenüber der DDR und verhielt sich stets loyal. Und er war ein guter Musiker.

Rückfälle

Zu den herausragenden Köpfen in Ascot gehörten maßgeblich Dr. Karl-Georg Egel: vom Pastorensohn aus dem Niemöller-Kreis zum marxistisch-leninistischen Schriftsteller und Filmautor; Günter Cwojdrak: Theater- und Literaturkritiker in unserer „Weltbühne"; der leider zu früh verstorbene erste Chefredakteur des „Junge Welt"-Vorgängers „Start", Arne Rehan; der erste, leider ebenfalls verstorbene Chefredakteur des „Augenzeugen": Helmut Schneider. Und manche andere.

Doch es gab auch solche: Am Morgen des 20. Juli 1944 war eine Offiziersgruppe vorbereitet, im Bush House der BBC auf dem „Strand" eine Sendung zu gestalten. Aber zum sonst so ersehnten London-Ausflug erschien niemand am Lagertor. Denn ein Teil dieser „Antinazioffiziere" – unter ihnen der spätere CSU-Bundestagsabgeordnete Freiherr v. Guttenberg – war damit beschäftigt, sich nach der Meldung über den mißlungenen Anschlag auf Hitler wieder Hakenkreuz und Hoheitsadler auf die Uniform zu nähen. Guttenberg nahm schon damals eine aggressiv-reaktionäre, antisozialistisch-antisowjetische Haltung ein.

Kurz vor Weihnachten 1944 unternahm Hitler an der Westfront, im Raum der Ardennen, eine Verzweiflungsoffensive, der wegen miserabler Führung der westlichen Alliierten durch Eisenhower und Montgomery einige Anfangserfolge beschieden waren. Am 6. Januar 1945 bat Churchill Stalin: „Ich wäre Ihnen sehr dankbar, wenn Sie mir mitteilen könnten, ob wir im Januar auf eine große russische Offensive rechnen können. Ich betrachte die Sache als dringend. Die Schlacht im Westen ist sehr schwer." Die sowjetische Führung versicherte schon am nächsten Tag, „die Vorbereitungen im forcierten Tempo zu beendigen und spätestens in der zweiten Januarhälfte ohne Rücksicht auf das Wetter an der gesamten Zentralfront großangelegte Offensivoperationen zu beginnen. Sie brauchen nicht daran zu zweifeln, daß wir alles tun werden, was getan werden kann, um den wackeren Truppen unserer Verbündeten zu helfen."

Die sowjetische Offensive wurde sogar vom 20. Januar auf den 12. Januar vorverlegt. Hitler mußte seinen Vorstoß im Westen einstellen, mehrere Elitedivisionen abziehen und nach Osten werfen. Churchills Schreiben an Stalin vom 17. Januar 1945: „Im Namen Seiner Majestät und aus tiefstem eigenen Herzen möchte ich Ihnen unseren Dank und unsere Glückwünsche aussprechen."

„Wie war ich?"

Am ersten Tag der Hitlerschen Verzweiflungsoffensive empfing mich – im Vestibül des Bush Houses – ein angetrunkener Lindley Frazer: „Sie brechen nach Antwerpen durch, und dann landen sie auch in England. Aber wir senden von Kanada aus weiter!" Worte, wenn auch alkoholisiert gelallt, vom Dezember 1944!

Am Abend verlas er – wieder ernüchtert – einen von mir geschriebenen Kommentar über Hindenburgs und Ludendorffs verzweifelte Märzoffensive 1918 und die Unmöglichkeit eines faschistischen Kriegsgewinns 1945. So war Frazer wieder der große Orientierungspunkt des britischen Rundfunks – für die Deutschen, die die BBC Radio Moskau vorzogen.

Orientierung brauchten auch manch Orientierungslose unter uns. So Egon Müller-Franken, Schauspieler aus Bonn, Hauptmann, der sich als Meßdiener in der katholischen Baracke betätigte, die auf Initiative der Kommunisten eingerichtet worden war. Er fragte nach jeder gottesdienstlichen Handreichung: „Wie war ich?" Er war denn auch, je nach Kriegsverlauf, je nach Vorrücken an dieser oder jener Front – Kommunist oder christlicher Demokrat. Bis sich dann abzeichnete, sein Bonn würde von den Westmächten genommen werden. Da entschied er sich endgültig für die „christlich-demokratische Grundordnung", fürs „Abendland".

Zwischenspiel für die Gegenwart

Es gibt aus London noch einiges nachzutragen. Die Zensur blieb fair, griff niemals ein. Mit einer Ausnahme. Hitler hatte vor seinem Selbstmord den unverbesserlich faschisti-

Zigarrenraucher Winston Churchill

schen Großadmiral Dönitz als Führer- und Reichskanzlernachfolger eingesetzt. Dönitz regierte – vor und nach der britischen Besetzung – in Flensburg, was es noch zu regieren gab. Das war gar nicht so wenig.

Er hatte nämlich möglichst vielen „Ostfrontkämpfern" den Weg nach Westen zu ermöglichen und alle Gefangenen nicht etwa auf freien Fuß zu setzen, sondern in geschlossenen Formationen, mit allen Waffen, in Uniformen, mit Orden und Ehrenzeichen und Hakenkreuz auf der Brust und unter der alten faschistischen Befehlsstruktur, zu organisieren und bereitzuhalten für eine Umkehrung der Fronten: Frieden mit dem Westen zur Fortführung des Krieges mit dem Osten.

Winston Churchill – seine kubanische Spezialzigarre, angeboten während eines kurzen Gesprächs mit deutschen Antifaschisten im Parlament, hatte mir ausgezeichnet geschmeckt, war aber weder Anlaß, sie als Museumsstück zu bewahren, noch dem Premierminister Kritik zu ersparen –

ließ „seinen Deutschen" in Schleswig-Holstein alle Freiheit: Lokale, Essen und Trinken, Bordelle, Freiheit und nochmals Freiheit. Bis er einsehen mußte, daß der Befehl „Nach Osten: marsch!" von den Völkern nicht verstanden worden wäre. Aber das hinderte ihn zunächst nicht, „alle Kommentare gegen Dönitz und Flensburg" zu verbieten. Und das betraf auch mich. Es war übrigens Hugh Carleton Greene, der mir meine Kritik an Dönitz' „Reichsregierung" untersagte.

Man könnte Dönitz' Flensburg-Unternehmen als den Versuch einer Vorwegnahme der NATO bezeichnen.

In der britischen Zone folgte die Zeit der „Rottenknechte", die Zeit, in der die Filbinger (Nazi-„Studentenführer" Hitlers, in der BRD Ministerpräsident von Baden-Württemberg) und Co. deutsche Soldaten zum Tode verurteilten und ermorden ließen – bis der Spuk von Flensburg auf energische Intervention der Sowjetunion beendet wurde.

Aber immerhin, bei der Invasion spielten – bei allen unehrlichen Motiven und Begleiterscheinungen – wertvolle Elemente der Antihitlerkoalition eine Rolle. Die Mehrheit der Völker (nicht unbedingt die Macher) wollte Hitlers Vernichtung und damit ein antifaschistisches demokratisches Deutschland, zumindest das Ende eines Deutschlands Bismarckscher Prägung.

Heute geht es darum, daß sich nicht „Russen und Deutsche gegenseitig umbringen – soviel wie möglich". Das aber heißt, daß von deutschem Boden nie wieder ein Krieg ausgehen darf. Dabei könnten aus jener Antihitlerkoalition lebenswichtige Schlußfolgerungen für eine Koalition der Vernunft gezogen werden, deren wichtigste heißen müßten: Glaubwürdigkeit, Ehrlichkeit, Berechenbarkeit, Vertrauen.

Kenntnis und Lehren der Geschichte der Antihitlerkoalition sind jedenfalls nützlicher als die einseitige Verklärung jener verspäteten Landung an der normannischen Küste.

Lehren für meinen Beruf

Ich werde nie den jüdischen Regisseur aus Hamburg, Dr. Hans Buxbaum, vergessen. Ihm verdanke ich viel. Es gab damals in England noch keine Tonbänder, sondern nur Schallplatten. Ein Kommentar von 10 Minuten hatte 9 Minuten 50 Sekunden lang zu sein, eine Sendung von 15 Minuten 14 Minuten und 30 Sekunden. Also wurde gefeilt und geprobt, gekürzt und umgestellt – mit einer Gründlichkeit, wie sie uns heute übertrieben vorkäme. Da wurde gelesen und gelesen, wurden Pausen- und Betonungszeichen markiert, bis es einem in Fleisch und Blut einging: Am Ende eines Satzes oder Gedankens die Stimme senken, auf Punkt sprechen, das Wichtigste betonen, also weniger Verbbetonung. Da wurden Passagen bezeichnet, die schneller zu sprechen, und solche, die zu verzögern waren. Laut und leise zu sprechen wurde angezeichnet. Und das alles so lange, bis zwei Ziele erreicht waren: die genaue Länge und – vor allem – die Verständlichkeit.

Das galt vornehmlich für die Sprache selbst und für die Wortwahl, die reiche Kenntnis von Synonymen. Buxbaum war Theaterregisseur und empfahl Literatur. Nicht nur zur emotionalen und rationalen Bereicherung, auch zur Pflege der schönen deutschen Sprache. „Sprache ist Gewalt über die Menschen", lehrte er, „aber nicht in Form des Knüppels, der Eintönigkeit, sondern in Form des Denkens und Sprechens in Vielfalt." Man wünschte, wir hätten heute mehr solcher Lehrer, dann wäre – wie so oft in unseren Medien – unsere Sprache nicht so verarmt, primitiv, langweilig, gewöhnend, abstumpfend, geeignet, in ein Ohr hinein und – unter Umgehung des aufnehmenden und denkenden Gehirns – zum anderen Ohr wieder hinauszugehen.

Die Notzüchtigung unserer Sprache in manchen Nachrichten, Kommentaren und Reportagen, ihre Armseligkeit

Die Sprache – wichtigstes Handwerkszeug für den Journalisten

stehen zu oft im Gegensatz zum Reichtum, zum Wert unserer Gedanken. Unsere Goethesche, Schillersche, Hölderlinsche (auch des Österreichers Polgar), Bebels, Luxemburgs und Marx' Sprache ist ein Kapital, mit dem wir nicht nur nicht wuchern, sondern das manche gar nicht kennen, unterschätzen oder verkommen lassen, statt die Verpflichtung zu begreifen, die sie uns für Kultur und Menschlichkeit auferlegt, und die Macht, die sie ausstrahlt und durch deren Nutzung wir die Macht unserer Sache ungleich verstärken könnten.

Der bürgerliche deutsche Jude Dr. Buxbaum wußte das und gab es – im Krieg, im Rahmen seiner Möglichkeiten – weiter. Er starb – im Grunde – glücklich: Als er einen Deutschen sprechen lehrte, sank er von seinem Regiesessel und schloß die Augen.

Historische Parallelität

Als wir damals in London dem Ende Hitlers entgegenfieberten, ereignete sich in Berlin etwas, was später für den größten Abschnitt meines Lebens Bedeutung bekommen sollte.

Am Morgen des 23. April 1945 stehen drei Korps der von General Tschuikow geführten 8. sowjetischen Gardearmee und die 1. Gardepanzerarmee am S-Bahnhof Adlershof. Es geht um den raschen Zugriff auf die Flugplätze Adlershof, Johannisthal und Tempelhof. 15 Panzer und Kradschützenstaffeln eines Aufklärerbataillons dringen unbemerkt zum Gelände der Deutschen Versuchsanstalt für Luftfahrt vor. Zunächst überrumpelte SS-Formationen formieren sich neu und kesseln die Aufklärer ein. Über eine Pontonbrücke bei Spindlersfeld wird von Sowjetsoldaten ein Brückenkopf in Richtung Adlershof erkämpft, die Lange Brücke in Köpenick wird unversehrt erobert, die Spindlersfelder Eisenbahnbrücke ebenfalls. Die eingeschlossenen Aufklärer werden befreit, verfolgen den fliehenden Feind in die Königsheide. Gardeschützen dringen in den Altglienicker Ortsteil Falkenberg ein und kämpfen sich auf dem Adlergestell weiter vor. Auf der Höhe des Bahnhofs Adlershof vereinigen sie sich mit anderen, die durch die Bismarck- (heute Dörpfeld-) Straße nachrücken. Bohnsdorf und Oberspree werden befreit, in Schöneweide leisten SS-Einheiten sinnlose Gegenwehr und sprengen die Treskowbrücke.

Es kostete viele Opfer, bis inmitten dieses Gebietes jenes Gelände befreit und gesichert war, auf dem später unser, das erste deutsche Fernsehen errichtet wurde, das mir seit 1950 Arbeitsplatz und zunehmend zweite Heimat wurde und wo ich für unsere Sache mit unserer Wissenschaft und mit der Sprache kämpfen und werben kann, die ich erlernt und gepflegt habe.

Der 8. Mai

Am Tage des Sieges leitete ich im Londoner Bush House eine Sendung: „Hier sprechen deutsche Kriegsgefangene zur Heimat." Unser Thema: „Kapitulation oder Befreiung?" Wir sprachen davon, daß unser Volk nun die Chance habe, zu sich selbst und in die Gemeinschaft der Völker zurückzukehren. Ein schwerer Weg, denn schwerer noch als Trümmer in Städten und Dörfern wogen die Trümmer, die es in den Köpfen zu beseitigen galt.

Auf der Fahrt durch London an jenem Tag und während eines Spaziergangs über den „Strand" und durch die Oxford Street hatte ich zwiespältige Gefühle und Gedanken. Da waren die Ruinen und viele Menschen, die Trauer trugen: um Tote des Luftkrieges, bei den Seeschlachten im Atlantik und in der Nordsee, bei den Kämpfen in Nordafrika, Süditalien

Sohn Stephan und Tochter Jutta

und zwischen der normannischen Küste und der Elbe, Opfer auch der sinnlosen V1- und V2-Wunderwaffen des Werner von Braun, die den Kriegsverlauf nicht beeinflußten und nur Leid, Zorn und Haß steigerten. Da waren die Londoner im Siegestaumel. Da war die blasse Genugtuung (im Sinne Matthias Claudius'): „... und ich begehre, nicht schuld daran zu sein", und zugleich das – anfangs wenig tröstliche – Bewußtsein, doch letztlich mitgesiegt zu haben. Denn gegen Hitler und seine Kriegsvorbereitungen hatten wir schon gekämpft, als westliche Führer noch mit Hitler flirteten und ihm die Tschechoslowakei zum Fraß vorwarfen, um ihn nach Osten zu kanalisieren.

Schließlich waren die Gedanken an Frau und Kinder. Befanden sie sich in Köln oder Frankfurt am Main? Oder bei der Schwiegermutter in Ahrweiler? Lebten sie überhaupt noch? Denn, merkwürdigerweise, solange gekämpft worden war, hatte über das Internationale Rote Kreuz die Post funktioniert. Seit das Rheinland befreit war, gab es keine Nachricht mehr ...

Mein Sohn Stephan

Als mein Sohn Stephan 1943 bei seiner Großmutter in Ahrweiler zu Besuch weilte, hatte er einmal als Dreijähriger im Garten nach der Melodie des „Egerländer Marsches" gesungen: „Ham Se schon 'n Hitlerbild, ham Se schon 'n Hitlerbild? Nä, nä, wir brauchen keins, ham ja noch Stalin seins ..." Und der Sohn des faschistischen Kreisleiters hatte im Nachbargarten kräftig eingestimmt. Als nun die Amerikaner vor Ahrweiler standen, sang Stephan: „Denn wir fahren, denn wir fahren, denn wir fahren gegen Engelland." Der hysterische Naziführer, der schon seine Koffer packte, rief übern Zaun: „Sei doch still! Das ist vorbei!" Der vierjährige Stephan: „Wieso? Minge Vadder es doch schon jefahre."

Stephan entwickelte sich zu einem in sich gekehrten, ernsthaft forschenden Mediziner, weniger der Praxis als der Forschung zugewandt. Ihm lagen Ruhe, Skepsis und abwägende Kritik. Er wuchs nicht bei mir auf und hat gewiß – wie auch meine Töchter Jutta und Barbara – unter der politischen Exponiertheit des Vaters zu leiden gehabt. Die Sache, die ich offensiv und parteilich vertrete, hat ja nicht nur Freunde ...

Mit zunehmender Reife erfolgte eine Annäherung an den Vater, nicht schnell und eng genug jedoch, um mich teilhaben zu lassen an seinen persönlichen, privaten, menschlichen Problemen.

Während andere schon Symptome bemerkt hatten, traf mich sein Freitod völlig unerwartet. Eben hatten wir uns noch umarmt, einander weitere ruhige Weihnachtstage und ein gutes neues Jahr gewünscht, als ich schon seine erstarrte Leiche fand. Bis heute stehen diese Erinnerungen und die Frage nach dem eigenen Versäumnis quälend im Raum.

Auf den Tag ein Jahr vor seinem Tod war ein Gutachten über ihn fertiggestellt worden, da die Fakultät ihn als ordentlichen Professor berufen wollte. Daraus zitierte Professor Dr. med. Otto Prokop in seiner akademischen Trauerrede:

„Ein Wesenszug seiner wissenschaftlichen Arbeit war hier die klare Zielstellung, die saubere Arbeit und auch die prägnante Niederschrift der Ergebnisse. Als er das Institut (Gerichtsmedizin) verließ, beherrschte er folgende Methoden: Agragelelektrophorese, Säulenchromatographie, Agglutinationstechniken, Absorptionsverfahren, präparative Eiweißtrennung, Adsorption – Elution, Herstellung spezifischer Antiseren für die Blutgruppenuntersuchungen. Daß er die Methoden angewandt hat und richtig die Ergebnisse zu interpretieren versteht, geht aus den Veröffentlichungen hervor. Prinzipien des Tierversuches studierte er sowohl am Berliner Gerichtsmedizinischen Institut als auch bei von Ardenne und in der UdSSR (Suchumi), wo er zu Wissenschaftlern auch wegen seiner Sprachkenntnisse gute Beziehungen und freundschaftliche Verbindungen hat.

Von einem Immunologen verlangt man auch Kenntnisse weiterer Methoden. Er hat sie bei seinen Lehrern, den Professoren Segal, Jung und Oehme, erlernt, und das sind: hämatologische Experimentiertechnik zu Fragen der Anaphylaxie, Fragen der Zytotoxizität, des Komplements, der Trennung von B- und T-Zellen sowie Fragen der Antikörperchargen usw.

Die Berliner Medizinische Fakultät muß sich auch fragen, ob Dr. Schnitzler in das Forschungsprofil der Charité paßt. Dies muß bejaht werden. Wegen seiner Kenntnisse paßt er zum Transplantationsteam (Prof. Mebel, Prof. Wolff) und wegen seiner serogenetischen Kenntnisse zu den Gerichtsmedizinern (Prokop, Geserick, Waltz, Patzelt), wegen seiner Kenntnisse auf dem Gebiet der zellulären Immunität und Allergie zu den Dermatologen (Sönnichsen). Daß er die Zusammenarbeit pflegt, zeigt sein Umgang mit ausländischen Partnern (z. B. UdSSR, ČSSR, Polen, England,

Sohn Stephan bei seiner medizinischen Forschungsarbeit

Österreich, Japan und Bundesrepublik Deutschland). Gerade solche mit Fingerspitzengefühl ausgestattete Forscherpersönlichkeit braucht die Charité Berlin auch als Lehrer für die Studenten und zur Weiterbildung der Ärzte.

Dr. Schnitzler versteht Vorträge frei und fesselnd zu halten. Sein bisheriges Lebenswerk verrät Ideenreichtum und Talent zu eigenen schöpferischen Leistungen."

Professor Prokop schloß seine Trauerrede mit den Worten: *„Solches ist der Lebensabriß des Arztes, Dozenten und Abteilungsdirektors Stephan Schnitzler, Berlin. Seine akademischen Lehrer, Magnifizenz, Prorektor, Spectabilis und die Studenten nehmen nach akademischem Brauch Abschied. Auf ihrer Tafel, die sie beigeben, muß stehen: Stephan Schnitzler fidem rectumque colebat – Rechtschaffen hat er uns die Treue bewahrt!"*

Ein „Historiker-Streit"

Zurück zu jenem 8. Mai. Zweifellos ist der „Tag der Befreiung und des Sieges" nicht zu trennen von den Fragen der Macht, des Freund- und Feindbildes. Und nicht zu trennen vom Geschichtsbild. Nicht von dem Geschichtsbild, das in der BRD auf verlegenen, verlogenen, erzwungenen Gedenkfeiern an Geschichtslücken geboten wird. Da wird Geschichtsdarstellung – ohnhin verzerrt – mißbraucht für die alte antisowjetische Hetze, für Verleumdung der Kommunisten, für die Diskreditierung des Sozialismus, seiner Wissenschaft und seiner Realität.

Da redet man über die Opfer des Faschismus und über die Leiden, die er über die Menschen gebracht hat. Das ist richtig und notwendig. Aber schon, wenn man nicht „Faschismus" sagt, sondern „Nationalsozialismus", begeht man eine Fälschung. Man übernimmt wertfrei, also zustimmend, den Tarnnamen, den die deutschen Imperialisten ihrer Hitlerpartei gegeben haben, um die Menschen irrezuführen. Faschismus ist weder „national" – siehe Mussolini in Italien, Piłsudski in Polen, Horthy in Ungarn, Franco in Spanien, Pinochet in Chile –, noch hat er etwas mit „Sozialismus" zu tun. Faschismus ist die scheußlichste Erscheinungsform des Imperialismus, dieser wieder – schlag nach bei Lenin – die höchste Form und das letzte Stadium des Kapitalismus. Verbrechen der deutschen Faschisten sind also nicht zu trennen vom deutschen Kapitalismus und von seinen Klassenkumpanen in anderen kapitalistischen Staaten. Kein Wunder also – wenn man sich im Westen schon wohl oder übel gezwungen sieht, jenes 8. Mai 1945 zu gedenken –, daß man sich auf Opfer und Leiden beschränkt, und möglichst natürlich auf die eigenen, selbstverschuldeten Leiden. Die Urheber der Leiden und Verbrechen, die Hauptschuldigen an Krieg und Hitler, die Imperialisten – sie läßt man aus dem Spiel. Und die Kämpfer gegen den Imperialismus, gegen den

Krieg? Kaum ein Wort über sie. Und über die Befreier vom Faschismus – neben heuchlerischem, verkleinerndem Gedenken – neuerliche und alte Verleumdungen.

Es war der Bundespräsident Richard v. Weizsäcker, der dazu am 8. Mai 1985 ein klärendes Wort sprach: *"Wir gedenken aller Völker, die im Krieg gelitten haben, vor allem der unzählbar vielen Bürger der Sowjetunion und der Polen, die ihr Leben verloren haben... Als Deutsche ehren wir das Andenken der Opfer des deutschen Widerstands, des bürgerlichen, des militärischen und glaubensbegründeten, des Widerstands in der Arbeiterschaft und bei Gewerkschaften, des Widerstands der Kommunisten... Wer vor der Vergangenheit die Augen verschließt, wird blind für die Gegenwart. Wer sich der Unmenschlichkeit nicht erinnern will, der wird wieder anfällig für neue Ansteckungsgefahren."*

Krieg fängt nicht mit dem ersten Schuß an, nicht mit der ersten Bombe. Das erste Kriegsopfer ist nicht der erste Kriegstote. Das erste Kriegsopfer ist die Wahrheit. Zu den ersten Toten des Krieges zählen die, die die Wahrheit über das Geheimnis enthüllen, wer Kriege macht und wie Kriege gemacht werden, und die diese Wahrheit verbreiten. Die ersten Opfer des Krieges sind die Kämpfer, die den Kampf gegen Kriegsinteressen und Kriegsvorbereitung und Kriegsmacher aufgenommen haben – mitten im Frieden, als andere noch gar nicht an Krieg dachten: die Kommunisten.

In der BRD und in Amerika gedenkt man der Juden, die von Hitler ermordet wurden. Wir haben da keinen Nachholebedarf. Hitler beschränkte sich keineswegs darauf, den Deutschen in die Ohren zu posaunen: "Die Juden sind unser Unglück." Nein: "Der jüdische Bolschewismus" – das war die Brücke zu dem ideologischen Ziel: Antikommunismus, Antisowjetismus. "Moskau – Sitz des Bösen" – Kommunistenfurcht – "kommunistische Gefahr" – "Bedrohung aus dem Osten". Was hat sich geändert?

Darum beschränkt man sich in der BRD und in Westberlin heute – wenn man sich schon am 8. Mai etwas zu sagen gezwungen sieht, wenn man schon „Hitlersche Verbrechen" nicht länger verschweigen oder abschwächen kann – auf die jüdischen Bürger Deutschlands, Polens, der Sowjetunion, Hollands, Frankreichs, Belgiens, Skandinaviens, Ungarns und anderer Staaten, die dem Rassismus zum Opfer gefallen sind. Damit will man zugleich Sympathie und Solidarität für den Staat Israel erwecken, den es im Zweiten Weltkrieg noch gar nicht gegeben hat.

Die ersten und konsequentesten Kämpfer gegen den Faschismus – allen voran und mit den meisten Opfern: die Kommunisten –, sie läßt man aus. Wie zunächst auch aufrechte Sozialdemokraten und Gewerkschafter. Humanistische Hitlergegner, konsequente Christen – wie Pfarrer Niemöller – hat man jahrelang verleumdet und bekämpft. Wie lange waren die Widerstandskämpfer des 20. Juli in der BRD als „Vaterlandsverräter" verschrien. Diejenigen, die nicht zerbrochen sind, die weiterkämpften auch in der Haft, die im Steinbruch, unter Folter und drohendem Fallbeil an den Sieg über Hitler glaubten und an ein Vaterland ohne Imperialisten, unerschütterlich und letztlich siegreich: Sie sind in Geschichtsbetrachtungen westlicher Historiker und Medien weit unterrepräsentiert.

Die wahren Schuldigen – Imperialisten, Monopolisten, Bankiers, Großgrundbesitzer, militaristische Generale: Nur wenige schildern deren wahre Rolle. Hitler „mißbrauchte die Macht", sagt man, „er zerstörte die Moral". Woher er kam, wer ihn „gemacht hat", wessen Werkzeug er war: Das wird zu oft noch verschwiegen, vor allem in den Schulen. Man nennt – auch wenn's schwerfällt – Bergen-Belsen und Auschwitz; aber IG-Farben-Konzern, Flick und ähnliche oder ein Bankhaus I. H. Stein: Sie hat es wohl nicht gegeben ...

Wenn etwas den Unterschied beider deutscher Staaten, die Unvereinbarkeit von Deutscher Demokratischer Republik und BRD augenscheinlich zu machen vermag, ist es ihre Art, den 8. Mai 1945 zu begehen (trotz der schon erwähnten Rede des Bundespräsidenten von Weizsäcker).

Wer den 40. Jahrestag der Befreiung als „Veranstaltung unnützer Siegesfeiern" (Originalzitat aus Bonn) ablehnt, bedauert den Sieg über Hitler, der ja demnach „unnütz" gewesen sein muß. Wer jenen 8. Mai als „Tiefpunkt der deutschen Geschichte" betrachtet (Originalton aus Bonn), der sieht anscheinend die Untaten und Scheinsiege des Imperialismus als „Höhepunkte". Wer den 8. Mai als „Tag der Kapitulation" beklagt, identifiziert sich mit denen, die in Karlshorst zur Kapitulation gezwungen worden sind.

Für uns ist der 8. Mai der „Tag der Befreiung". Damals ging der schrecklichste aller Weltkriege zu Ende, wurde die größte Barbarei aller Zeiten beendet, wurde endgültig jenes „Reich" zerschlagen, von dem die Völker unermeßliches Leid erfahren haben: Erpressung, Raub und Unterdrückung, Kreuzritter und Kreuzzüge, zwei Weltkriege und Völkermord. Unter Bomben und Granaten, im Feuersturm und in Schande ist dieses „Reich" untergegangen.

Und weil deutsche Kommunisten, Sozialdemokraten, Demokraten und Christen am Widerstand und am Kampf gegen Faschismus und Krieg teilgenommen haben, weil sie nach Kampf, Widerstand und Sieg einen antifaschistischen, demokratischen, sozialistischen deutschen Staat errichtet haben, den ersten Friedensstaat in der deutschen Geschichte: Deshalb ist der 8. Mai auch für uns der „Tag des Sieges".

Nach Hamburg

Bei Kriegsende erhielt das Antinazilager Ascot einen anderen Charakter. Es wurde eine Registratur geschaffen: „Nichtbelastete, Leichtbelastete, Schwerbelastete, Verbrecher". Und jeder mit einem andersfarbigen Reiter. Da ging es willkürlich zu, hin und her, von rechts nach links.

Die Folgen sind an den ungebrochenen Karrieren der

Richter in schwarzen und roten Roben und im Wehrmachtsgrau zu sehen. Keiner wurde „erfaßt", keiner in den Westzonen und der späteren BRD bestraft. Sie beziehen Pension oder amtieren weiter.

So sieht diese Klassenjustiz auch aus: Faschisten und Wirtschaftsverbrecher trifft die volle Milde des Gesetzes. Auf dem rechten Auge war und ist Justitia im freiheitlich-demokratischen Rechtsstaat blind. Um so argwöhnischer, parteilicher, rachsüchtiger wurde und wird nach links geschielt. Da zeigt diese angeblich „unabhängige" Göttin Justitia, was eine Harke ist.

Als Globke Adenauers Bundes-Kaderchef wurde, durften auch viele der in Ascot Erfaßten mit Besoldung und Beschäftigung rechnen. Hoffnungsvoller Nachschub war in der Kartei erfaßt: Leute, die Globkes Judensterne angeheftet, das Recht ins Gegenteil verkehrt hatten und zu dem opportunistischen Schluß gekommen waren, daß Braun die einzig gültige Farbe auf der Palette sei.

Kein Wunder also, daß wir Antifaschisten im britischen „Antifalager" Ascot in die Minderheit gerieten, vielen wurde die Heimreise verzögert.

Ich hatte aus meiner Gesinnung nie ein Hehl gemacht. Aber ich war jung, sogar zu jung für das, was man mit mir vorhatte. Deshalb machte man mich auch 2 Jahre älter, und ich hatte später Probleme, mein richtiges Geburtsjahr 1918 nachzuweisen. Man wollte in Hamburg einen jungen Rundfunkkommentator, aber nicht zu jung, nicht zu alt und trotzdem „ohne Vergangenheit". Nun war da dieser adlige Kommunist. Man mag sich gedacht haben: Als wir jung waren, waren wir alle mal „links", gerade jetzt könnte das ganz günstig wirken. Denn schließlich stammt von Churchill der Spruch: „Wer mit 20 Jahren nicht für den Sozialismus ist, hat kein Herz. Wer mit 30 noch für den Sozialismus ist, hat kein Hirn." Das war der dem Marlboro-Epigonen eigene Zynismus. Und so dachte man wohl: Bei dem „Stall", aus dem Schnitzler kommt, werden wir den schon hinkriegen...

Begegnung mit Max Reimann 1953

Irren ist menschlich. Ich hatte in Hamburg und später in Köln zwei Vertraute: Max Reimann (Vorsitzender der Kommunistischen Partei Deutschlands), der seine Hand über mich hielt, und einen Lichtenstein, der später zum Verräter wurde. In Hamburg mußte ich sofort kämpfen, um kommentieren zu dürfen. Frühere Angehörige der Goebbelsschen Propagandakompanie wie Peter v. Zahn, Nazis wie Dr. Heitmüller und Zielinski vom „Reichsrundfunk" – beide später als Fragebogenfälscher entlarvt und von den Engländern schweren Herzens vorübergehend entlassen – machten einem das Kommentieren schwer. Teils zeitlich, teils inhaltlich. „Abgewogen" lautete jeder zweite Hinweis und „nicht so hart gegen die Nazis" oder „keine kommunistische Terminologie verwenden".

Aber da waren auch Antifaschisten wie der verehrungswürdige Axel Eggebrecht oder, gerade aus dem Zuchthaus entlassen, Günter Weisenborn oder der Deutsch-Engländer Alexander Maass, die etwas gegen die Nazis und demzufolge etwas für konsequente Antifaschisten hatten.

Mein Freund Perten

Damals – es muß im Herbst 1945 gewesen sein – hörte ich von den „Laternenanzündern", einem linken Kabarett unter der Leitung von Ilse Weintraud, die später unseren Genossen Professor Hans Rodenberg heiratete. Ich erreichte sie irgendwo in Niedersachsen, wo deutsche Soldaten mit Waffen, Orden, Hakenkreuzen und den alten Offizieren von den Engländern bereitgehalten wurden, gen Osten zu marschieren.

Als auf der Bühne ein kräftiger, gutaussehender Mann, ein Bein etwas nachziehend, mit tragender Stimme britische Besatzungsmißstände anprangerte, gegen Militarismus von britischen Gnaden vom Leder zog und die aus allen Löchern kriechenden Nazis bekämpfte, wurde mir in wenigen Minuten klar: Diese Begegnung war nichts Alltägliches. Da stand ein Phänomen an Überzeugungskraft, Arbeitsintensität und Schaffensfreude – Texter, Regisseur, Schauspieler in einem. In einem kurzen, unverbindlichen Gespräch meinte er nicht sehr feinfühlig, aber durchaus richtig: „Alte Erfahrungen sind wertvoll, aber neue Erfahrungen sind wertvoller."

Unverbesserliche Nazis brüllten ihm ihren Widerstand entgegen. Schon damals war er nicht das, was er zeit seines Lebens niemals werden sollte – ein Opportunist gegenüber seinem Publikum. Mit Stentorstimme brachte er die Überbleibsel der verkorksten Weltgeschichte zum Schweigen.

Über Schwerin kam er dann nach Rostock: Generalintendant Professor Hanns Anselm Perten. Das Rostoker Volkstheater wurde mein „Patenbetrieb", ähnlich wie die Grenztruppen. Und wenn der ganze Ostseebezirk samt vielen persönlichen Freunden, mit Küste und einschließlich aller Meere mein Lieblingsbezirk wurde – der Norddeutsche Perten und die Bilder Caspar David Friedrichs haben den Hauptanteil daran.

Perten war auch kein Opportunist gegenüber Mitarbeitern. Vor allem nicht angesichts des schnöden Verhaltens einiger Mitglieder des Deutschen Theaters während der – von ihm nicht gewollten, aber diszipliniert übernommenen,

Der Autor während eines Forums am Rostocker Volkstheater, vor ihm sitzend Hanns Anselm Perten

Karl-Eduard von Schnitzler und Hanns Anselm Perten, Mitte der sechziger Jahre

mangels Unterstützung mißlungenen – Berliner Episode. Der Sozialismus schließt Fehlentscheidungen und Fehlverhalten offensichtlich nicht aus. Und diejenigen, die es betrifft und die davon betroffen werden, verkraften es schwer. Wer aber seine Bitterkeit nicht in Verbitterung umschlagen läßt, erweist sich als wahrer Kommunist.

Perten, der Rückschritt niemals als „Zeitgeist" betrachtete, bewahrte – zwiespältigen Sinnes nach Rostock zurückgekehrt – die Bühnen seines Volkstheaters davor, von einigen Ästheten zum surrealen Sozialismus herabgewürdigt zu werden. Er schuf aus Kurt Barthels (Kuba) „Störtebeker" in Ralswiek am Großen Jasmunder Bodden ein neues Volksfestspiel sozialistischen Charakters.

Man mußte nach Rostock fahren, weil man dort ansehen konnte, was in der Hauptstadt gar nicht oder verspätet zu sehen war: kritische Realisten aus dem Ausland (Weiß, Hochhuth, Walser, Vallejo). Er machte sie spielbar. Weiß und Hochhuth gewannen oder vertieften durch die Zusammenarbeit mit ihm Einsichten.

Pertens Weiß-Inszenierungen – ich bin mit Peter Weiß 1932 in die SAJ eingetreten, er in Zehlendorf, ich in Dahlem; dann emigrierte er mit den Eltern nach Stockholm; schon von London aus nahm ich mit ihm wieder Kontakt auf; so gewannen wir ihn für Rostock – sind moderne Theatergeschichte geworden.

Rolf Hochhuth schrieb über ihn: „Perten ist einer von den allmählich aussterbenden Theaterleuten. Ich glaube, er ist im Augenblick der letzte, jedenfalls im deutschsprachigen Raum, der tatsächlich das Bedürfnis hat, mit Autoren zusammenzuarbeiten, ihnen zu helfen, ohne sie nun in irgendeine Richtung drängen zu wollen.

Er hat als Intendant eines großen Hauses sehr viel zu tun, nimmt sich trotzdem immer Zeit für einen. Ich habe das bei Piscator erlebt, in gewisser Hinsicht bei ein, zwei Bühnenleuten, dann aber nie mehr. Und Perten ist einer von denen, die der Meinung sind, daß der Autor als Mitarbeiter eng an das Theater gebunden werden soll."

Hochhuth zitiert dann das Goethe-Wort an Grillparzer: „Niemand kann etwas schaffen, der nicht umgeben ist von einem Kreis Gleichgesinnter." So „umgab" sich Perten mit Kuba und Hammel.

Wir sahen uns so oft wie möglich, wenn auch zunächst nicht gerade häufig. Wir erkannten trotzdem zuverlässig die wohltuende Gemeinsamkeit, je älter wir wurden, je näher die letzte Schwelle, vielleicht die wichtigste Lebensperiode kam: in der es darauf ankommt, die Essenz aller Erfahrungen zu nutzen.

Nichts um Perten ist denkbar ohne seine Frau Tina: Perten – als Mann, Generalintendant und Regisseur; das Theater nicht denkbar ohne Tina von Santen – die „Prinzipalin", die das Salontheater genauso beherrschte wie das Volkstheater – ich meine das im künstlerischen Sinn – und die zur

Verwirklichung der großen Entwürfe ihres Mannes soviel Feinarbeit leistete. Vom dummen Geschwätz ihrer Neider verfolgt, von vielen unterschätzt, eine der wenigen „Salondamen" mit hoher Sprachkultur und der Fähigkeit, auch Frauen aus dem Volke zu spielen. Von anderen geliebt, anerkannt als guter Geist hinter „dem Alten", hochgeachtet bis zu ihrem frühen, schmerzvollen, bis zum Ende tapfer geführten Todeskampf.

Goethe quasi über Perten: „Denn ich bin ein Mensch gewesen – und das bedeutet: ein Kämpfer!"

In Hamburg – nach Kriegsende – durften wir uns nur auf Distanz kennen. Es war nicht ratsam für den damals schon wieder zu Tarnung und Konspiration gezwungenen Rundfunkkommentator unter britischer Kontrolle, gar zuviel Kontakt mit Kommunisten zu halten. Der wurde dafür später um so enger: völlige Übereinstimmung in allen politischen, kulturpolitischen und Lebensfragen. Ähnliche Temperamente führten zur Zusammenarbeit, schließlich zur engen Freundschaft.

Er war verletzlich und dennoch rücksichtslos gegen sich selbst. Von derselben Rücksichtslosigkeit, mit der er anderen Leistung abforderte. Sowenig Kunst militärisch zu organisieren ist, so sehr braucht sie Disziplin. Perten war kein Schmeichler. Er setzte sich lieber prinzipiell auseinander, als mit Wattebäuschchen zu werfen. Er sah sich nicht im Wettbewerb um einen Schönheitspreis, sondern im Klassenkampf.

„Er ist ein durch und durch politischer Mensch", schrieb ich zu seinem 60. Geburtstag, „ein Politiker, der den Beruf des Künstlers ausübt. Ein Kommunist, mit dem Mut zum Risiko, lieber mal einen Fehler zu machen, als gar nichts zu tun, lieber mal vorzuprellen, als hinterherzuhinken, lieber mal ein bißchen zuviel Sozialismus als zuwenig."

Sein Freundbild ist so klar wie sein Feindbild, sein Klassenstandpunkt so hart und unerschütterlich wie sein Gespür feinfühlig dafür, wo Verbündete zu finden und zu gewinnen sind (und sei es auch nur für ein Stück gemeinsamen Wegs). Solidarität ist für ihn kein Gegenstand großer Worte, sondern aktives Bekenntnis durch die Tat. Aus alledem erwächst der – meiner Meinung nach – vielfältigste, interessanteste Theaterspielplan unserer Republik.

Manche hielten Perten für autoritär. Daß sein Volkstheater die geringste Fluktuation künstlerischer Mitarbeiter aller DDR-Bühnen aufwies, spricht dagegen.

Er stritt gern: fröhlich und manchmal auch verbissen, immer hartnäckig und prinzipiell – und gelegentlich die Grenze der Sachlichkeit überschreitend. Na und? Immer half seine Kritik, neue Impulse zu initiieren, Bewußtsein zu fördern. Voreilige zogen aus seiner Haltung falsche Schlüsse. Lauen erschien seine Parteilichkeit als „ideologische Enge". Wissenschaftlich Halbgebildete hielten ihn für einen Dogmatiker, seine Prinzipienfestigkeit für „Orthodoxie". „Nur-Ästheten" neigten dazu, ihn als „Politmacher" abzuwerten.

Aber nicht erst seit Friedrich Wolf wissen wir, daß Kunst Waffe ist. Was würde aus dem zugespitzten weltweiten Klassenkampf, was nützt eine Waffe, wenn wir sie zu gebrauchen scheuten? Wenn wir uns von Neunmalklugen einreden ließen, daß Kunst allein der Erbauung und der Unterhaltung zu dienen habe? Daß man Waffen allein der Volksarmee und den Kampfgruppen überlassen solle und die Politik dem Politbüro und dem Ministerrat?

Das Produkt dieses Parteiarbeiters war Kunst. Weltweit anerkannt. Von einigen Provinzlern abgesehen. Ihnen war er nicht geheuer, blieb er unheimlich, unbequem, auch Freunden und Genossen gegenüber. Was ist ein bequemer Freund schon für ein Freund ... Pflicht, Verantwortung – sie sind oft drückend und quälend. Aber wer Verpflichtung so bewußt trug und seine Pflicht so erfüllte wie Perten, der verspürte auch das große Glück eines Menschen, dem seine Mitbürger, Kollegen, Freunde und Genossen Vertrauen

Als junger Kommentator beim NWDR (Köln)

schenkten und dankten. Und dem sie nun nachtrauern, weil er ihnen fehlt.

Merke: Lebende werden nicht größer, indem sie Tote verkleinern. –

Es blieb nicht aus, daß Hanns Perten und ich – fast gleichaltrig – später, in die Jahre gekommen, auch über Altern und Sterben sprachen.

Im Gegensatz zu Perten bin ich von Natur aus faul. Aber man ließ mich nicht, besser: „es" ließ mich nicht. Und so könnte auf meinem Grabstein gerechterweise statt des Namens und der Lebensdaten stehen: „Hier bummelt Genosse Schnitzler seine Überstunden ab..."

Zuviel blieb ungesagt und ungeschrieben, zuviel unterlassen. In Gesprächen trieb uns beide die Vorstellung, immer noch zuwenig getan zu haben. Man hätte der Geschichte noch mehr auf den Grund gehen, noch mehr den Menschen erforschen und verstehen müssen. Aber „unser Leben währet 70 Jahre, und wenn's hoch kommt, so sind's 80 Jahre", heißt es im 90. Psalm, „und ihr Stolz ist Mühsal und Beschwer: denn schnell ist sie enteilt, und wir fliegen davon."

Ich war immer lebenslustig und bin es noch. Gewiß will und kann ich keine Philosophie über den Sinn des Lebens hinterlassen.

Ich bin durch Täler eigener und kollektiver Irrtümer gegangen und durch Untiefen des Zuwenigwissens. „Es irrt der Mensch, solang er strebt." Aber gelegentlich haben mich Ahnungen, die Fähigkeit disziplinierter Phantasie, der Drang zum selbständigen Denken, eine gesunde Mischung von Skepsis und Übermut oder Mut zum Risiko, wie immer man es nennen will, die richtige Einordnung von Wissen und Kombination (nicht Spekulation) – auf Höhen geführt, von denen ich Erhofftes und Geahntes zu sehen, kaum Vorstellbares glaubhaft zu machen, Kompliziertes und scheinbar Entferntes in seine Zusammenhänge zu bringen und einfach und verständlich zu sagen vermochte.

So mag ich mit Lernen, Denken, Reden und Schreiben Menschen erreicht, Denkanstöße gegeben, damit Anstöße zum Handeln bewirkt und Spuren hinterlassen haben.

Nicht „Männer machen die Geschichte", wie Mussolini und Hitler namens des Imperialismus „Führer" rechtfertigen und Frauen aus der Geschichte ausschließen wollten, sondern Völker.

Völker aber sind Menschen. Und um den Menschen ging und geht es mir. Sein Verständnis vom Leben, seine Kenntnis der Gesetze, nach denen er angetreten und die anzuwenden er fähig und berufen ist: Das war und ist Gegenstand meiner Arbeit und Sinn meines Lebens – Gorkis Worte verwirklichen zu helfen: „Ein Mensch – wie stolz das klingt!"

NWDR: Nordwestdeutscher Rundfunk (Hamburg)

Die Klammer (Hamburg) war wichtig; denn es gab ja auch einen NWDR (Köln). Zunächst allerdings wurde ich 1945 nach Hamburg transportiert. Die Briten wünschten meine – in Ascot bewährte und gewachsene – Art zu schreiben und zu reden, ein wenig „zu linke" antifaschistische Gesinnung und die damit verbundene Unbefleckheit des 132-Seiten-Fragebogens. Braun „Befleckte" hatten sie ja genug – gesucht und gefunden.

Es kam also rasch zur Frontenbildung, bei der sich unvermeidlicherweise manche entlarvten. Aber diese Front teilte auch die britische Command- und Control-Seite. Oft hing die Tendenz eines Kommentars davon ab, wer mit welchem Thema an welchem Tag mit welchen deutschen und britischen Kollegen zu tun hatte.

Nachdem ich auf diesem Feld Durchblick gewonnen und eine gewisse Strategie und Taktik entwickelt hatte, galt ich allgemein als „Fortschrittlicher" und gewann mein entsprechendes Publikum.

40 Jahre später stand ich während einer Dienstreise in anderer Angelegenheit vor der damaligen Stätte meines ersten journalistischen Wirkens auf deutschem Boden. Aber von

dem Geist, in dem damals eine Reihe guter Deutscher gewirkt hatten, war nur noch wenig übriggeblieben.

Noch 1945 hatte mich vor dem Rothenbaum ein mir Unbekannter mit „Genosse" Schnitzler (ich war noch nicht in der Partei) angesprochen und in eine Hamburger Pinte zu einem Köm eingeladen. Dort erwartete mich ein grauhaariger hagerer Mann, nuschelte unverständlich einen Namen und begann ein Gespräch, das eigentlich mehr aus seinen kurzen Fragen und meinen langen Antworten bestand. Der Inhalt entsprach im wesentlichen dem, was ich hier bisher niedergeschrieben habe. Ich hatte sofort Vertrauen zu meinem Gesprächspartner. Es war Max Reimann. Er schenkte mir sein Vertrauen, ich hatte meine politische Heimat gefunden. Vom Eintritt in die Partei wurde mir vorerst abgeraten, um meine Arbeit im NWDR nicht zu gefährden.

Zunächst suchte und fand ich britische und deutsche Mitarbeiter im Hamburger Rundfunk, die mit den Faschisten nichts im Sinne gehabt hatten, Antifaschisten waren und daher nicht einverstanden mit dem Kurs Hugh Carleton Greenes. Einige wenige waren Kommunisten, mehrere Sozialdemokraten und Labour-Leute, viele liberal, eher aus allgemeinen „Freiheits"- und „Menschlichkeits"-Vorstellungen gegen den Faschismus (und natürlich aus denselben unkonkreten Vorstellungen auch gegen die Kommunisten). Das nannte man damals noch nicht „pluralistisch", sondern „ausgewogen". Verkappte Faschisten waren dabei und auch einige, die sich später als Opportunisten entlarvten und sich durch Verrat zu „publizistischen Leitern" qualifizierten.

Gleich zu Beginn löste ich einen öffentlichen Eklat aus. Ein befreundeter Pfarrer – Antifaschist, KZ-Häftling, Familienvater – hatte mir in einem vertrauten Gespräch gestanden, er sei als politischer Häftling einmal Opfer eines homosexuellen Attentats geworden und fürchte – angesichts der nervlichen und körperlichen Überbeanspruchung durch seine Reisen zwischen Rundfunk und entfernter Pfarrei –

möglicherweise eine Wiederholung. Diese fand statt und führte zur Festnahme von Opfer und Täter. Der Polizeipräsident informierte mich. Mein integrer Freund konnte nach Hause fahren und seine Predigt vorbereiten.

So weit, so gut. Aber mir genügte das nicht. Es ging ja nicht um den Einzelfall, nicht um Recht oder Gnade, sondern um eine menschliche Veranlagung, für die man in den zwölf braunen Jahren ins Konzentrationslager kam und die immer noch unter Strafe stand. Ich aber kannte die hohen moralischen und menschlichen Qualitäten vieler Betroffener.

Entgegen britischen Ratschlägen – ein Verbot mochte man nicht aussprechen – begannen wir Rundfunkdiskussionen. In der Öffentlichkeit! Erst im konservativen Hamburg, dann im katholischen Köln. Wir taten mit beträchtlichen Erfolgen und Fortschritten das, was Liz Taylor (jawohl, diese!) auf die Frage: „Die Homosexuellen müssen sich wohl auf eine weitere Tragödie gefaßt machen. Wieder einmal sind sie in Gefahr, von der Gesellschaft in Ghettos abgedrängt zu werden?" geantwortet hat: „Wir müssen alles tun, um zu gewährleisten, daß dies nicht passiert. Ich bete zu Gott, daß wir genug vernünftige Leute finden, die bereit sind, die Würde dieser Menschen zu schützen..., ausgewogen informieren und Mitgefühl und Verständnis erwecken. Nur so können wir jene Leute bekämpfen, die Homosexuelle wieder in die Isolierung treiben wollen."

Mir konnte bis zum heutigen Tag niemand erklären, warum ein „Ehrenmann" sein soll, wer öffentlich zugibt, zweimal in der Woche ins Bordell zu gehen, „unehrenhaft" aber, „unmoralisch und minderwertig" (und deshalb zur Heimlichkeit verurteilt), der sich zu seiner Veranlagung bekennt. Homosexuelle sollen nicht gerade Klubs gründen oder eine Partei, also selbst Ghettos bilden, aber gleichberechtigte, geachtete Mitglieder unserer Gesellschaft sein.

Im steifen Hamburg und im schwarzen Köln schuf eine mutige, offene, oft konträre Aussprache damals viel Verständnis und Toleranz.

Insgeheim: Berlin

Nach Berlin hatte ich durch Freunde und Genossen Kontakt, benutzte auch regelmäßig die „Schleuse" Oebisfelde, eine Stelle, an der man unkontrolliert die Zonengrenze überschreiten konnte. Niemals werde ich die Einweihung des Hauses der Deutsch-Sowjetischen Freundschaft im Berliner Kastanienwäldchen vergessen, zu der mich Genosse Oberst Tulpanow hatte einladen lassen. Von einer Ecke aus, ein wenig getarnt, blickte ich im renovierten großen Saal der ehemaligen Singakademie auf die gestaltete Decke mit den Porträts Goethes und Puschkins, Beethovens und Tschaikowskis, Heinrich Heines und Majakowskis.

Seither stehe ich selbst regelmäßig in diesem Saal am Pult und spreche zu Menschen, diskutiere mit ihnen, die – mit Ausnahme von Provokateuren und Rias-Redakteuren – von der Sowjetunion hören wollen und vom Friedenskampf, vom Freund- und Feindbild, und was es das ganze Jahr über gegeben hat.

Während meiner Berlin-Besuche traf ich mich oft mit dem Westberliner NWDR-Korrespondenten Thilo Koch, einem um Sachlichkeit bemühten bürgerlichen Journalisten. Gelegentlich wohnte ich bei ihm, und wir waren über Faschismus, Krieg und Besatzungspolitik einer Meinung. Auch als er später politische Fernsehsendungen bei der ARD begann, befleißigte er sich zunächst großer Fairneß. Zum Beispiel erfand er „Die rote Optik": Mit Ausschnitten aus unserem Fernsehen versuchte er, westdeutschen und Westberliner Zuschauern ein Bild der Deutschen Demokratischen Republik zu vermitteln.

Ich begann meinen „Schwarzen Kanal" mit völlig anderer Zielrichtung: Systemauseinandersetzung Sozialismus – Kapitalismus am Beispiel des BRD-Fernsehens. Ich empfand uns nie als „Konkurrenten" oder Gegenspieler. Aber eines Tages resignierte er und erklärte in einem Interview:

„4 gegen 52 – so kann man nicht kämpfen." Er meinte meine wöchentliche Sendung und seine vierteljährliche „Optik". Wir behielten noch längere Zeit kollegiale Kontakte aufrecht, was ihn nicht daran hinderte, sich in seinem 1981 erschienenen Buch auf sehr unfeine Weise von mir zu distanzieren.

Welch trauriges System, das einen anständigen Menschen zwingt, vor seinem Abtritt von der öffentlichen Bühne wider besseres Wissen falsches Zeugnis über einen andersdenkenden Kollegen abzulegen.

Nachkriegskonspiration

Schon im Sommer 1945 hatten mich in Hamburg Genossen der britischen Militärverwaltung informiert, daß bei den Westmächten die Absicht bestehe, allen unter Spruchkammerurteil und automatischen Arrest fallenden Faschisten die „Überzeugungstäterschaft" zuzusprechen. Das hätte im schlimmsten Fall „begrenzte Festungshaft", meist aber Ungeschorenheit der Faschisten bedeutet.

Diese Information war so kurzgeschlossen, daß jeder direkte Gebrauch den Informanten verraten hätte. Eine Fahrt über Oebisfelde nach Karlshorst wurde notwendig. Ich suchte eine Rücksprache mit Genossen der sowjetischen Militärverwaltung. Und nach der Rückkehr ging es auf Reportagetour ins Lager Sandborstel bei Hamburg.

Ich berichtete im NWDR täglich von den läppischen Spruchkammerverfahren und den bedrückenden Problemen für die kleinen, den Erleichterungen und Entlastungen für die großen Nazis. Nach einer Woche erklärte ich abschließend in einem Kommentar, mit Berlin abgesprochen, aber gleichzeitig auch zur Freude des Mister Greene, es gehe in Sandborstel so gerecht zu und die Spruchkammerverfahren ergäben ein solch geringes Maß an Schuld und soviel subjektiven „guten Willen", daß man überlegen solle, den Belastenden „Überzeugungstäterschaft" zuzusprechen und eventuelle Haftstrafen auf die nicht ehrenrührige „Festung" zu beschränken.

Und dann brach der Sturm los: von der „Täglichen Rundschau" und anderen Zeitungen der sowjetischen Besatzungszone über die kommunistischen Zeitungen in den drei Westzonen bis zu sozialdemokratischen, ja sogar zu einigen christlichen Blättern: Empörung über solch einen „hinterlistigen Versuch eines Journalisten im britischen Sold", Nazis zu entlasten. Die Kölner „Volksstimme" schrieb damals: „Am 25. August sprach Karl-Eduard von Schnitzler im Nordwestdeutschen Rundfunk über Spruchgerichte und Internierte. Viele seiner Worte waren klug und richtig. Eines fordert schärfsten Protest heraus. v. Schnitzler machte sich zum Sprecher der Forderung der internierten Nazis, nicht als Kriminelle, sondern als Überzeugungstäter bestraft und behandelt zu werden. Wir haben Grund zu der Annahme, daß ernsthafte Absichten bestehen, diesem Verlangen der Internierten nachzukommen, daß die Rede v. Schnitzlers ein Versuchsballon war, und möchten rechtzeitig warnen.

Wir haben niemals Rache gefordert. Die Frage aber, ob die Nazis als Überzeugungstäter oder als kriminelle Verbrecher behandelt werden, berührt nicht im geringsten das Problem Milde oder Grausamkeit, sondern einzig und allein den Charakter der Nazitaten. Die menschliche Behandlung der Nazi-Verbrecher kommt in den milden Urteilen zum Ausdruck, deren geringes Strafmaß auch von v. Schnitzler beanstandet worden ist. Wer aber für die Nazis Behandlung als Überzeugungstäter verlangt, der fordert, daß der verbrecherische Charakter der Nazi-Organisationen bestritten werden soll, fordert also Aufhebung des Nürnberger Urteils...
Die Nazi-Organisationen waren keine politischen Organisationen im üblichen Sinne. Ihr Führerkorps sowie Gestapo und SS waren keine Versammlung von Idealisten. Die Nazi-Or-

ganisationen waren Gangsterbanden, und die Zugehörigkeit zu verbrecherischen Organisationen macht den Täter zum kriminellen Verbrecher... Wer an diesen Feststellungen rütteln will, arbeitet an der Glorifizierung des Naziregimes, und das muß im Keime erstickt werden. Der Versuchsballon des Nordwestdeutschen Rundfunks muß platzen, bevor er den Boden verlassen hat."

Er sollte ja platzen. Mit der Veröffentlichung und den Protesten war die niederträchtige Absicht vom Tisch. Ich hatte mit Max Reimann gesprochen. Andere Kommunisten und Antifaschisten wollten längere Zeit nichts mehr mit mir zu tun haben. Einige reihten mich zeitweise in die Gilde der Heitmüller, Zielinski, Peter v. Zahn und ähnlicher ein.

Köln

Ich kommentierte weiter, erntete Lob und Tadel. Meine „rote Quertreiberei" hatte wohl in den Augen der Briten auch ihr Gutes: Man würde mich schon am Zügel halten. So wurde ich – buchstäblich über Weihnachten – am 1. Januar 1946 Amtierender Intendant und Leiter der Politischen Abteilung des NWDR (Köln).

Auch hier war die Klammer (Köln) wichtig. Köln war Hamburg zwar nachgeordnet, aber wir hatten am Kölner Sender täglich 4 Stunden eigene Sendezeit und konnten zum gesamten NWDR-Programm Einzelsendungen beisteuern. Das Sagen allerdings hatte Hamburg. Mein deutscher Chef an der Alster war Peter v. Zahn, der Chef meines britischen Kontrolloffiziers in Köln war und blieb am Hamburger Rothenbaum Hugh Carleton Greene.

Immerhin, der Abstand von Hamburg bedeutete etwas mehr Freiheit. Als es mir dann noch gelang, aus England einen unserer besten Mitarbeiter in der Kriegsgefangenensendung „nachzuholen", den Genossen Dr. Karl-Georg Egel; als ich einen Wirtschaftsredakteur einstellte, der bald Genosse wurde und heute einer der angesehensten Dokumentarfilmregisseure unserer Republik ist – Karl Gass –, da war das Trio vollständig, über das die CDU-Zeitung „Kölnische Rundschau" damals denunziatorisch schrieb: „Die drei jungen Herren haben ihr Schifflein im Roten Meer festgemacht." Inzwischen war Genosse Max Burghardt zu uns gestoßen: Man kam schlecht umhin, ihn als KZ-Häftling und Kulturpolitiker von Rang schließlich zum Intendanten des Kölner Funkhauses zu berufen.

Das ging eine Zeitlang ganz gut. Wir machten antifaschistisch-demokratische Politik. Die Beteiligung an Sendungen hielten wir „ausgewogen". Genosse Hermann Zilles, damals 1. Sekretär der KPD Mittelrhein, hatte zwar sein Mißtrauen gegen den „adligen politischen Leiter aus alter Kölner Familie und nun im englischen Sold" noch nicht ganz abgebaut. Aber unsere Arbeit überzeugte ihn schließlich. Wir kommentierten, diskutierten, fertigten Features: „Die Bodenreform", „Der General", „Der Tod des Führers", „Im Hürtgenwald" (das war das Schlachtfeld zwischen Aachen und Köln gewesen), „Christentum und Sozialismus" und über andere Themen aus antifaschistisch-demokratischer Sicht. Die uns eigentlich verbotene Übertragung vom Besuch Wilhelm Piecks und Walter Ulbrichts in der britischen Zone wurde uns auch nicht gar zu übelgenommen.

Als freie oder gelegentliche Mitarbeiter gewannen wir interessante Leute. Natürlich war im „schwarzen" Köln „der Proporz zu wahren": Stärkste Partei im Sendebereich war die CDU. Wir fanden in Bergisch-Gladbach den CDU-Politiker Dr. Elfes. Er hatte Lehren gezogen aus der Geschichte und verfolgte eine wahrhaft christliche, demokratische, soziale Politik. Er vertrat sie gemeinsam mit Sozialisten und Kommunisten, oft gegen Angehörige seiner eigenen Partei und aufs übelste angefeindet und verleumdet. Er und Gesinnungsgenossen von ihm waren für uns im Kölner Rundfunk die Vertreter der CDU. Ihr Bezirksvorsitzender, Dr. Adenauer, hat – außer den Wahlzeiten – unser Funkhaus nicht betreten.

Gleiches galt für Dr. Kurt Schumacher, SPD, der von Hannover aus im NWDR (Hamburg) ein und aus ging. Im NWDR (Köln) konnten wir das Ruhrgebiet im Äther vor diesem Kommunistenfresser und Einheitsfeind bewahren. Dafür erinnere ich mich gern des sozialdemokratischen Genossen Brunner, der oft unser Gast war, im Bundestag mehrfach mit Genossen Heinz Renner gemeinsame Positionen vertrat, später leider tödlich verunglückte.

Auch gelang es uns, dem amerikanisch kontrollierten Frankfurter Rundfunk den katholischen Antifaschisten Eugen Kogon abspenstig zu machen. Er las aus seinem Manuskript „Der SS-Staat", der ersten akribischen Darstellung von Organisation, Methoden und Funktion der Konzentrationslager, deren Häftling er jahrelang gewesen war. Leider war ihm entgangen, daß er sein Leben der illegalen kommunistischen Lagerleitung verdankte, die ihn vor tödlicher Schwerarbeit und Selektion schützte. In seinem sonst sachlichen Bericht wurde er dieser Rolle der Kommunisten im Lager nicht gerecht. Später hielt sich sein Antikommunismus die Waage mit seinem bürgerlichen Humanismus, mit dem er die Adenauersche Spaltungspolitik, die Remilitarisierung, den NATO-Beitritt und die Atombewaffnung bekämpfte.

Durch den damaligen Genossen Dr. Louis Napoleon Gymnich (Jahrzehnte später verließ er leider unsere Partei) erhielt ich Kenntnis, daß sich die antifaschistische Schriftstellerin Irmgard Keun („Das kunstseidene Mädchen") in der Umgebung Kölns in die „innere Emigration" gerettet und in einer Laubenkolonie verborgen, vergraben, dort versponnen hatte – bis zur Weltabgewandtheit. Wir fanden sie, versteckt und verschreckt, in einer armseligen Hütte. Max Burghardt und ich führten sie mit Literatur- und Hörspielaufträgen vorsichtig wieder an Lebenslust und Arbeitsfreude heran. Im Lauf der Nachkriegsjahre wurde sie wieder die bekannte Schriftstellerin, die sie vor Hitler war, eben „die Keun".

Im nahen Düsseldorf hatte sich damals ein kleines Kabarett gegründet, das erste im Sendebereich des Kölner Funks: „Das Kom(m)ödchen". Da das Ehepaar Lorentzen einen konsequent antifaschistischen, antiklerikalen Kurs verfolgte, war es bald gezielten üblen Anfeindungen ausgesetzt und finanziell gefährdet. Über vernünftige Leute in der Verwaltung der Stadt Köln, mit Hilfe meines britischen Kontrolloffiziers und sozialdemokratischer Mitarbeiter der Düsseldorfer Landesverwaltung konnte ich erreichen, daß einige Subventionszahlungen die Kleinbühne über Tief und Pleite hinwegretteten und das Düsseldorfer „Kom(m)ödchen" als ernst zu nehmendes, bürgerlich-sozialkritisches Kabarett erhalten blieb.

Ich muß nicht hervorheben, daß die kurzzeitige Berufung Wolfgang Langhoffs zum Intendanten der Düsseldorfer Bühnen zu einer kontinuierlichen Bereicherung des Programms „unseres" Kölner Rundfunks wurde.

Ich hielt damals Vorlesungen an der Kölner Universität über „Zwei imperialistische Weltkriege". Zwei meiner Kursanten haben wohl wenig begriffen: Dr. Rainer Barzel und Dr. Erich Mende (später führende Politiker der BRD). Aber ich bekam durch meine Kölner Vorlesungen viele Kontakte und konnte mir im Selbststudium bei der Vorbereitung meine historischen Kenntnisse vertiefen. Das war damals gar nicht so einfach. Denn es gab ja kaum Geschichtsbücher aus marxistischer Sicht. Zumindest nicht über die beiden Weltkriege und über die Weimarer Republik als Übergang vom Kaiserreich zum Hitlerreich. Da war Alexander Abuschs „Irrweg einer Nation" trotz einiger Schwächen sehr hilfreich. Genauso wie Arbeiten des von mir hochverehrten Genossen Professor Jürgen Kuczynski.

Zugleich legte ich damals den Grundstein für meine spätere Arbeit am Drehbuch des Dokumentarfilms „Du und mancher Kamerad".

Nürnberg: Alte Feinde – neue Freunde

Da saßen sie also: Göring, arrogant und leutselig, als ob nichts geschehen wäre; Heß, starr, voller Verachtung für die anderen Angeklagten, die ja „alle meinen Führer verraten" hatten; Kaltenbrunner mit unbeteiligter Miene; Streicher, der Porno-Antisemit, klatschte sich amüsiert auf die Schenkel; Rundfunkkommentator Fritzsche ohne Verständnis dafür, was ein Journalist auf der Anklagebank zu suchen habe; Bankpräsident Schacht, von allen Spießgesellen distanziert: Was hat ein seriöser Bankier mit Verbrechern zu tun? Der einzige Konsequente blieb abwesend; Ley, brauner Chef der „Arbeitsfront", war eines standesgemäßen Todes gestorben; er hatte sich in seiner Toilette aufgehängt.

Meine Entsendung nach Nürnberg zur Eröffnung und zur Urteilsverkündung war von den Engländern als Auszeichnung und Beweis des Vertrauens gedacht. Zahn & Co. stimmten in diesem Fall ebenfalls dafür. Wahrscheinlich hätten sie nicht so gern ihren früheren Idolen gegenübergestanden und sich jetzt nur gezwungenermaßen mit Kommentaren aus Nürnberg von ihnen distanziert.

Unvergeßlich die Prozeßeröffnung: Englands Lordrichter Lawrence zerknautschte den Namen „Ouwilhelm Härmann Gooring", als ob er ihn noch nie gehört hätte. Görings Arroganz war wie weggeblasen. Die Angeklagten waren einander verfeindet, einer hielt den anderen für verräterisch oder unfähig, oder er verabscheute den Nebenmann wegen dessen Untaten. In einem waren sie sich einig: Sie waren allesamt unschuldig...

Eine nicht minder jämmerliche Rolle spielte die Mehrzahl der Verteidiger. Sie legten mit ihrem Auftritt in Nürnberg den Grundstein für eine glorreiche Juristenkarriere in der BRD. Ausländische Journalisten verhielten sich überwiegend wertfrei, schrieben die Tagesberichte ab und warteten auf das Verhandlungsende mit Whisky und „Fräuleins".

Unter den wenigen deutschen Journalisten, die zugelassen waren, konnte, mußte man differenzieren. Der große Gewinn für mich waren Michael Storm und Arthur Mannbar aus Berlin, Herbert Gessner aus München, John Steinbeck, Erika Mann und Marlene Dietrich aus den Vereinigten Staaten. Marlene war uns gegenüber unvoreingenommen, unversöhnlich gegenüber den Angeklagten. Michael Storm, Herbert Gessner und ich erkannten einander schnell.

In einem Artikel in der „Jungen Welt" schrieb Michael Storm später (nun schon unter seinem richtigen Namen Markus Wolf, Sohn Friedrich Wolfs, Bruder Konrad Wolfs, und noch in seiner Funktion als Generaloberst und Stellvertreter des Ministers für Staatssicherheit): „Den Wechsel von der Entnazifizierung zur Restaurierung des imperialistischen Systems, zur Wiedereinsetzung seiner Träger in der bayerischen Hauptstadt München schilderte mir in seiner drastischen Art Herbert Gessner, den ich während des Prozesses in Nürnberg kennenlernte... Diese Entwicklung führte ihn dann nach einem aufsehenerregenden Protestschritt zum Berliner Rundfunk, wo wir gemeinsam mit Karl-Eduard von Schnitzler arbeiteten, gute Freunde wurden und die Sendereihe ‚Treffpunkt Berlin' begründeten."

Herbert Gessner, der Kommentator

Herbert Gessner war ein Journalist besonderen Grades. Trotz seiner Jugend wußte er viel, schrieb einen ausgezeichneten Stil und sprach – mit leicht bayerischem Akzent – mit sympathischer Stimme ein hervorragendes Deutsch. Er war einfallsreich und phantasievoll, bemühte sich stundenlang um einen originellen „Einstieg", der neugierig machte und zum Weiterhören zwang, und dann schrieb er seinen

Karl-Eduard von Schnitzler, Michael Storm (Markus Wolf), Günter Cwojdrak, Helmut Schneider und Herbert Gessner (v.l.n.r.), die wegen ihrer antifaschistisch-demokratischen Gesinnung an den Radiostationen der Westzonen „untragbar" geworden waren, während eines Rundfunkgesprächs „Treffpunkt Berlin", 1948

Kommentar in einem Viertelstündchen. Man merkte ihm die Vorarbeit und die gründliche Beschäftigung mit dem Thema nicht an. Er wirkte spontan und überzeugend. Und er besaß ein hohes Allgemeinwissen.

Es stimmt mich traurig, daß er seit seinem frühen Tod in Vergessenheit geraten ist. Eine Medaille oder ein Journalistenpreis wären seines Namens würdig.

Er strahlte auch aus dem Lautsprecher Persönlichkeit aus. Sie ist für den Kommentator unverzichtbar. Er hat nicht nur Richtiges zu sagen, sondern er muß es auch überzeugend an den Mann bringen. Er muß „persönliche Handschrift" haben. Zu oft aber geht ein großer Hobel darüber, bis nur bekannte Formulierungen übrigbleiben, zum Klischee erstarren und Farblosigkeit erzeugt wird.

Noch beachtenswerter beim Fernsehen. Da sei ja „beim Kommentieren nichts auf dem Bildschirm zu sehen", wurde ernsthaft eingewandt. Plechanow, Kampfgefährte Lenins, russischer Revolutionär, sowjetischer Philosoph, ist da in seiner „Rolle der Persönlichkeit" ganz anderer Meinung.

Aber so wurde die wichtige Waffe „Fernsehkommentar" ersetzt durch „Statements", wurden Auslandskorrespondenzen reduziert auf das Verlesen von Pressestimmen.

Hier geben wir – meine ich – eine ideologische Waffe aus der Hand.

In Nürnberg blieb dem englischen Agentenwerber Sefton Delmer der Versuch überlassen, Herbert Gessner, Mischa Wolf und mich unbedingt mit dem freigesprochenen Goebbels-Journalisten Fritzsche bekannt machen zu wollen. Wir verzichteten dankend.

Noch von Nürnberg aus und dann – nach der Rückkehr aus Berlin, München und Köln – protestierten wir gegen die Freisprüche Schachts, Papens und Fritzsches und gegen zu milde Urteile – wie gegen Heß, zu dessen Haft in Spandau ich sagen muß:

Auch ein seniler, hinfälliger Verbrecher gegen die Menschlichkeit wird nicht menschlicher. Es geht nicht an, seine Opfer und deren Nachfahren durch „Gnade" zu beleidigen und Neonazis einen Märtyrer, ein Vorbild und damit Auftrieb zu geben.

Die Mitleidswelle, die bei seinem Tod durch Teile des westdeutschen Blätterwaldes und der westdeutschen Bevölkerung schwappte, entspricht der inneren Beziehungslosigkeit zu den Opfern und ist charakteristisch für das Verhältnis vieler zum faschistischen Erbe.

Tränen für den Spandauer Toten, plötzliches „Gefühl" beim Tod des letzten höchsten Faschistenführers – aber Unfähigkeit zum Trauern über die Vergangenheit: Das war möglich, weil man sich an der Auseinandersetzung mit der braunen Zeit und ihren Ursachen vorbeigemogelt hat. Darum: großer Frieden mit den Tätern, kalte Amnestie für Verbrecher und Verdrängung ihrer Verbrechen.

Junge Leute – und nicht nur junge – können sich heute das Unvorstellbare nicht vorstellen. Es gab Gaskammern, die kaum größer waren als ein besseres Hotelzimmer. Und da wurden 200 nackte Menschen hineingepfercht, und nach

4 Minuten wirkte das Zyklon B; dann wurde der verknäuelte Packen Mensch hinausgezerrt und verbrannt.

Faschismus ist ein singuläres Monstrum der Geschichte, einmalig, ohne Vorbild.

Ein Museumsprojekt

Wer daraus „nur die Begleiterscheinung einer Diktatur" machen will, beweist und erzeugt Verlust an humaner Orientierung. Das ist nicht vergleichbar mit anderen Gewalttaten und Grausamkeiten in der Geschichte. Aber so konnten nach Kriegsende Schreibtisch- und andere Täter in führende Stellungen des westdeutschen Staates geschoben werden, konnten sich Schuldige als „domestiziert" ausgeben, nunmehr aus Zwang oder Optimismus „Demokraten" geworden.

So plant man nun außerhalb der eigenen Staatsgrenzen – in Westberlin – ein „Museum für Deutsche Geschichte". Was soll es werden? Da liegt ein ganzes Programm der Verdrängung, Verleumdung und Verfälschung der Geschichte vor. Ein Museum als Versuch, einen Schlußstrich zu ziehen? „Große Bögen sollen" geschlagen werden von Karl dem Großen bis Adenauer, „vom Reich der Ottonen bis zur BRD". Aber der Katastrophen-Endpunkt dieser tausendjährigen Geschichte, diese kleine und winzige zwölfjährige Epoche in Braun, soll in irgendeiner Ecke angesiedelt werden, als ob diese Jahre nicht mehr waren als 12 Jahre in unserer Geschichte.

Darin liegt die Lüge dieses falschen Museums – schon vor seiner Grundsteinlegung.

Der einheitliche deutsche Nationalstaat Bismarckscher Prägung währte 74 Jahre. Dann ging er in Blut und Schande unter. Die widerwärtige „Wiedervereinigungs"-Heuchelei am Rhein pflegte jahrzehntelang fragwürdige Illusionen und behinderte reale Entspannung und Normalisierung.

Deshalb muß die deutsche Geschichte bewältigt werden. Die ganze Geschichte. Damit aus Kriegsgeschichte Friedensgeschichte wird. Das Nürnberger Gericht der Völker gehört dazu. Als Augenzeugen ist es für mich ein Schlüsselerlebnis bis zum heutigen Tag. Es darf an Aktualität nichts verlieren.

Die Wende

Von Nürnberg nach Köln zurückgekehrt, gab es britische Anerkennung und ein paar freie Tage. Für die Rundfunkmitarbeiter war von den Engländern in Rodenkirchen, außerhalb der Kölner Stadtgrenze, eine riesige Villa am Rhein beschlagnahmt worden. Die früheren Besitzer waren die Schokoladen-Stollwerck. Das Haus am Rheinufer war etagenweise getrennt worden: Oben wohnte der Verwaltungschef, in der Mitte der Sendeleiter, wir in der Bel Etage: Saal mit Kamin als Arbeits- und Wohnzimmer, zwei kleine Salons als Schlaf- und Kinderzimmer, der Wintergarten als Bad. Ein abgelegener Raum in unserer Etage bot dem guten Musiker und bekannten Pianisten Hans Bund mit seiner Frau Unterkunft.

Außerhalb der Kölner Stadtgrenze waren die Lebensmittelrationen erheblich niedriger als in der Stadt und lagen weit unter den Sätzen der sowjetischen Besatzungszone. Britische Zuwendungen gab es nicht. Hauptnahrungsmittel war Maismehl, so daß wir alle gelbe Gesichter hatten. Wir hielten uns streng dem blühenden Schwarzmarkt fern. Mit einer Ausnahme: Wir tauschten mit allem, was dafür taugte, weißen Zucker und Roggen – und brannten schwarz Schnaps (als gute Marxisten natürlich nach dem Prinzip der erweiterten Reproduktion: genug zur Deckung des eigenen Bedarfs und zum Erwerb neuen Zuckers und Roggens für den Nachschub).

Und noch etwas „Kriminelles" ist einzugestehen. Der Kamin war gar zu verlockend. Doch womit heizen? Eichene Treppenstufen zwischen den abgeteilten Stockwerken waren trocken und verbrannten wie Zunder. Aber es gab in der Nähe auf Reichsbahngelände ganze Stöße karbolineumgetränkter Eisenbahnschwellen. Maßgerecht zersägt, gaben sie ideale, lang brennende Kaminscheite ab. So schufen wir einen gemütlichen Treffpunkt für interessante Menschen.

Schließlich ist noch von einer Sendung besonderer Art zu berichten. Die eisige Kälte des Winters 1946/47 ließ die frierenden Menschen verständlicherweise die britischen Reparationszüge voll Kohle nicht verschonen. An Langsamfahrstellen wurden Seitentüren der Güterwaggons aufgeschlagen, und dann wurde eingesammelt, was herausfiel: in Säcken, Körben, Handtaschen und Handwagen.

Eines Abends ging ich mit dem Mikrofon an eine solche stadtbekannte „Kohle-Verteilungsstelle" und fragte die „Sammler" nicht nach Namen und Adresse, sondern nach Beruf und Familienstand. Und siehe, einer war ein kinderreicher Staatsanwalt. Er begründete hervorragend die Selbsthilfe und konnte mit seinen Kohlen unerkannt entkommen, als britische Militärpolizei auftauchte. Ich sprach schnell noch einige kritische Worte auf mein Tonband (So doch bitte nicht!), ehe ich verhaftet wurde. Für das komplette Tonband – vor allem wegen meiner „Kritik" (die natürlich beim glänzenden Plädoyer des Staatsanwalts völlig unterging) – erhielt ich große Anerkennung meines Kontrolloffiziers. Und er gab das Band zur Sendung frei. Der Naivling glaubte ernsthaft an die abschreckende Wirkung.

Journalismus nach kapitalistischer Art

Damals kam aus Hannover die telefonische Anfrage, ob ich prinzipiell bereit sei, an einem zu gründenden Wochenmagazin mitzuarbeiten. Das war zweifellos ein interessantes Angebot. Denn es wurden „Charakter, journalistische Meisterschaft und Mut zum Risiko" gefordert. Außerdem schien Seriosität beabsichtigt, denn die Redaktion stand schon so gut wie druckbereit. Aber zunächst beanspruchte nicht der Herausgeber und Chefredakteur Augstein das Sagen, sondern eine diplomierte Archivarin leitete die gesamte Redaktion bei der gemeinsamen Einrichtung des Archivs. Fast ein Jahr lang, wie mir gesagt wurde. Erst dann erschien die erste Nummer des „Spiegel".

Wenn ich dennoch ablehnte, dann nicht nur nach einer Rücksprache mit Max Reimann, der mir die Entscheidung anheimgestellt hatte, sondern aus journalistisch-moralisch-ethischen Gründen. Das klingt hochgestochen. Aber die Gründe, derentwegen ich damals nein sagte, haben sich seither bestätigt und vervielfacht. Ich könnte mir die Antwort leicht machen. Wo über mich persönlich schon damals und dann im zunehmenden Maße derartig viel erfunden, gelogen, gefälscht, phantasiert wurde – von „Prügel durch Volkspolizei" über „Kauf von Toilettenpapier auf dem Kurfürstendamm", „Selbstmordversuch", „politisch in Ungnade gefallen", „zur Zahnbehandlung nach Lübeck" – ach, es sind viele Aktenordner, in denen ich gelegentlich vergnügt blättere; dazu falsche, gefälschte Angaben über Herkunft, Geburtsjahr, Verwandtschaft, Besitz- und Wohnverhältnisse, Adresse. Journalistische Schluderei, jämmerliche Recherchen, Abschreiben des zweiten, fünften, fünfzigsten Fälschers vom ersten, dazu Verleumdungen meiner Frau – das ist Feindseligkeit, bewußte Fälschung mit dem Ziel, einen Andersdenkenden zu diffamieren, einen Keil zu treiben zwischen mich und meine Adressaten.

Wobei ich an einschlägigen Witzen Spaß habe und sie gern weiterverbreite. Zum Beispiel: „Da ist doch der Herr von Schni..." – „Aber der heißt doch Schnitzler." – „Da können Sie mal sehen, wie schnell ich den abstelle." Das hübsche Gegenstück ist ein anonymer Brief aus Westberlin: „Jedesmal, wenn ich Deine dreckige Visage sehe, stelle ich sofort ab. Aber was Du gestern abend gesagt hast, war eine besondere Gemeinheit."

Politische Unkultur, Schlammschlachten untereinander und gegeneinander als Journalismus auszugeben: das ist bürgerliche Degeneration. Man wirft bereitwillig politische Ethik über Bord.

Im Vergleich dazu sind Sprache und Umgangsformen in der sozialistischen Publizistik die eines höheren Töchterpensionats.

Natürlich dient die Sprache auch der harten Charakterisierung von Gegnern und Gegensätzen. Und der polemische Schlagabtausch gehört zur Klassenauseinandersetzung.

Aber persönlich zu werden, sich verleumderisch ins Privatleben des Klassenfeindes einzumischen, mit Schmutz zu werfen, frei zu erfinden: das war stets und ist unverändert – faschistischer, rechtsnationalistischer, bourgeoiser Brauch.

Wenn ich also aus persönlicher Erfahrung die Verlogenheit der anderen Seite kenne, bleibt die Frage nicht aus: Wie erst müssen sie lügen, wenn es um gewichtigere Dinge geht als um einen unbequemen Journalisten oder Politiker!

Wie vielen Rednern in Rundfunk und Fernsehen des Westens möchte man Sprachlosigkeit wünschen und die langen Beine ihrer Bedrohungslügen amputieren. Da gibt es aber auch einen hohen SPD-Führer in Nordrhein-Westfalen, der mir ins Gesicht sagte: „Ihr mit eurem Thälmann, dieser komischen Figur!"

Wer wollte da den ersten Stein auf die „Bild"-Zeitung werfen! Die ewigen Geschichtsfälschungen: vom Nichtangriffspakt zwischen Sowjetunion und Deutschland über angebliche „Volksaufstände", das heißt Konterrevolutionsversuche in Berlin, Warschau, Budapest und Prag bis zu den gefälschten Jubiläumssendungen „50 Jahre Machtergreifung", „40 Jahre Invasion", „35 Jahre Marshallplan" oder „750 Jahre Berlin". Ich will ja nicht polemisieren, aber vor 750 Jahren haben sich im heutigen Westberlin die Wildsäue an den Kiefern die Hintern gerieben; alles Siebenhundertfünfzigjährige befindet sich in der Hauptstadt der Deutschen Demokratischen Republik.

Manche reden von „Vergangenheitsbewältigung" und betreiben in Wirklichkeit Gegenwartsvergiftung. „Sorgt euch nicht um den morgigen Tag", steht in der Bibel, „der morgige Tag sorgt für sich selbst. Jeder hat seine eigene Plage..." Der Medienimperalismus sorgt in der Tat dafür, daß jeder Tag „seine eigene Plage" hat. Beladen mit Klischees, die ein Schlachtschiff zum Sinken bringen würden, mit Märchen, die Andersen und die Brüder Grimm vor Neid erblassen ließen, mit einer schillernden, vielfältigen Verpackung versehen, die allein dazu da ist, Inhalte zu tarnen oder schmackhaft zu machen, Antikommunismus – latent, als „Gesinnung" oder militant! Und nur nicht nach vorn blikken, nicht um den morgigen Tag kümmern: Dafür sorgen schon wir mit unseren „Sensationen des Tages". Den heutigen, versteht sich.

Merke: Wichtig ist nicht nur, daß der Mensch das Richtige denkt, sondern auch, daß, wer das Richtige denkt, ein Mensch ist.

Im Medienimperialismus sind Journalisten, die richtig denken und Menschen bleiben, selten gefragt und leider immer noch Ausnahmen. Da spielt man sich lieber als Staatsanwalt auf, betreibt Rufmord, ist flugs bei der Hand mit Lüge, Spekulation, Verleumdung, Drohung, Erpressung: Man heizt etwas hoch, morgen ist es ganz anders oder vergessen. Man verschweigt Wahrheiten, jongliert mit halben Wahrheiten, „gewöhnt" die Menschen an Parteispenden, Miet- und Preiserhöhungen, Arbeitslosigkeit und verbreitet Pornographie und entsprechende Nachrichten, gleichzeitig spielt man moralische Unschuld und Empörung. Verbrechen kann man gar nicht breit genug beschreiben – ohne Rücksicht auf den Nachahmungstrieb. Und die Politik? Soviel Oberflächlichkeit, Verdrehungen, Verdächtigungen: „wörtliche Betäubung..."

Die Haupttriebkraft hat Altbischof Schönherr einmal so definiert: „Im Westen stoßen wir allenthalben auf einen tiefeingewurzelten Antikommunismus. Er ist zu vergleichen nur mit dem Antisemitismus, der ja auch nicht so leicht aus den Herzen herauszuoperieren ist. Antikommunismus – das ist seit dem ‚Kommunistischen Manifest' eingewurzelte Abscheu vor den Kommunisten und", so Altbischof Schönherr, „seit 1917 aufs engste verbunden mit der Russenfurcht."

Diese Front der Vorurteile steht noch, wenngleich sie immer mehr Risse aufweist.

„Der Pluralismus"

Und sie unterscheiden sich kaum mehr. Der anfängliche Unterschied – „Bild" für Lieschen Müller, „Spiegel" für Dr. Lieschen Müller – ist ausgeglichen. „Der Spiegel" wurde zu einer Postille der Konterrevolution, „Bild" zum Zentralorgan der Bundesregierung. Bei beiden kommt es – wie bei westlichen Wahlen – weniger auf den Inhalt an als auf die Verpackung. Allenfalls, daß „Bild" allgemeine Hetze unter der Gürtellinie betreibt, während „Der Spiegel" innenpolitisch die Rolle eines Kritikers und Enthüllers, außenpolitisch aber die eines Spitzenverleumders des realen Sozialismus übernommen hat.

Einige Medien – so einförmig und gleichgeschaltet sie in ihrem vorgeblichen „Pluralismus" sind – haben Sonderaufgaben. Da wird durch Schlüssellöcher gelugt, an Bettlaken gerochen und an Menükarten geleckt. So weiß man wenig-

Als Gesprächsleiter einer Fernsehdiskussion mit Max Reimann, Vorsitzender der KPD (links), und Jacques Duclos, Vorsitzender der FKP (rechts)

stens, wie es in der großen weiten Welt zugeht. Andere wieseln vor verschlossenen Konferenzsälen herum und wissen ganz genau, wie es drinnen geht und steht. Das ist zwar unfruchtbare Phantasie und wilde Spekulation, und in der Reaktion würde man schließlich – soweit es erlaubt ist – seriöse Ergebnisse kennenlernen und kommentieren können. Aber nein, ein Mikrofon ins Autofenster gehalten, der nichtssagende Satz eines Ministers, ein genauso nichtssagender Blick aufs Hinterteil eines Hineineilenden – und schon – aber das hatten wir ja bereits. So geht's zu in der großen weiten Welt, und so steht's mit der Politik.

Man ist eine Macht geworden.

Ich saß einmal mit einer Delegation in einem Bonner Hotelrestaurant. Am Nachbartisch Herr Dr. Stoltenberg, damals Ministerpräsident von Schleswig-Holstein. Als der unsägliche Fernseh-Löwenthal hereinsah und einen Platz suchte, sprang der Ministerpräsident auf, eilte auf den pas-

Bei Dreharbeiten ...

... einer Reportage in Ungarn

sionierten Kommunistenhasser zu, grüßte devot und bat den senilen ZDF-Hetzer wortreich an seinen Tisch.

Und der machte nun jahrelang Meinung. Unter dem Motto „Meinungsfreiheit, Redefreiheit, Pressefreiheit".

Merke: Weltweite Kommunikation bedeutet noch lange nicht weltweite Information und schon gar nicht Aufklärung. In jenen Breiten gehört der Wetterbericht eigentlich auf die Titelseite: Achtung Nebel, Vernebelung, geringe Sichtweite!

Der Unterschied

Nein, diese Art Journalismus entspricht nicht meinen Wertvorstellungen. Ich bin kein Lohnschreiber. Ich rede – frei nach Bertolt Brecht – nicht so, weil ich hier bin, sondern ich lebe hier, weil ich so denke und rede. Für uns Sozialisten ist Journalismus gleichermaßen Profession wie Konfession, Beruf wie Bekenntnis, also Berufung. Mehr noch: Im Grunde fühle ich mich als Politiker, der den Beruf des Publizisten ausübt. Parteiarbeiter also, dem Skandale und Sensationshascherei fremd sind, der mit Bewußtsein und Disziplin seine Arbeit macht und für die Informationspolitik keine Priorität verlangt, obwohl erst der Kopf klar sein muß, wenn die Hände wissen sollen, was zu tun ist.

Allerdings wird auch Unterschätzung der Journalistik nicht gerecht. Sie hat der Politik zu dienen, ideologischen Klassenkampf zu führen, und darf der Wirtschaft wie den normalen zwischenstaatlichen Beziehungen nicht schaden. Sie hat sie zu fördern. Das ist es, was ihr mit Recht abverlangt wird. Andererseits sind Journalisten gehalten, immer etwas mehr zu wissen als andere, besser informiert zu sein, um dann in voller Eigenverantwortung ihren Beitrag zu leisten, den Sozialismus so attraktiv zu schildern, wie er ist, den Feind so zu entlarven, wie er es verdient. So tragen die Journalisten zur Motivation bei, den Aufbau zu fördern. Das ist eine Wissenschaft, deren Beherrschung erlernbar ist, erlernt werden muß. Zum Talent gehört Studium.

Journalismus unter sozialistischen und kapitalistischen Bedingungen ist nicht gleichzusetzen. Wer ausbeuten und militarisieren will, muß lügen: Nein, wir wollen „Frieden", aber wir werden „bedroht", also müssen wir uns „verteidigen", natürlich gegen die Kommunisten! Also Bundeswehr, NATO und SDI! Wir wollen euch nicht ausbeuten, nicht den Mehrwert einsacken, den ihr schafft; wir sitzen „alle in einem Boot", sind „Sozialpartner" und ziehen alle „an einem Strang". Der Medienimperialismus ist zum Lügen verurteilt. Daher sein „Eiserner Vorhang" der Unwissenheit. Damit stelle ich nicht in Abrede, daß es in westlichen Medien Journalisten gibt, die es mit Frieden und sozialer Gerechtigkeit ehrlich meinen. Aber sie ändern nichts am Charakter ihrer Medien.

Wir sind zur Wahrheit verurteilt. Wer Frieden will und weiß, Krieg und Frieden sind weder von Gott noch von Natur, sondern werden von Menschen bewirkt, also auch von Menschen entschieden, braucht die bestinformierte Bevölkerung. Wer Menschen befähigen will, sich aus eigener Kraft aus der Vergangenheit zu lösen und sich einen neuen Staat, eine menschliche Gesellschaft, ein glückliches Leben zu schaffen – der braucht die bestinformierte Bevölkerung. Frieden durch Wissen. Wir brauchen die Wahrheit!

Das ist einer der Grundunterschiede: Was von westlichen Massenmedien kommt, kommt vom Feind, auch wenn es sich noch so harmlos anhört, gelegentlich nicht gelogen ist oder „nur" der Unterhaltung dient. Was von uns kommt, kommt vom Freund, auch wenn es manchmal – zunehmend verbessert – etwas später kommt und ungeschickt klingen mag. Die glatte Lüge ist eingängig. Die Wahrheit über eine neue Gesellschaft, über Pflichten und Rechte, über Leistungen ist oft unbequem. Unsere unbequeme Wahrheit als Lebensnotwendigkeit, als Handlungshilfe, als Voraussetzung für das Glück der Menschen erkennbar zu machen will erlernt, muß immer aufs neue erlernt werden. Denn das ist die Aufgabe der Journalisten im Sozialismus.

Wenn zwei das gleiche tun

In einem Rundfunkkommentar zum Thema „Was ist Hetze?" sagte ich 1948: „Wenn zwei das gleiche tun, ist es noch längst nicht dasselbe. Wenn – sagen wir – ein Kaufmann Reklame macht: ‚Meine Waren sind die besten' – und er verkauft in Wahrheit Schund, ein anderer aber bringt mit denselben Worten gute Waren auf den Markt, dann besteht darin zweifellos ein Unterschied. Und zwar ein entscheidender: Der eine sagt nämlich die Unwahrheit und der andere die Wahrheit. Der eine will täuschen und irreführen, der andere überzeugen und gewinnen. Der eine ist ein Betrüger, und der andere meint es ehrlich. Obwohl sie doch beide das gleiche sagen ... Wenn nun der ehrliche Kaufmann den anderen einen Betrüger nennt, dann hat er damit zweifellos recht und tut den Menschen, die er vor dem Betrüger warnt, einen Gefallen. Nennt dagegen der unredliche Kaufmann den ehrlichen einen Betrüger, dann sagt er die Unwahrheit, dann ist er obendrein noch ein Verleumder.

In der Politik, die kein Geschäft von Kaufleuten ist – oder es wenigstens nicht sein sollte –, ist es wesentlich schwieriger, die Wahrheit zu erkennen. Die Politik ist nun einmal keine leicht zu überprüfende Ware, an deren Qualität ohne weiteres die Lauterkeit des Politikers abzulesen wäre. Wahrheit und Lauterkeit allein aber können der Maßstab dafür sein, ob ein Politiker (oder Journalist) hetzt oder ob er seine Aufgabe erfüllt, mit klaren, deutlichen, unmißverständlichen Worten seine eigenen Absichten und die des Gegners darzulegen. Politik besteht aus Wort und Tat. Wird vom Frieden gesprochen und diesen Worten gemäß gehandelt, dann ist es eine gute, nützliche Politik, wirklich und ernsthaft auf den Frieden gerichtet. Klaffen aber Wort und Tat auseinander, dann muß man auf diesen Widerspruch den Finger legen und Alarm schlagen, denn es ist Gefahr im Verzug ...

Imperialisten sind Wölfe im Schafpelz. Deshalb kann

man sie nicht entlarven und die Menschen nicht vor ihren gefährlichen Lockungen bewahren, wenn man sie selbst wie ehrliche Menschen behandelt. Wenn einst Wölfe in die Schafherde einbrachen, versuchte es der Hirte nicht mit gutem Zureden, sondern griff zum Knüppel und rief die Bauern zu Hilfe. Im Neuen Testament lesen wir, daß Jesus mit dem handfesten Argument einer selbstgefertigten Geißel die Wechsler aus dem Tempel hinausgeprügelt hat ...

Gegenüber Feinden der Menschheit kann es keine wohlwollende und wie immer geartete Neutralität oder Objektivität geben. Wenn da Kräfte sind, die das Leben und die Existenz der Menschen ruinieren wollen, dann müssen wir ihre Rolle vor den Massen entlarven. Und zwar deutlich und schonungslos. Dienst am Frieden, Dienst am Menschen vermittels der Wahrheit aber kann keine Hetze sein. Auf den Wahrheitsgehalt, auf die gute Absicht, auf das hohe Ziel kommt es an ...

Kultur und Sitte dokumentieren sich nicht darin, Kulturfeinde und Sittenverächter mit Samthandschuhen anzufassen, sondern darin, daß man Kultur und Sitte mit allen Mitteln, vor allem aber mit der Wahrheit verteidigt, indem man etwas mit der erfrischenden Deutlichkeit des Apostels Matthäus sagt: Sehet euch vor vor den falschen Propheten, die in Schafskleidern zu euch kommen, inwendig aber sind sie reißende Wölfe ...

Vornehme Zurückhaltung und Höflichkeit ihnen gegenüber, Mitleid mit den Wölfen: Das wäre Grausamkeit gegenüber den Schafen (Luther). Die Gefahr bewußtmachen, die diese Menschen für das Leben und die Existenz aller bedeuten, ihre Lügen und Phrasen und Täuschungsversuche zerschlagen, die Massen vor ihnen warnen, sie aufrütteln, den gesunden Haß gegen jene schüren und den Kampf gegen den Krieg organisieren – das ist keine Hetze, sondern angewandte Nächstenliebe ...

Wenn an dem Weg, auf dem ich spazierengehe, ein Kerl im Gebüsch hockt, bereit, mir mit dem Knüppel eins über den Schädel zu geben, dann maniküre ich mir nicht die Fingernägel oder studiere im ‚Knigge', ob ich den Schlag mit einer Verbeugung oder nur mit einem leichten Nicken des Kopfes entgegenzunehmen habe, stumm oder mit einem höflichen ‚Bitteschön', sondern ich reiße mir vom nächsten Baum einen handfesten Ast ab. Und wenn es viele solcher Strolche mit Knüppeln gibt, dann fordere ich meine Mitbürger auf: ‚Vorsicht, schützt euch, der und der will euch was, wehrt euch!' Das ist keine Hetze, sondern ein Akt höchster Menschlichkeit."

„SHR im SKET"

Aristoteles hat einmal geschrieben: „Denn nicht die Taten sind es, die Menschen bewegen, sondern die Worte über die Taten." Natürlich wollte der griechische Philosoph keine Priorität der Worte. Menschen vollbringen Taten und Leistungen. Aber Gedanken, Begriffe, Worte bewegen zu Taten. Das ist eine Wechselbeziehung. Und deshalb müssen Worte, muß die Sprache dem Niveau der Begriffe und Leistungen entsprechen. Nicht von ungefähr falle ich manchem mit meiner ständigen Forderung nach Wortqualität, Schönheit und Vielfalt der Sprache zur Last.

Täglich fahre ich an einem Hinweisschild vorbei: „SHR im SKET". Dahinter verbergen sich ein volkseigener Schwermaschinenbau in Wildau und ein Kombinat in Magdeburg. Zur Tarnung müssen Heinrich Rau und Ernst Thälmann herhalten. Haben es die beiden verdient, daß ihre Namen dem Abkürzungsfimmel zum Opfer fallen? Würde nicht „Heinrich-Rau-Werk" genügen und „Thälmann-Kombinat"? Zeit ist Geld, auch im Sozialismus. Aber man kann es auch übertreiben. Von solcher Übertreibung ist es nur ein Schritt zum Analphabetismus.

Abkürzungen müssen sein. Aber sollte es da nicht moralische, historische und geschmackliche Tabus geben? Die Namen großer Söhne und Töchter unserer Geschichte sollten uns zuviel wert sein, als daß sie gedankenlos in die namenlose Abkürzung verdammt werden.

Auch unser sozialistisches Vaterland hat einen Namen: „Deutsche Demokratische Republik". Im westdeutschen Sprachgebrauch gibt es diesen Namen – außer bei offiziellen Anlässen – nicht. Da heißt es durch die Bank: „DDR", „Bundesrepublik und DDR", „Bundesrepublik Deutschland und die DDR". Gewiß ist „DDR" eine gute Marke. Aber hier werden politische Absicht und psychologischer Mißbrauch miteinander verbunden: Die BRD sei ein richtiger Staat mit einem richtigen Namen, vor allem „Deutschland". Wir aber sind ein Staat, nun ja, aber doch nicht so recht „legitimiert", so daß man seinen Namen halt abkürzt.

Gewiß, unser Name ist ein wenig lang, und in langer Rede und langem Artikel ist die Abkürzung gelegentlich legitim. Aber im Prinzip – in vielen Nachrichten, Wetterberichten, Korrespondenzen und Reportagen hat die abgekürzte DDR nichts zu suchen: Die BRD ist der letzte kapitalistische deutsche Staat, die Deutsche Demokratische Republik der erste sozialistische. Und das sollten wir beim Namen nennen.

Auch andere unserer Abkürzungen sind häßlich. Ihre Vermeidbarkeit ist überlegenswert.

Das hat auch etwas mit Semantik, der Lehre von der Bedeutung der Worte, einem Teilgebiet der Psychologie, zu tun. Psychologie ist keine „After-Wissenschaft des Imperialismus", wie einmal in den zwanziger Jahren dekretiert wurde. An den Folgen dieser falschen Auffassung leiden wir heute noch.

Der Medienimperialismus beherrscht und mißbraucht die Semantik – leider mit Erfolg. „Freiheit" ist gleich Westen, „Osten" dementsprechend Unfreiheit; „Deutschland" ist die

Reportagearbeiten ...

... in der DDR

BRD, wir sind „Ostdeutschland"; „Berlin" der Kurfürstendamm, wir „Ostberlin"; „Europa" ist jenes Kleineuropa zwischen Elbe und Atlantik, Ostfriesland und Alpen: Zwischen Elbe und Ural erstreckt sich „Osteuropa". „Menschlichkeit" schließlich ist identisch mit westlich, der Kommunismus ist „unmenschlich".

Man hat Begriffe geprägt und an Werte gebunden, die nicht mehr überprüft zu werden brauchen. Einmal beim Bundesbürger oder Westberliner antippen genügt, um – falsche – Gedankenketten auszulösen und mit Fleiß und Penetranz geprägte Vorurteile zu bestärken.

Sprachwissenschaft sollte zu einem der Hauptfächer unseres marxistisch-leninistischen Studiums werden.

Das Problem unserer Informationspolitik heißt nicht Wahrheit oder Unwahrheit. Unser Problem liegt in der Schere zwischen der Wahrheit und der Massenwirksamkeit. Das ist keine Sache des Inhalts, sondern der Form, genauer: der Psychologie. Im Kapitalismus verkaufen sie die mieseste aller Unordnungen eingängig. Wir werben für unsere beste Sache der Welt – nun, nicht gerade zur eigenen Zufriedenheit. Dennoch wünsche ich mir keinen anderen Beruf.

Villa Hügel

Im Winter 1947/48 suchte ich zusammen mit meinem britischen Kontrolloffizier in Essen die Leitung der britischen Kohlenbehörde auf. Diese wichtige Besatzungsinstitution residierte in der Villa Hügel.

Es war ein merkwürdiges Gefühl, jenes Prunkstück zu betreten, Sitz des Krupp-Konzerns in der Zeit, als Krupp Herr über Deutschland, Herr über Krieg und Frieden war. Hier hatte der Kaiser seine Besuche abgestattet, hatte er lebenden und toten Kanonenkönigen seine Reverenz erwiesen, hier waren jene schlimmen Verschwörungen ausgehandelt worden, die die Franzosen die deutsche Aufrüstung nachziehen ließen und umgekehrt: Rüstungsvorlage im Deutschen Reichstag – Rüstungsvorlage im französischen Parlament; Flottenprogramm im Reichstag – Flottenprogramm in England. Man schaukelte sich gegenseitig hoch – bis zum nächsten Krieg, der schon von 1914 bis 1918 mehr Profit brachte als die Aufrüstung im Frieden. In der Villa Hügel war auch jener makabre Vertrag zustande gekommen, nach dem der britische Rüstungskonzern Vickers-Armstrong in Lizenz den Kruppschen Doppelzünder produzierte: Nachdem im Krieg deutsche wie britische Soldaten mit Krupps Granatzündern zerfetzt worden waren, kassierte Krupp – aufgrund des Vertrags von Versailles, und obwohl Krupp auf der Verliererseite stand – von Vickers-Armstrong seine Lizenzgebühren. Hier in der Villa Hügel war schließlich auch Hitler willkommen geheißen, denn sein Rüstungs- und Kriegsprogramm verhieß neue Profite.

Nun wurde von hier aus die Kohleförderung im Ruhrgebiet kontrolliert, wurde festgelegt, welche Kohlemengen als Reparation der Bevölkerung der britischen Zone entzogen wurden.

Geschichtsgefühl war es, das mich bewegte – damals wie heute. Während ich diese Erinnerungen niederschreibe, empfängt der ehrenwerte Berthold Beitz auf Villa Hügel Erich Honecker. Der politische Führer des sozialistischen deutschen Staates im Sitz der Kanonenkönige... Krupp empfängt „Krause". Wie kann man deutlicher erkennen, welcher Wandel sich auf deutschem Boden vollzogen hat: Mit Krupp ist die Politik des Dialogs möglich geworden, weil die sozialistische Deutsche Demokratische Republik existiert und einen hohen Rang einnimmt.

Konrad Adenauer, der Separatist

Ich hatte in den Kölner Nachkriegsjahren viel Umgang mit dem Leiter des Nachrichtenamts der Stadt Köln. Hans Schmitt war gläubiger Katholik und Antikommunist. Aber Adenauers CDU und Adenauer selbst schienen ihm nicht gerade die Erfüllung seiner Vorstellungen von christlicher Politik und christlicher Moral zu sein.

Er kannte die führende Rolle meiner Familie in Köln und glaubte mir wohl nicht recht den konsequenten „Linken". Jedenfalls faßte er Vertrauen zu mir.

Adenauer war von den Engländern erst als Kölner Oberbürgermeister eingesetzt und dann über Nacht und Nebel und mit Schimpf und Schande entlassen worden. Nicht nationale Forderungen gegenüber der Besatzungsmacht waren der Anlaß, wie es die Adenauer-Legende glauben machen will, sondern Eigenmächtigkeiten, Spekulation mit amerikanischen Aktien, persönliche Habsucht und Mißwirtschaft hatten die Engländer zu dem spektakulären Schritt veranlaßt. Adenauers Tätigkeit blieb vorerst auf den Vorsitz der CDU Mittelrhein beschränkt.

Aber hinter ihm standen Gönner aus Banken und Schwerindustrie. Im Frühjahr 1946 stellte er in seiner ersten Kölner Rede fest, daß „Materialismus und Preußentum zum Nationalsozialismus geführt" hätten. Mit aller Schlichtheit seines politischen Bildes, seiner Denk- und Ausdrucksweise konnte man ihm Konsequenz nicht absprechen. Hans Schmitt ließ mich an seinem Draht zu Adenauer teilhaben. Im Nonnenkloster von Neheim-Hüsten und im Kloster Maria Laach formulierte der künftige Kanzler (der er dann auch mit einer Stimme Mehrheit wurde: seiner eigenen) Gedanken und Programm.

Er kritisierte die deutschen Bischöfe in recht verächtlichem Ton, weil sie gegen Hitler keinen Widerstand geleistet hätten, obwohl er selbst am 29. Juni 1933 in einem Brief an die Frau des Kölner Bankiers Pferdmenges von „unserer einzigen Hoffnung" geschrieben hatte: „Ein Monarch, ein Hohenzoller oder meinetwegen auch Hitler, erst Reichspräsident auf Lebenszeit, dann kommt die folgende Stufe. Dadurch würde die Bewegung in ruhigeres Fahrwasser kommen." Zuvor, Ende 1932, hatte er sich – immerhin nicht nur Kölner Oberbürgermeister, sondern zugleich Präsident des Preußischen Staatsrats – für eine „Regierungsbildung in Preußen von katholischer Zentrumspartei und Nationalsozialisten" ausgesprochen. Und von jedem Widerstand hielt sich Konrad Adenauer fern, ja, er distanzierte sich sogar vom Widerstand der Jakob Kaiser, Goerdeler und der Generale, lehnte jeglichen Kontakt als „lebensgefährlich" ab und erhielt vom Hitlerregime – nach drei, gewiß unangenehmen Jahren der Entlassung und der Verhaftungsgefahr als katholischer Parteipolitiker – seine volle Pension. Hans Schmitt stellte damals die rhetorische Frage: „Welcher passive Regimegegner im Dritten Reich hat soviel Geld vom Staat kassiert und konnte sich ein solches Haus errichten, das sichtbar bürgerlichen Wohlstand und bürgerliche Behäbigkeit ausstrahlt..." – und er züchtete in Rhöndorf Rosen, muß man hinzufügen. Eine ist sogar nach ihm benannt.

Schmitts Randinformationen, die Freundschaft Adenauers mit meinem Vater und die politische Karriere, die er anstrebte, waren für mich Anlaß, mich in Köln näher mit Adenauers Vergangenheit zu beschäftigen. Sein Techtelmechtel mit dem Separatistenführer Dr. Dorten ist bekannt. Man wollte nach dem Ersten Weltkrieg einen deutschen Rheinstaat. Aber es ging nicht nur um eine „westdeutsche Republik im Rahmen des Reiches", also um ein vorweggenommenes Nordrhein-Westfalen. Es ging Adenauer um einen „starken und reichen rheinischen Staat, außerhalb der Weimarer Reichsverfassung". Darum nahm er – in enger Kooperation mit den Franzosen und mit Unterstüzung des Bankhauses I. H. Stein – die Gründung einer rheinischen Geldnotenbank in Angriff, mit der eine wertbeständige Währung geschaffen werden sollte.

Dabei arbeitete er eng mit Louis Hagen, dem einflußreichen Präsidenten der Industrie- und Handelskammer Köln, und mit Robert Pferdmenges zusammen. Dieser „arisierte" später nicht nur die Bank von Louis Hagen, sondern übernahm auch dessen Rolle als politischer und finanzieller Berater des späteren Bundeskanzlers in Sachen Marshallplan, EG, EFTA und Spaltung Deutschlands – wie auch in den unsauberen Geldgeschäften, die Adenauer durch Aktienspekulation in Millionenhöhe von geliehenem Geld riskieren ließ und die ihn damals mit seiner Kaltschnäuzigkeit im persönlichen Umgang mit Geld wie durch die Personifizierung kommunaler Kölner Mißwirtschaft fast um Kopf und Kragen gebracht hätten.

An dieser Stelle sei der Rolle derer gedacht, die sich bei der zwangsweisen Enteignung jüdischen Besitzes hervorgetan haben und ungebrochen zu den Ehrenmännern der BRD gehören, bei Empfängen der Regierung Ehrengäste sind, um den Hals das Bundesverdienstkreuz tragen.

Der Bankier Emil v. Stauss vom Vorstand der Deutschen Bank – ich war mit seinen Zwillingssöhnen auf der Dahlemer Schule – tat sich bei der „Arisierung" des Kaufhauses Wertheim hervor. Verleger Suhrkamp eignete sich den G. Fischer Verlag an – mit Hilfe des Bankiers Abs und des Zigarettenproduzenten Reemtsma. Tabak-Brinkmann baute sein Reich durch die Aneignung kleinerer jüdischer Zigarettenfabriken auf. Neckermann, der Biedermann zu Pferde, legte mit dem Diebstahl des jüdischen Kaufhauses Ruschkewitz den Grundstein für sein Imperium. Horten stahl sich seinen Kaufhauskonzern aus jüdischem Besitz zusammen. Tausende haben sich durch Leichenfledderei bereichert.

Die Widerstandskämpfer des 20. Juli nannten die „Arisierer" verächtlich „Marodeure und Hyänen". 50 Jahre nach der „Arisierung" feierten die Leichenfledderer unbeschwert und ohne Gewissensbisse „Geschäftsgründungen" und Erfolge. Von Schande spricht niemand im heutigen Rheinstaat.

Bleibt Adenauers Rolle bei der Gründung der BRD und der Wahl Bonns zur Hauptstadt. Bereits im März 1945 erklärte er den ersten amerikanischen Offizieren am Rhein, daß es zwei Deutschland gebe: „Das eine im wesentlichen geprägt durch die römische Kultur, das andere durch Preußen." Gegenüber dem amerikanischen Außenminister Acheson stellt er „das Kulturland am Rhein dem östlichen Urwald" gegenüber, „wo noch Menschenopfer dargebracht werden". 1948 lobt er in einem Brief das „überwiegend katholische Köln, von jeher nach Westeuropa gerichtet", Düsseldorf dagegen sei „liberalistisch und sozialistisch und in keiner Weise auf ein gutes Verhältnis zu den westlichen Nachbarn Deutschlands hin gerichtet". In einem Adenauer-Memorandum für de Gaulle ist 1945 zu lesen: „Aus den Teilen, die bei Schaffung eines Rheinstaats übrigbleiben, dürften wohl zwei Staaten zu bilden sein. Diese dann bestehenden drei Staaten könnten ein loses, dem Commonwealth entsprechendes völkerrechtliches Gebilde werden. Alle drei Staaten müßten eine voneinander unabhängige Außenpolitik treiben dürfen, insbesondere eigene – jeder für sich – Auslandsvertretungen haben."

Berlin? Mitteldeutschland? Die sowjetische Besatzungszone? Einheitliches Deutschland? Für sie war in den Rheinstaatideen des Separatisten Adenauer kein Platz. Er war kein Bismarck, nicht einmal ein Stresemann oder Brüning, schon gar kein Wirth. Er war ein rheinischer Sonderbündler von politischer Immoralität.

Bonn ließ er zur Hauptstadt werden, weil in Hamburg, Düsseldorf, Frankfurt oder München zuviel Industrie ansässig ist, zu viele Arbeiter ihm zu hautnah gewesen wären. Und schräg gegenüber von Bonn, in den sieben Bergen, liegt Rhöndorf, wo er Hitler überstanden hatte und nun von seiner Villa eine halbe Stunde Autofahrt zum Bundeskanzleramt benötigte.

Seinen militärischen Beitrag zum Westbündnis hatte er schon angeboten, bevor Südkoreaner und Amerikaner über Nordkorea herfielen. Die Westverträge – das Herausbrechen der Westzonen aus dem deutschen Nationalverband – peitschte er durch, im Bündnis mit General Clay. Ein Biograph schreibt: „Wohl in keiner Demokratie sind Volk, Parlament und sogar die führenden Leute der Regierungskoalition, einschließlich der Minister, so getäuscht und in Unkenntnis gehalten worden, bis die Verträge unter Dach und Fach waren." Und Deutschland gespalten. Konrad Adenauer war nicht der Mann, der etwas von Wirtschaft verstand. Nationale und soziale Politik waren ihm fremd. Aber vom Gebrauch der Macht verstand er etwas. Nach ihr strebte er, und er nutzte sie gewiß nicht fürs Volk. Ob er in seinem letzten Jahrzehnt noch geschäftsfähig war: Ich habe da meine Zweifel...

Daß dieser Mann mit der deutschen Einheit etwas im Sinne gehabt hätte, ist so absurd wie sein Vorwurf an uns, wir hätten Deutschland gespalten. Wer sich als „Adenauers politischen Enkel" ausgibt und eine „offene deutsche Frage lösen" will, sieht Deutschlands Nabel am Rhein und in der Pfalz. Andere Gebiete sind allenfalls „heim ins Reich" zu führen.

Widerstand auf verlorenem Posten

Vieles davon bewegte uns damals in Köln. Im Rundfunk versuchten wir, dem verdeckt entgegenzuarbeiten. Entwicklungen in der sowjetischen Besatzungszone, vor allem Entwicklungen der deutschen Geschichte waren häufig Gegenstand unserer Sendungen. Die Grenze des Erlaubten überschritten wir mit mehreren Beiträgen.

Ein Ereignis, das den Widerspruch zwischen Volk und

Herrschenden besonders offenbarte und die Fehlentwicklung der Westzone und der künftigen BRD einleitete, verdient besondere Erwähnung. Am 1. Dezember 1946 hatten die Wähler des Landes Hessen mit 72 Prozent der gültigen Stimmen für den Artikel 41 der neuen Verfassung gestimmt, der die Überführung der Bergbaubetriebe (Kohle, Erze, Kali), der Betriebe der Eisen- und Stahlerzeugung, der Betriebe der Energieerzeugung und des an Schienen und Oberleitungen gebundenen Verkehrswesens in Gemeineigentum vorsah. Auch die Staatsaufsicht für Großbanken und Versicherungsunternehmen war vorgesehen. Der amerikanische Militärgouverneur Lucius D. Clay hatte verlangt, daß über den Artikel 41, der die Verstaatlichung der Grundindustrien vorsah, getrennt abgestimmt werden sollte – in der Hoffnung, daß, wenn schon die Verfassung angenommen werden sollte, wenigstens dieser Artikel keine genügende Mehrheit erhalten würde.

Als dann beide, der Artikel und die Verfassung, angenommen worden waren, gab Clay keine Zustimmung zu ihrer Inkraftsetzung.

Potsdamer Abkommen, Volkswille, Demokratie? Die amerikanische „Schutzmacht" schützte den deutschen Kapitalismus. Man setzte auf den künftigen Verbündeten.

Dann richtete Hugh Carleton Greene aus Hamburg ein Fernschreiben nach Köln: „Antifaschismus" sei „kommunistische Terminologie" und folglich „ab sofort zu vermeiden". Gleiches gelte für „Reaktion". Das war's dann. Erst wurde Max Burghardt gegangen, dann wurde ich nach Hamburg strafversetzt, wo ich noch gelegentlich kommentieren durfte. Dann Egel weggeekelt und schließlich Gass Berufsverbot erteilt. Letztlich erfolgte meine Kündigung. Ohne Begründung. Die nachträgliche Untersuchung einer „kommunistischen Unterwanderung des Kölner Rundfunks" konnte nur ergebnislos bleiben.

An dieser Stelle ist etwas über Hugh Carleton Greene nachzutragen. „Sir Hugh", wie er später genannt wurde, hatte einen runden, sehr kleinen Kopf, eine spitze Nase und sprach beinahe Falsett, das heißt mit so hoher Stimme, wie auch Bismarck, der Recke, sie hatte.

Greene war ganz sicher gegen Hitler und dessen Herrschaftsstreben. Andererseits haßte er alles, was „links" war und nach Sozialismus oder gar Kommunismus roch. Da verließen ihn jegliche englische Fairneß und Objektivität, er wurde rabiat und brutal. Viele seiner Personal- und Sachentscheidungen zeugten davon.

Daß ich nach der Kündigung durch ihn nicht untergegangen und spurlos verschwunden bin, muß an ihm gezehrt haben. Sonst hätte er mich kaum mit seinem Haß noch anläßlich des fünfundzwanzigjährigen Jubiläums meines „Schwarzen Kanals" im BRD-Fernsehen derartig verleumdet, daß ich den senil gewordenen Herrn fast bemitleidet hätte. Eine Stunde nach meiner Jubiläumssendung ließ er sich im BRD-Fernsehen über meine Tätigkeit in Hamburg und Köln und über die Umstände meiner Entlassung aus: mit denselben haltlosen Beschuldigungen und Verleumdungen, die er damals – 1947 – als „Begründung" seiner Entscheidung aufgeführt hatte. Und er setzte auf einen Schelm noch anderthalbe: Ich sei kurz nach meiner Übersiedlung nach Berlin an einen seiner Mitarbeiter herangetreten, „ob nicht eine Rückkehr möglich" sei; alles sei „vorbereitet" gewesen, der „geheime Treffpunkt vereinbart" worden; dann sei ich wohl zurückgeschreckt, „charakterlos, wie er nun einmal ist".

Warum in Westberlin viel zu „vereinbaren" gewesen sein soll, obwohl ich doch täglich zweimal zwischen der Masurenallee und der Bayernallee hin- und herging, warum ich überhaupt erst übergewechselt war und gleich wieder zurück wollte? Es bleibt Sir Hughs und seines miesen Zuträgers Eberhard Schütz' Geheimnis. Die Hunde bellen, die Karawane zieht weiter.

Ankunft

Meiner Entlassung folgte – im Rahmen der „deutschen Friedensgesellschaft" – eine Versammlungskampagne durch die britische und amerikanische Zone. Dann ging es mit Familie, Sack, Pack und einigen Möbeltrümmern, mit Hilfe Kölner Genossen von der Reichsbahn, in einem Güterwagen in Richtung Berlin. Ohne gültige Papiere, fast ohne Geld, aber mit einem Kanonenofen. Denn es herrschten 25 bis 30 Grad minus. Und mit einem schweren Schraubenschlüssel, mit dem von innen an die Wagenwand gedonnert wurde, wenn sich während Aufenthalten Eisenbahndiebe an Schiebetür oder Luken zu schaffen machten. Abschied vom Westen ...
„Russen" ließen uns ohne Kontrolle passieren. Vom Lehrter Güterbahnhof aus durfte ich kostenlos telefonieren. Dann waren Mischa und Herbert da – mitsamt Lastwagen für unsere Habe. Und mit einer Flasche Wodka zur Begrüßung.
Das Haus Carmen-Sylva-Straße 35 in Prenzlauer Berg galt in jener Zeit als „das größte Wohnhaus Berlins". Es war normal belegt, aber das zuständige Polizeirevier zählte weit über 1500 Bewohner. Wer immer von der Partei oder von den sowjetischen Genossen nach Berlin gerufen und in Funktionen eingesetzt wurde, war in der Carmen-Sylva-Straße polizeilich gemeldet. Ob er dort wohnte oder irgendwo anders, möbliert, in einem Hinterhof, einer Baracke oder Notunterkunft, bei Freunden, im Büro oder wo auch immer hauste. Wir wohnten tatsächlich zunächst dort. Und eine Stunde nach unserem Einzug hörte ich auf der Straße meine viereinhalbjährige rheinische Tochter Jutta einem rasch gewonnenen Berliner Freund zurufen: „Ick wohne eene Treppe ..."
Was zunächst kindereigenes schnelles Erfassen von Dialekten war, entwickelte sich bei Jutta zum Sprachtalent: Die Deutschlehrerin beherrscht Ungarisch, Französisch, Rus-

sisch, Italienisch und frischt zur Zeit ihr Englisch auf. Tochter Anna, meine Enkelin, wird mehrsprachig erzogen.

Während meine zweite Tochter, Barbara, sich ganz der deutschen Sprache verschrieben hat: gepflegtes Goethesches Deutsch wie Umgangsdeutsch als Bühnensprache, und die Kunst der Rezitation. Enkeltochter Pauline vermag schon zwischen Hochdeutsch und Berlinerisch zu unterscheiden – nach den Erfordernissen der jeweiligen Umgebung. Ihre kleine Schwester Luise versucht noch, sich zu artikulieren.

Der erste Urlaub

Anfang März 1948: der erste Kommentar. Und dann fast täglich auf dem Sender, dem Deutschlandsender.

Im Sommer der erste Urlaub seit meinen letzten Schulferien. Im Kurhaus in Ahrenshoop saßen Brecht und Becher zusammen, ein kleines Wunder, da sie einander nicht übermäßig schätzten. Und Genosse Karl Kleinschmidt, Domprediger in Schwerin. Er war der erste Pfarrer, der von Hitler gemaßregelt worden war, und hatte 1933 kurze Zuflucht in Werner Fincks Kabarett „Katakombe" gefunden. Ein hervorragender Conférencier.

Nun saßen wir in Ahrenshoop zusammen. Becher hatte Zucker (weißen), Kleinschmidt „Doornkaat" und ich einen Kanister Juice (aus der britischen Zone) mitgebracht. Das waren in jener Zeit Raritäten. Durcheinandergemischt schmeckten sie vorzüglich.

Gegen Mitternacht war die Köstlichkeit niedergemacht, und beim Verlassen des Kurhauses wirkte die frische Luft wie der berühmte Schlag mit dem Brett vor die Stirn. Nur so war unser Entschluß zu erklären: Jetzt wird gebadet! Der wasserscheue Brecht schlug sich in die Büsche, Becher kam

Die Familie bei der Übersiedlung per Güterwagen von Köln nach Berlin

ebenfalls abhanden, Kleinschmidt und ich liefen ins Wasser, Frau Pfarrer stand am Ufer und hielt die Kleider.

Nach geraumer Zeit herrlichen Schwimmens entdeckte Karl Kleinschmidt einen über den Horizont huschenden Scheinwerfer. „Da schwimmen wir jetzt hin!" In diesem Augenblick war ich nüchtern. Er schwamm. Was tun? Am nächtlichen Strand um Hilfe rufen? Aussichtslos. Gewalt anwenden? Wir wären ertrunken. Also überzeugen!

Aber auch die trefflichsten Argumente blieben ungehört. Er schwamm. Und ich neben ihm her. Schließlich fiel mir – ganz war ich wohl doch noch nicht ernüchtert – das Argument ein: „Karl, wir schwimmen morgen früh. Wenn's hell ist, können wir den Scheinwerfer besser sehen!" Das leuchtete meinem Genossen Domprediger ein, er drehte um, und wir schwammen an Land.

Ohne mein „überzeugendes Argument" wären wohl zwei Nachrufe fällig gewesen...

Die erste Versammlung

Kaum in Berlin eingetroffen, begann eine Vortrags- und Forentournee innerhalb der Stadt und außerhalb. Damals war Berlin noch nicht gespalten. Die Sozialdemokratische Partei hatte sich noch nicht selbst aufgelöst, es gab auch im sowjetischen Sektor noch sozialdemokratische Bürgermeister. In Prenzlauer Berg hieß er Exner.

In einer Versammlung – ich referierte über Entwicklung und Zustände in den Westzonen – kam sofort und provokatorisch die Frage: „Sehr interessant. Aber finden Sie es richtig, daß hier unten an der Ecke (gemeint war das damalige ZK-Gebäude) alle Fensterscheiben eingesetzt sind, während wir noch Pappe vor den Fenstern haben?" Der Mann drohte die ganze Stimmung zu kippen. Ich stand auf und meinte

Gedankenaustausch während einer Reportage

betont lässig: „Ja, den Kommunisten hat man dreiunddreißig die Scheiben zuerst eingeschlagen. Ich finde es richtig, daß man sie ihnen jetzt wieder zuerst einsetzt." Gelächter, Beifall. Die – sonst sachliche – Aussprache war gerettet.

Natürlich war meine Antwort in der Sache nicht gerade genau. Aber in der Wirkung war sie richtig.

Ein Beispiel für den Unterschied zwischen Agitation und Propaganda? Da darf gewiß kein Gegensatz bestehen: Propaganda seriös, Agitation unseriös... Aber Leichtigkeit, Frechheit der Argumentation, Polemik, schnelles, entwaffnendes Reagieren – das ist in der Agitation legitim.

In jenen Jahren sprach ich einmal an der Jenaer Universität vor Professoren, von denen so mancher uns noch keineswegs wohlgesonnen war. Ich erhielt moderaten Beifall. Dann kam die erste Frage: „Herr von Schnitzler, muß Ihr Herr Ulbricht so schrecklich sächseln?" Hämischer Beifall. Meine lässige Antwort: „Mir ist lieber, wenn Walter Ulbricht über den Frieden sächselt, als wenn Herr Adenauer Köllsch über den Krieg redet." Stutzen, Lachen, und dann merkten auch die Genossen, daß demonstrativer Beifall am Platz war.

Mein Berlin

Ich bin geborener Berliner und liebe Berlin. Wenngleich ich mich durch Herkunft meiner Familie und langen Aufenthalt in Köln und Bad Godesberg zugleich ein bißchen als Rheinländer fühle und in „Knubbel-Köllsch" gern Kölner Witze erzähle. Zugleich bin ich so mit der Ostseeküste verbunden, daß ich lange Zeit die feste Absicht hatte: Am Tag nach der

Während eines Forums mit Genossen der Volkspolizei

Rente wohnst du in Saßnitz, Stralsund, Warnemünde oder Wismar. Aber in meinem Beruf geht man nicht in Rente, sondern stirbt in den Sielen.

Ich liebe also Berlin. Obwohl ich in meiner Heimatstadt – von frühester Kindheit und der Zeit nach meiner Rückkehr 1947 abgesehen – überwiegend Negatives erlebt habe. Ich kannte und kenne die Stadt, hatte sie mir schon als Kind und Jugendlicher mit dem Fahrrad „angeeignet": von den westlichen Vororten Dahlem, Zehlendorf und Lichterfelde über Steglitz, Friedenau und Schöneberg bis zum Weinbergsweg, Prenzlauer Berg nach Pankow. Besonders gern fuhr ich auf dem damals bei manchem veralteten Exemplar noch offenen Oberdeck der Omnibusse: Halensee – Kurfürstendamm – Tauentzien, Lützowplatz – Potsdamer Straße – Brandenburger Tor – Linden bis zum Alex.

Beim Besuch der Volksbühne mit meinen Eltern sah ich das Karl-Liebknecht-Haus, Sitz des Zentralkomitees und Ernst Thälmanns. In der Hedemannstraße beobachtete ich einmal, wie Goebbels aus der Redaktion seines großschnäuzigen Blattes „Der Angriff" heraushumpelte. Werner Finck, Conférencier im Kabarett „Die Katakombe" und Freund meines Bruders, witzelte noch im Februar 1933: „Wir leben im Zeitalter der Übertreibung. Fangen wir mit der Vereinfachung doch bei unserer Sprache an. Da ist das Sprichwort ‚Lügen haben kurze Beine.' Warum sagen wir nicht: ‚Die Lüge hat ein kurzes Bein!'" Das war sein letzter Witz, den er damals öffentlich erzählte.

In der „Katakombe" hatte auch ein junges Mädchen Seemannslieder zur Ziehharmonika gesungen. 1943 traf ich sie wieder: Isa Vermehren. Es war meine kurze Zeit zwischen Fehrbelliner Platz und Frankreich. Isa Vermehren war tapfer und unversöhnlich antifaschistisch, sie leistete gute illegale Arbeit. Aber der Mensch ist ein Produkt seiner Umgebung. Nach dem Krieg konvertierte sie zum Katholizismus. Nun spricht sie gelegentlich im BRD-Fernsehen „Das Wort zum Sonntag" – als Nonne.

Auch Rudolf Platte trat oft in der „Katakombe" auf. Mit sozialkritischen Couplets und bissigen Chansons gegen Hitler. Kaum befand sich dieser an der Regierung, sang derselbe Platte gehässige Songs gegen Antifaschisten und politische Häftlinge.

Berlin heute: Das ist für mich mit Erinnerungen und Veränderungen verbunden und mit deren steinernen Zeugen. Im Haus der Ministerien – es war einst „Reichsluftfahrtministerium", dort hatte Reichsmarschall Göring den Luftterror gegen Warschau und Rotterdam, Coventry und Dünkirchen ausgeheckt. Nach den „Blitzsiegen" im Westen ernannte Hitler dort seine Generale zu Feldmarschällen. Im selben Saal gaben wir 1949 die historische Antwort: Dort wurde unsere Republik gegründet und Wilhelm Pieck zu ihrem Präsidenten gewählt. In den Hintergebäuden ist der Sitz unserer Staatlichen Plankommission, und diese wiederum waren ab 1933 die Hintergebäude des Geheimen Staatspolizeiamts, dann der Gestapo. Deren Vordergebäude lag an der heutigen Westberliner Prinz-Albrecht-Straße, und ich hatte sie Ende September 1933 einen Tag lang schmerzlich kennengelernt.

Zuvor hatte ich mit Jungen und Mädchen der SAJ demonstrierend auf dem Wilhelmplatz gestanden – heute Otto-Grotewohl-Straße: Wo heute die neue, moderne Botschaft der ČSSR steht, residierte Ende 1932/Anfang 1933 Hitler im Hotel „Kaiserhof". „Vom Kaiserhof zur Reichskanzlei" heißt ein Goebbels-Schmarren, in dem er den Umzug seines „Führers" in die Reichskanzlei beschreibt, nachdem Hindenburg diesen berufen hatte. Gegenüber dem Hotel sollte dann bald Goebbels Einzug halten, ins „Reichspropagandaministerium", die „Reichslügenküche", wie wir sie nannten. Heute hat dort unser Nationalrat seinen Sitz, außerdem beherbergen die Gebäude auch das Solidaritätskomitee und die Freundschaftsgesellschaften der Deutschen Demokratischen Republik.

Links davon – mit dem Blick aufs Brandenburger Tor –

entstehen Wohnhäuser. Das Fundament bilden Trümmer der Reichskanzlei, aus deren Fenstern Hitler und der Reichspräsident Feldmarschall v. Hindenburg 1933 den berüchtigten Fackelzug von SA, SS und Stahlhelm abgenommen hatten. Des Feldmarschalls Senilität bekundet sein verbürgter Ausspruch, der schnell in Umlauf war und Hindenburg angesichts der braunen SA-Männer sagen ließ: „Möchte wissen, wo dieser böhmische Gefreite" (so pflegte er Hitler in privaten Kreisen zu nennen) „all die gefangenen Russen herhat." Sein Bewußtsein war wohl bei der Schlacht von Tannenberg stehengeblieben, die Ludendorff 1914 für ihn geschlagen hatte.

Dann gibt es ganz in der Nähe noch ein anderes Trümmerfundament – den „Führerbunker". Bis 5 nach 12, „bis alles in Scherben fällt", vegetierte dort Hitler mit den Letzten seiner Bande, ehe er sich und seine Geliebte – nach Spießbürgermanier hatte er geglaubt, sie im letzten Augenblick „ehrlich machen" zu müssen – erschoß. Goebbels und seine Frau vergifteten ihre fünf Kinder, dann brachten sie sich dort selbst um.

Wir halten diese Trümmer nicht für würdig, sie zu erhalten, nicht für geeignet, sie gar zu einer Touristenattraktion zu machen ...

Anfang der sechziger Jahre besuchten wir unseren Freund Ulrich Rabow, bis zu seinem Tod stellvertretender Direktor des VEB Schallplatte. Er saß im Schreibtischsessel Hermann Görings – und meine Frau dann natürlich auf Görings Schreibtisch. Denn Eterna und Amiga sind im ehemaligen Palais des Reichstagspräsidenten untergebracht. Der letzte war Göring. Und von seinem Amtssitz führte zum nahen Reichstag – heute vermauert – der unterirdische Gang, durch den jener SA-Sturm geschlichen war, der am 27. Februar 1933 den Reichstag in Brand gesetzt hatte. Das Signal zur Treibjagd auf Kommunisten, Sozialdemokraten, Gewerkschafter, Christen und andere Hitlergegner.

Vor unserem Sportverlag in der Neustädtischen Kirchstraße hatte ich am 23. September 1933 auf meinen Bruder Hans gewartet. Er arbeitete dort in der damaligen Colonia-Versicherung. Ich beobachtete, wie er von vier unauffälligen Herren abgeführt wurde, und fuhr mit meinem Rad in seine Wohnung in der Stresemannstraße, um belastendes Material zu beseitigen.

Unter den Linden befindet sich unser Ministerium für Außenhandel. Links die Polnische und die Ungarische Botschaft, gegenüber die alte und neue Botschaft der Sowjetunion. Wo heute über lebenswichtige Importe und Exporte entschieden wird, residierten einst der preußische Ministerpräsident und sein Innenminister. Vor Hitler wurde Preußen sozialdemokratisch regiert. Am 20. Juli 1932 erschien dort auf Befehl des Reichskanzlers v. Papen ein Reichswehrleutnant mit zwei Mann und erklärte die preußische Regierung für abgesetzt. Obwohl die Polizei Berlins und des Landes Preußen zur Verfügung und bereitstand, Papens Staatsstreich zu verhindern, gingen Ministerpräsident Braun und Innenminister Severing mit den Worten „Wir weichen nur der Gewalt" nach Hause. So war ein reales Hindernis auf Hitlers Weg zur Macht beseitigt.

Am Eckfenster des Alten Palais, das lange als Stadtschloß diente, gegenüber der Humboldt-Universität, pflegte sich Wilhelm I. jeden Mittag bei der Wachablösung den Gardeleutnants und flanierenden Bürgern zu zeigen. Kurz vor seinem Tod hat er dort leutselig zwei Menschen zugewunken, die sich damals noch nicht kannten, aber nach ihrer Eheschließung ihre unwissentliche Nähe rekonstruierten: meinem Vater und – als junges Mädchen zu Besuch in Berlin – meiner Mutter.

Nach dem Reichstag brannten – zwischen Altem Palais, „Kommode" und Staatsoper – Bücher, dann die Synagogen, dann in den Vernichtungslagern Menschen, dann Städte und Dörfer in ganz Europa. Gegenüber der Oper befand sich in den letzten Kriegsmonaten die Reichsluftschutzzentrale. Wo einst aus Schinkels Bau die kaiserliche Wache heraustrat, wo heute ausländische Staatsgäste ihre Kränze niederlegen und unser Wachregiment „Friedrich Engels" Ehrenposten stellt – dort konnte man bis Kriegsende zentral die Sirenen aufheulen lassen, oder es wurde ins „Reich" „Luftwarnung" gegeben und tödlicher Alarm ausgelöst, dann fielen Brandbomben und explodierten Sprengbomben. Heute an dieser Stelle: Erde aus allen Konzentrationslagern und von allen Schlachtfeldern Europas, die ewige Flamme: Ehre den Opfern des Faschismus und Militarismus.

Der Luftkrieg legte auch Teile des Neuen Schlosses in Trümmer, und anfangs waren wir wohl noch nicht stark oder nicht entschlossen genug zur Rekonstruktion. An dieser Stelle steht heute der Palast der Republik. Er beherbergt unser Parlament, die Volkskammer, Lokale, Cafés, Ausstellungsräume und den Großen Saal mit seinen vielfältigen technischen Variationsmöglichkeiten: Stätte für Parteitage und Konferenzen, für Konzerte und Fernsehveranstaltungen wie „Ein Kessel Buntes".

Das Tor des Schlosses, das früher an dieser Stelle stand, das barocke Eosander-Tor, konnte gerettet und rekonstruiert werden. Wir haben es in die Fassade des Staatsratsgebäudes eingebaut. Und wenn Botschafter akkreditiert, hohe ausländische Gäste begrüßt und Werktätige unserer Republik geehrt werden, schreiten sie durch dieses Tor, von dessen Balkon im November 1918 Karl Liebknecht „Die Sozialistische Deutsche Republik" ausgerufen hatte. 31 Jahre – mit Konterrevolution, faschistischem Terror und Zweitem Weltkrieg – sollten vergehen, bis Liebknechts Worte Wirklichkeit wurden.

Daneben, etwas zurückgelegen das Gebäude des Zentralkomitees der Sozialistischen Einheitspartei Deutschlands. Hier wurde für den VIII. Parteitag jene Politik konzipiert, die die wirtschaftliche und soziale Leistung vereinigt und der Deutschen Demokratischen Republik ihre Stabilität und ihr internationales Ansehen für unsere Politik des Dialogs gibt.

Dieses Gebäude war früher die Reichsbank. Wo einst deren Präsident Hjalmar Schacht Hitlerpartei und Hitlerkrieg finanzierte, sitzt heute unser Generalsekretär, Genosse Erich Honecker.

Das Zeughaus – dort wurden bis Mitte des vorigen Jahrhunderts Waffen aufbewahrt und bereitgehalten für den nächsten Krieg; das Nikolai-Viertel – dort ließen wir die guten, echten Traditionen Berlins wiedererstehen. Das siebenhundertfünfzigjährige Berlin ist unser Berlin, mit dem Ehrennamen „Stadt des Friedens" ausgezeichnet. Und wir haben – auch die steinernen Zeugen beweisen es –, aus unserem Berlin das Beste gemacht: Hauptstadt des deutschen Staates, in dem zum erstenmal in der Geschichte der Frieden zum Regierungsprogramm erhoben wurde.

Berlin heute

Deswegen habe ich – weniger als Berliner, sondern mehr als Staatsbürger – niemals die Zweifel verstanden oder gar geteilt, ob wir nicht „zuviel für Berlin" täten, und das auch noch „auf Kosten der Republik".

Berlin ist die Hauptstadt unserer Republik. Je besser Berlin aussieht, desto mehr nützt es der Republik. Wenn wir an Moskau oder Paris denken, Budapest oder Wien, Warschau oder London, Prag oder Rom – dann wissen wir, welche Bedeutung die Hauptstadt für das Nationalbewußtsein hat, für das Staatsbewußtsein!

Wie erst in einem neuen, ganz und gar anderen Staat, in dem sich ein neues, sozialistisches Nationalbewußtsein entwickelt. War die Gründung der Deutschen Demokratischen Republik „ein Wendepunkt in der Geschichte Europas", so muß man das in ihrer Hauptstadt sehen und fühlen. Tradition und sozialistische Moderne, Wiederherstellung, Erhaltung und Neubau – das ist Geschichtsschreibung, Geschichtsbekenntnis und aktuelle Politik in einem.

Heute „trifft man sich in Berlin". Nicht nur die Rostocker und Dresdner, Karl-Marx-Städter und Schweriner, Frankfurter und Magdeburger, Menschen aus Stadt und Land, sondern auch aus anderen Hauptstädten und Staaten. Berlin ist zur Stätte der „Politik des Dialogs" geworden. Und „Berlin erleben" führt zu Erkenntnissen wie beim einstigen französischen Regierungschef Fabius, dem beim Anblick von Hellersdorf spontan entfuhr: „Wer so baut, will keinen Krieg!"

Gewiß, andere Städte sind älter und zum Teil schöner. Aber Berlin ist nun einmal die Hauptstadt.

Außerdem ist unser sozialistisches Berlin das Gegenstück zum abgespaltenen „Berlin-West". Dort spielt man „Metropole", und Minderwertigkeitskomplexe wie Provinzdenken in jener „alten und künftigen Reichshauptstadt" wachsen mit jedem Tag, an dem die Hauptstadt der Deutschen Demokratischen Republik an Schönheit, Sauberkeit, Geschichtsträchtigkeit, Moderne und an politischem Gewicht zunimmt.

Nicht die Kennedy, Reagan und ähnliche sind „Bäerlinär". Aber ich bin Berliner, einer von Millionen. Um Bertolt Brecht noch einmal sinngemäß zu wiederholen: Ich rede und denke nicht so, weil ich hier bin, sondern bin hier, weil ich so denke.

Die Spaltung Berlins

Zugegeben: Als der Festumzug die siebenhundertfünfzigjährige Geschichte Berlins in lebende Bilder umsetzte, habe ich mir eingestanden, daß ich solche Entwicklung bei meiner Heimkehr nach Berlin 1947 nicht vorhergeahnt habe.

Der Status Berlins ist eindeutig: Von der Sowjetarmee befreit, war es niemals als „fünfte Besatzungszone" gedacht. Die Verwaltung aller Stadtbezirke – von Prenzlauer Berg bis Zehlendorf, von Pankow bis Spandau – unterstand unserem Oberbürgermeister, der in unserem Neuen Stadthaus residierte. Die militärische Kontrolle übte der Oberbefehlshaber der sowjetischen Besatzungszone aus. Über ganz Berlin!

Aber Deutschland sollte einheitlich von einem „Alliierten Kontrollrat" – mit Sitz in Berlin – verwaltet werden. Deshalb durften nachträglich einige westliche Truppen in Berlin einmarschieren, und die westlichen Mitglieder des Kontrollrats erhielten in ihren Westberliner Standorten gewisse Hoheitsrechte.

Da waren keine Sektoren, und es gab keine Sektorengrenzen. Mit der Verwaltung und Kontrolle Berlins sollte alles beim alten bleiben. Der Kontrollrat galt für ganz Deutschland. Am Status Berlins änderte sich nichts. Darum unterstanden uns auch die Verkehrsmittel in ganz Berlin: U-Bahn, S-Bahn, Straßenbahn, Omnibusse, Reichsbahn, die Wasserstraßen.

Und der Demokratische Rundfunk in der Charlottenburger Masurenallee. Deshalb zogen auch einige leitende Mitarbeiter unseres Rundfunks – zusammen mit sowjetischen Kontrolloffizieren – in ein Charlottenburger Mietshaus in der Bayernallee um, das nahe dem Funk lag und sowjetischer Kontrolle unterstand. Mit ein paar Schritten waren wir an unserem Arbeitsplatz.

Beide – unsere einheitliche Verwaltung Berlins unter sowjetischer Kontrolle und unser Rundfunkbetrieb in Charlottenburg – waren dem Westen ein Dorn im Auge und im beginnenden kalten Krieg zwei besondere Steine des Anstoßes und Anlässe für Provokationen. Spaltung stand auf dem Westprogramm: die Spaltung Deutschlands und die Spaltung Berlins.

Der Fahrplan: Schon 1943 – am Rande der Konferenz von Teheran – beschlossen Churchill und Roosevelt Pläne für die Zerstückelung Deutschlands. In London arbeitete

Die widerrechtlich ausgeschlossenen Delegierten der Berliner Betriebe verschaffen sich Zugang zum Neuen Stadthaus.

eine Kommission unter Vorsitz des britischen Außenministers Eden detaillierte Spaltungspläne aus, einschließlich der Währungsspaltung. Im Oktober 1947 wies Ludwig Erhard, nachmals Bundeswirtschaftsminister und Nachfolger von Bundeskanzler Adenauer, auf die Notwendigkeit einer schnellen Währungsreform hin.

Natürlich war ein Geldumtausch in allen Zonen unumgänglich. Die Zerrüttung der Reichsmark, das Mißverhältnis zwischen den Inflationsmengen, die die Faschisten in Umlauf gebracht hatten, und dem vorhandenen Warenfonds mußte beseitigt werden. Die Sowjetunion machte den Westalliierten Vorschläge, wonach die Geldumwertung in allen Zonen erfolgen sollte.

Aber bereits während dieser Verhandlungen über Notendruck, Druckorte und andere Details hatten die Westmächte heimlich Entscheidungen über eine separate Währungsreform gefällt. In Washington und New York liefen schon seit Oktober 1947 die Druckmaschinen auf vollen Touren. Im November beluden amerikanische Soldaten den Frachter

„American Farmer" – Deckname „Bird Dog" – mit den ersten der rund 23 000 Geldkisten. Über Bremerhaven gelangten sie in Sonderzügen unter strenger Geheimhaltung nach Frankfurt am Main. Am Dienstag, dem 20. April 1948, ein weiteres Kapitel in dieser Nacht-und-Nebel-Aktion: Ein Omnibus fuhr mit führenden Finanzexperten der Westzonen auf Schleichpfaden nach Kassel. Im mit Stacheldraht abgeriegelten Flughafengebäude brachten diese dann das von den westlichen Alliierten entworfene Währungsgesetz in die endgültige Fassung.

Dann kam der 18. Juni 1948. Westliche Rundfunksender kündeten im Auftrag der Westmächte für den 20. Juni eine Währungsreform an. Jeder Bewohner der Westzone erhielt in den Ausgabestellen der Lebensmittelmarken im Tausch für alte Reichsmark vierzig neue Mark im Verhältnis 1 : 1.

Die Guthaben der Sparkonten-Besitzer wurden um 93,5 Prozent entwertet. Wer Vermögen investiert hatte, Sachwerte, Grund und Boden besaß oder über Warenbestände verfügte, wurde von der Währungsreform nicht betroffen. Es ging nur um Spargeld und Sparkonten. Für Sachwertbesitzer wurden 90 Prozent aller Schulden gestrichen, der Preisstopp für die meisten Waren aufgehoben – und der bestehende Lohnstopp verlängert.

Die vielgepriesene Währungsreform ging also zu Lasten der Lohn- und Gehaltsempfänger. Die ökonomische Macht der Monopole wurde gefestigt.

Und letztlich ging diese Währungsreform zu Lasten Deutschlands und seiner nationalen Einheit. Denn sie galt separatistisch für die drei Westzonen und wurde am 25. Juni 1948 auf die Berliner Westsektoren ausgedehnt.

Riesige Mengen des im Westen ungültig gewordenen Geldes flossen in den demokratischen Sektor von Berlin und in die Sowjetische Besatzungszone. Am 19. Juni hatte Marschall Sokolowski erklärt: „Die Sowjetunion ist dafür, gerade eine gesamtdeutsche Währungsreform durchzuführen, da eine separate Währungsreform in einer oder einigen Zonen

Deutschlands die endgültige Spaltung Deutschlands bedeuten würde, was den Interessen des deutschen Volkes und den Interessen der friedlichen, demokratischen Völker Europas nicht entspricht."

Auch dieser Appell wurde im Westen ignoriert.

Ein großer Teil unserer journalistischen Arbeit bestand damals in der Auseinandersetzung mit westlichen Besatzungsbehörden und westdeutschen und Westberliner Politikern, da der Handel zwischen den Westzonen und Ostdeutschland eingestellt und von den Berliner Westsektoren der Wirtschaftskrieg gegen die antifaschistisch-demokratische Ordnung in der Sowjetischen Zone eskaliert wurde. Abwehrmaßnahmen waren unumgänglich. Auf dem Territorium der Sowjetischen Besatzungszone wurden neue Geldscheine eingeführt – eine Umwertung, die die sozialen Interessen der Lohn- und Gehaltsempfänger berücksichtigte.

Zum Hauptthema unserer journalistischen Arbeit wurden die Warnungen, daß die separate Währungsreform im Westen Deutschlands und Berlins Deutschland und die Hauptstadt spaltete und den Kapitalismus restaurierte. Ich erinnere mich, wie der CDU-Politiker Johann Baptist Gradl damals erklärte: „Von nun an läuft zwischen den Westzonen und der Sowjetzone auch eine Währungsgrenze. Jenseits der Zonengrenze ist Ausland." Der SPD-Politiker Ernst Reuter, später Regierender Bürgermeister in Westberlin, gestand: „Währung hin, Währung her. Letzten Endes geht es gar nicht um die Währung, sondern um ganz andere Dinge." Es ging um strategische Positionen des Imperialismus.

Wie es in Berlin weiterging, mögen Ausschnitte aus zwei meiner Tageskommentare ins Gedächtnis rufen. Es sind Augenzeugenberichte.

„Berlin, 7. September 1949. Ich war gestern von 11 Uhr 30 bis 15 Uhr und von 18 bis 19 Uhr im Neuen Berliner Stadthaus... Ich konnte mit meinem Wagen im Radfahrtempo bis vor die Tür des Stadthauses durchfahren. Bei den erschienenen Werktätigen hat es sich um gewählte Vertreter Berliner Betriebe und um Sozial-

rentner gehandelt. Unter den Delegierten befanden sich Krankenschwestern, Greise und Kriegsbeschädigte, Jugendliche und viel Frauen. Sie wurden von angeblichen ‚Magistratsordnern', die weiße Armbinden trugen, widerrechtlich am Betreten des Stadthauses gehindert. Die zunächst geöffnete Tür des Stadthauses wurde auf Anweisung und unter Beteiligung des amerikanischen Obersts Glaser zugedrückt und abgeschlossen... Ich selbst wurde – obgleich im Besitz eines Presseausweises und einer Tribünenkarte – von angeblichen ‚Magistratsordnern' am Betreten des Stadthauses gehindert. Gleichzeitig wurden neben mir Personen ohne Tribünenkarten durchgelassen, als sie ein Stichwort angaben.

Die widerrechtlich ausgeschlossenen Delegierten der Betriebe verschafften sich Zugang zum Stadthaus, indem sie an der Eingangstür vier Scheiben eindrückten und durch die Rahmen hineinkletterten. Wenig später wurden die Türen vom angeblichen ‚Magistratspersonal' aufgeschlossen. Im gesamten Stadthaus hat es außer diesen vier eingedrückten Glasscheiben nicht den geringsten Schaden gegeben.

Die angeblichen ‚Magistratsordner' mit der weißen Armbinde ergingen sich in so wüsten Beschimpfungen der Delegierten, daß es in drei oder vier Fällen zu Handgreiflichkeiten kam. Als einige Delegierte hörten, wie ein Reporter des Rias unzutreffende, verleumderische Ausführungen machte, nahmen sie ihm sein Mikrofon weg. Die beiden Sprecher des Nordwestdeutschen Rundfunks konnten ihre Sendung ungehindert durchführen, wie sie mir selbst bestätigten...

Auf meine Frage nach seiner Legitimation wies mir einer der angeblichen ‚Magistratsordner' einen mit Maschine geschriebenen Zettel vor, der die Unterschrift des Dr. Friedensburg trug. Näher konnte ich diesen Wisch nicht studieren; denn in diesem Augenblick rissen sich die angeblichen ‚Magistratsordner' auf Kommando ihre Armbinden ab und verliefen sich im Gedränge. Im selben Augenblick hatte die legale Berliner Polizei das Stadthaus betreten...

Im Parlamentssaal hielten sich bis 12 Uhr 30 – für 12 Uhr

war die Sitzung angesetzt – außer einigen Abgeordneten der SPD, CDU und LDP, jedoch ohne deren Franktionsführer, und außer der vollzähligen SED-Fraktion 20 bis 30 Betriebsdelegierte und etwa 10 alliierte Journalisten und Offiziere auf. Es herrschte völlige Ruhe. Auf die Aufforderung des Zweiten Stellvertretenden Stadtverordnetenvorstehers verließen alle deutschen und alliierten Nichtstadtverordneten die Abgeordnetenbänke. Von 12 Uhr 30 bis zur schließlichen Aufhebung der Versammlung gegen 14 Uhr 30 war der Saal von allen Unbefugten frei. Auf der Tribüne herrschten Ruhe und Ordnung.

Einige der angeblichen ‚Magistratsordner' wurden von der Polizei und der Kriminalpolizei als Mitglieder der ‚Stumm-Polizei' aus den Westsektoren festgestellt. (Stumm war in Westberlin Polizeichef.) Sie konnten keine Erklärung darüber abgeben, warum sie in Zivil im sowjetischen Sektor als ‚Magistratsordner' aufgetreten waren und auf wessen Befehl. Sie wurden daher verhaftet. Ein Mitglied der Redaktion ‚Der Tagesspiegel' trug bei der Feststellung seiner Personalien einen Schlagring bei sich...

Andere Provokateure entzogen sich der Feststellung ihrer Personalien durch Flucht in die Zimmer des amerikanischen Verbindungsoffiziers. Wieder andere zogen sich in die Keller des Magistratsgebäudes zurück, wo sie sich selbst noch jetzt versteckt halten...

Wer hat den Auszug aus dem Stadthaus veranlaßt und provoziert? Dr. Suhr wollte noch etwas bleiben, Reuter war für Spaltung. Dr. Schreiber wollte noch etwas bleiben, Landsberg von der CDU war für Spaltung. Es waren nicht die Professoren, die anders wollten als die Doktoren ihrer eigenen Parteien: Es waren mit Reuter und Landsberg die beiden, die in ihren Parteien am stärksten die amerikanische Politik vertreten. Amerikanische Journalisten provozierten Zwischenfälle, der Reporter des amerikanischen Rundfunks in Berlin verbreitete aus dem Stadthaus provozierende Verleumdungen, ein hoher amerikanischer Offizier befehligte die Provokateure, im Zimmer des amerikanischen Verbindungsoffiziers suchten die Provokateure Zuflucht. So wurde Deutschlands Hauptstadt gespalten."

Vergebliche Dialoge

Vor der Spaltung Berlins hatten wir es im Rundfunk mit der Politik des Dialogs versucht. Auf unsere Initiative waren vom NWDR (Hamburg) Peter v. Zahn und andere gekommen. Auf unserer Seite nahmen Professor Budzislawski, Herbert Gessner, Wolfgang Harich und ich teil. Die Leitung hatten wir Axel Eggebrecht überlassen. Er war zwar auch beim NWDR, aber KZ-Häftling gewesen und ehrlicher Antifaschist geblieben. Die Sendung lief direkt über alle Systeme des Berlinder und des Nordwestdeutschen Rundfunks. Die Hamburger Runde hatte weniger Argumente als wir und bekam auch in den eigenen Zeitungen „eine schlechte Presse". Meinem abschließenden Vorschlag, solche Diskussion doch zu wiederholen, das nächste Mal vielleicht in Hamburg, wurde – bei offenem Mikrofon – eifrig zugestimmt. Trotz Anmahnung hörten wir nie wieder etwas aus Hamburg.

Die Methode des offenen Streitgesprächs hatten wir schon seit langem betrieben, einige Male zum Beispiel mit Westberliner Journalisten. Ich erinnere mich an eine Diskussionsrunde, die ich leitete. Auf unserer Seite nahm u. a. Genosse Alexander Abusch teil, auf westlicher Seite u. a. der damalige, inzwischen verstorbene Chefredakteur des inzwischen verstorbenen „Abends", Müller-Jabusch. Ein Gast hatte das erste Wort, einer unserer Teilnehmer das letzte, so wollte es das Reglement. Als Alex Abusch abgeschlossen hatte, reklamierte Müller-Jabusch noch ein Schlußwort. Das war gegen die Vereinbarung. Als Gastgeber erinnerte ich mich meiner humanistischen Bildung und lehnte die Worterteilung ab: „Quod licet Abusch, non licet Jabusch." (Lateinisches Sprichwort: „Quod licet Jovi, non licet bovi" – „Was dem Gott Jupiter erlaubt ist, ist dem Rindvieh nicht erlaubt.")

Da war die Politik des Dialogs noch nicht in ihrer heutigen, wohltuenden Wirkung möglich. Dazu bedurfte es erst eines starken, angesehenen sozialistischen deutschen Staates, des Zwangs der Umstände, eines militärstrategischen Gleichgewichts, eines allseitig starken Sozialismus.

Wer war „Walden"?

In Hamburg und Köln bezog ich dienstlich „Die Tägliche Rundschau", wie Amerikas „Neue Zeitung" für die amerikanische die maßgebliche Zeitung für die sowjetische Besatzungszone. Mir fielen einige Leitartikel auf: gutes Deutsch, guter Stil, politisch von besonderer Klarheit, dennoch nicht nur an Kommunisten adressiert. Der Autor – ohne Vornamen: „Walden". Ich hielt das für das Pseudonym eines sowjetischen Journalisten.

Erst Monate später – in Berlin – konnte ich das Geheimnis lüften. Theodor Schulze-Walden war ein Deutscher! Bis zu seinem Tode – 1981 – hat er 60 Jahre lang das journalistische Florett für unsere Ideale geführt. Er wurde – wie Julius Fučík, Kurt Tucholsky, Gerhart Eisler, Hermann Budzislawski, Herbert Gessner – eins meiner kämpferischen journalistischen Vorbilder. Er sei – so sagte er einmal – „zu alt schon, um noch ein Kommunist zu werden", aber er werde „alles tun, um dem Sozialismus zum Siege zu verhelfen".

Ihn prägten Weltkriege und Faschismus mit seinem Rassismus. Im Ersten Weltkrieg bei Ypern in britische Gefangenschaft geraten, wurde er Mitarbeiter der Lagerzeitung für Kriegsgefangene. „Noch dilettantisch", wie er sagte, aber klar Partei ergreifend für die Sache der Unterdrückten und Mißbrauchten. Noch 1946 zitierte er in einer seiner Broschüren aus einer Kaiserrede, die dieser kurz vor seiner Thronbesteigung gehalten und in der in hohenzollerscher Menschenverachtung gestanden hatte, daß „wir lieber un-

Karl-Eduard von Schnitzler und Theo Schulze-Walden

sere gesamten 18 Armeekorps und 42 Millionen Einwohner auf der Walstatt liegenlassen, als daß wir einen einzigen Stein von dem, was mein Vater und Prinz Friedrich Karl errungen haben, abtreten".

Theo galt für mich als Musterbeispiel für historische Betrachtungsweise. Nicht etwa immer beim Urschleim beginnend, aber alles in seinen historischen Ursprüngen, Zusammenhängen und Widersprüchen sehend, Geschichte als Gegenwartskunde, als Voraussetzung dafür, die Gegenwart zu verstehen und in der Gegenwart richtig zu handeln. „Wer die Vergangenheit leugnet, ist in Gefahr, sie zu wiederholen", sagte er.

1917, es war ein Jahr vor meiner Geburt, kam Theo als Austauschgefangener, schwer an Tuberkulose erkrankt, in die Schweiz und lernte Hermann Hesse kennen. Bis zu seiner Rückkehr blieb er dessen Mitarbeiter, schrieb in Hesses Zeitschrift „Vivos Voco" („Ich rufe die Lebenden") und in der „Baseler Nationalzeitung" viele Artikel. Als Internierter wählte er damals das Pseudonym „Walden".

Die Dresdner „Neuesten Nachrichten" und „Die Weltbühne" waren seine nächsten Foren. Als Korrespondent nahm er 1922 an der Konferenz von Genua teil, erlebte als Augenzeuge den Abschluß des deutsch-russischen Vertrages von Rapallo, des ersten völkerrechtlichen Dokuments der friedlichen Koexistenz. Zwei Monate später mußte er die Ermordung des deutschen Außenministers Walter Rathenau durch schwarz-weiß-rote Mörder kommentieren.

Mein alter Freund Hans Mahle sprach als Mitglied des Büros des Parteivorstandes der Sozialistischen Einheitspartei Westberlins am 29. Dezember 1981 an Theo Schulze-Waldens Grab uns Trauergästen aus dem Herzen: „Wie das Kriegserlebnis, so prägten auch diese Erfahrungen die politische Haltung des jungen, hochtalentierten Journalisten. Wie leider nur wenige Vertreter des Bürgertums – denken wir an Otto Nuschke, Wilhelm Külz, Johannes Dickmann, Thomas und Heinrich Mann – fühlte er sich zutiefst fortschrittlich-demokratischen Maximen verpflichtet und einem aktiven Humanismus, der ihn folgerichtig zu einem gefühls- wie verstandesmäßig entschiedenen Gegner des Faschismus werden ließ."

Theo erfuhr mehrmalige Verhaftung, Berufsverbot und weitere Verfolgung. Am schlimmsten traf ihn die KZ-Haft seiner zweiten Ehefrau, einer Ärztin, Leiterin der ständigen Hygiene-Ausstellung und des Hygiene-Museums in Dresden. Sie war Jüdin. Er stand zu ihr, erreichte über Freunde ihre Entlassung und Emigration.

Als „Die Tägliche Rundschau" aufgrund des Staatsvertrags zwischen der UdSSR und der Deutschen Demokratischen Republik 1955 ihr Erscheinen einstellte, wurde Theo zum Rundfunkkommentator berufen. Aber reden ist etwas anderes als schreiben. Das gilt für den Satzbau wie für die Grammatik, für das Vorziehen des Verbs wie für die Wiederholung. Geschriebenes und Gesprochenes unterscheiden sich beträchtlich. Auch seine besten Manuskripte „sang" Theo zunächst und verkrüppelte sie durch falsche Betonung, falsche Tempi und fehlende Pausen. Wochenlang trieb ich mit ihm, was Dr. Buxbaum in London mit mir getrieben hatte. Inzwischen schrieb er – zuletzt waren es 1300 Leitartikel, Kommentare und weltpolitische Übersichten – für die Zeitung der Liberal-Demokratischen Partei Deutschlands „Der Morgen".

„Rundfunkreif" geworden, nahm er seine Arbeit ernster als mancher Kommentator und Sprecher heute und brachte es in 26 Jahren auf etwa 2600 Tageskommentare und Betrachtungen.

Ihm war gestattet worden, seine Wohnung in Westberlin zu behalten. Dort wurde er auch begraben. Das war – außer Auftritten in Versammlungen der SED/SEW und der Gesellschaft für Deutsch-Sowjetische Freundschaft – mein letzter Besuch in Westberlin seit der „Belagerung" unseres Funkhauses im Jahre 1950.

Die Lücke in der Publizistik, die Theo hinterließ, bleibt nicht geringer als die in seinem Freundeskreis.

„Fachliches"

Die berufliche Zusammenarbeit und die Freundschaft mit Gessner, Wolf, Egel, Walden u. a. führten oft zu Widersprüchen und Klärungen, Streit und Übereinstimmung. Immer wieder ging es um die Sprache, aber darüber schrieb ich schon in anderem Zusammenhang. Schule-Walden ergänzte immer Fachdiskussion um die Literatur: wegen der gepflegten Sprache, wegen der Synonyme, damit man sich abwechslungsreich, immer wieder anders und überraschend äußern kann.

Auch das literarische Zitat hat seine Berechtigung. Nicht

mit Hilfe des „Büchmann" (einer alten Sammlung „Geflügelte Worte") als Hochstapelei, nicht wegen des Brillierens: Seht, was ich alles weiß! – als Markierung humanistischer Standpunkte, als Nachweis unserer Übereinstimmung mit den großen Geistern unserer Nation und anderer Völker, als Beweis der kulturellen, geistigen Kontinuität, aber auch als Anreiz zum Nachlesen: Publizistik, Funk und Fernsehen als „moralische Anstalten".

„Am Anfang war das Wort, dann kam das Zitat"? So ist das nicht gemeint. Aber klug, kenntnisreich, bedacht, sinnvoll, hilfreich zitieren – es ist nicht von Schaden, wenn der Publizist gebildet ist. Es ist unserer guten Sache nicht abträglich, wenn sie kulturvoll vertreten wird.

Und stets ging es in unseren Debatten um die Grundfrage: Wer ist mein Adressat? Ich will doch nicht meine Parteiführung überzeugen und die zuständigen Funktionäre. „Die sind doch schon in der Partei", meinte damals Theodor Schulze-Walden. An wen wende ich mich, wenn ich schreibe oder rede? Die Zusammensetzung des Zuhörerkreises ist zu berücksichtigen: das Zwiegespräch, die kleine Erzählrunde, spezielle Gruppen von Kindern, Arbeitern, Schülern, Bauern, Soldaten, Intellektuellen oder gar Journalisten. Allen das gleiche sagen, aber doch nicht dasselbe! Zu jedem anders reden, mit immer anderen Beispielen, anderen Sprachbildern.

Für Diskussionen mit Christen sollte man schon das Neue Testament und die christliche Soziallehre kennen. Gewiß handeln wir nicht nach dem Rat: „Wenn dir einer auf die eine Backe schlägt, so halte die andere hin", und das Motto im Alten Testament „Wer zum Schwerte greift, soll durch das Schwert umkommen" ist im Nuklearzeitalter durch eine neue Logik, eine neue Militärdoktrin zu ersetzen. Gültigkeit aber hat wohl immer noch der Römerbrief 12: „Die Obrigkeit hat das Schwert nicht umsonst zu tragen, sondern zum Schrecken der Ungerechten" – nämlich zur Verteidigung und zur Erhaltung des militärstrategischen Gleichgewichts auf immer niedrigerem Niveau. Wenn da welche kommen und uns einseitig empfehlen, Schwerter in Pflugscharen umzuschmieden, dann muß man wissen, daß sie unredlich zitieren; denn weiter heißt es: „... wenn das Reich Gottes vollendet ist", also Frieden auf Erden herrscht. Schließlich haben einst die Bauern ihre Pflugscharen in Schwerter, ihre Sensen und Sicheln in Spieße und Hellebarden umschmieden müssen. Und die Plastik des sowjetischen Bildhauers Wuktschetitsch „Schwerter in Pflugscharen" steht nicht in Moskau, Berlin, Warschau oder Prag, sondern als Geschenk und Mahnung vor dem UNO-Gebäude in New York. Dort gehört sie hin.

Man soll den Tag nicht vor dem Abendprogramm loben

Rundfunk und Fernsehen: „Massenmedien"? Gewiß, was die Zahl der Zuhörenden und Zuschauenden angeht. Aber ich darf doch niemals „Massen" denken, wenn ich ins Mikrofon spreche oder in die Kamera blicke. Nicht einmal, wenn ich mein Manuskript schreibe oder Stichworte formuliere, darf ich „Massen" vor Augen haben. Denn es ist doch keine Menschenmasse, an die ich mich wende, es ist ein einzelner, eine Familie, es sind Freunde, die mir in ihrer Wohnung zuhören wollen. Ganz privat. Wer hat es in seinen vier Wänden schon gern, wenn jemand hereinkommt und schreit und belehrend den Zeigefinger hochhält. Von öffentlichen Veranstaltungen und Kundgebungen abgesehen. Für mich sind Rundfunk und Fernsehen das Privateste, was es gibt; ich statte einen „Besuch" ab und führe quasi ein Zwiegespräch.

Das gilt auch für das Alter und für die Häufigkeit des Wechsels von Ansagerinnen, Sprechern, Kommentatoren, Moderatoren. Wenn das Ertönen aus dem Lautsprecher und das Erscheinen auf dem Bildschirm einem privaten Besuch gleichkommt – wer hat da schon gern dauernd einen anderen, Fremden in der Wohnung? Die Gewöhnung muß nichts Negatives sein, sie ist auch nützlich – im Sinne des „Benutzens". Man hört doch lieber einem Bekannten, schon Vertrauten zu. Und ob man historische Erkenntnisse und tiefschürfende Überlegungen einem Halbwüchsigen oder einem hübschen Teenager abnimmt, ist zumindest umstritten. Ich überspitze hier vielleicht, um zu verdeutlichen: Etwas Lebenserfahrung und Lebensreife sind der Informations-Vermittlung förderlich, erhöhen die Glaubwürdigkeit. Nachwuchs muß behutsam herangeführt werden. Und zu den Kriterien der Auswahl muß das Persönliche gehören.

Wir waren uns einig: Es muß natürlich nicht alles schlecht sein, was einmal gut war. Aber die Wiederholung muß nicht unbedingt die Mutter des Programms sein. Hüten wir uns in diesem Sinne vor Wiederholungen und Lange-

Journalistische Spurensuche

weile, beide gehören zusammen. Bechers Mahnung, die Wahrheit setze sich „in der Wiederholung und nur in der Wiederholung durch", meint gewiß nicht dieselben Worte und Formulierungen, sondern denselben Sinn und Inhalt. Und die müssen nicht immer auf dieselbe Weise und in derselben Form (sprich: Klischee) vermittelt werden (und auch nicht mit denselben Überschriften). Da sind doch Bildung, Phantasie und der Mut des Journalisten zum Risiko gefordert.

Überlegungen vor einem runden Vierteljahrhundert. Mir scheint, dieser Streit ist heute noch nicht ausgetragen...

Kortner in Westberlin

Eines Mittags wartete ich am Bühneneingang des Hebbeltheaters in Westberlin auf Inge Keller, damals Schauspielerin am Hebbel- und Schloßparktheater, dann an unserem Deutschen Theater. Drinnen wurde – wenn ich mich recht entsinne – „Der Tod des Handlungsreisenden" geprobt. Der große Fritz Kortner war aus der Emigration zurückgekehrt.

Die Tür öffnete sich, und da stand Kortner, aschfahl, am ganzen Leibe zitternd. Ich eilte auf ihn zu, er vermochte nur zu stammeln. Eine kurze Information beim Pförtner hinterlassend, führte ich ihn zu meinem Wagen (DKW, Baujahr 1937) und fuhr ihn ins Hotel. Unterwegs beruhigte er sich. Wir hatten uns kurz zuvor kennengelernt, er wußte, wer ich war, wie ich dachte und als was ich arbeitete. Und langsam kam heraus, was geschehen war. Besucher der Probe hatten ihn auf der Bühne angepöbelt: „Vaterlandsverräter", „Judenschwein", „Geh dahin, wo du herkommst, nach Amerika, am besten nach Israel!"

Das war nun eins der ersten Erlebnisse des Heimkehrers,

der von Hitler und Goebbels vertrieben worden war, obwohl sich der Jude Kortner, österreichischer und amerikanischer Staatsbürger, als Deutscher empfand, der deutschen Kultur verbunden und in ihr verwurzelt.

Wir sprachen lange miteinander. Es war, als ob sich bei ihm eine Schleuse öffnete. Von der „dumpfen Beklommenheit, der Todesnähe jeden Schlafs" sprach er, von der „Lebensgefährlichkeit des Tages". So wache er schon seit vielen, vielen Jahren auf: „als Kind mit der Angst, als Judenbub gehänselt zu werden, später dann mit der Angst, meine Haus- und Schularbeiten nicht richtig oder gar nicht gemacht zu haben", schließlich „mit der Angst vor dem kommenden Hitler, als er Wirklichkeit wurde".

So brach aus ihm heraus, was er später in seinem Buch „Aller Tage Abend" schrieb, das mit den Worten beginnt: „Vor dem gewaltsamen Hitlertod war ich aus Deutschland geflohen und kehrte zurück, um viele Jahre dem natürlichen Tod näher."

An jenem Nachmittag glaubte sich der aufs neue Verletzte seinem Tod nahe. Aber ihm blieben noch viele Jahre, Rollen und Inszenierungen. Und die „Erkenntnis, daß jedes Volk unter gewissen sozialen und historisch bestimmten Umständen gleichfalls so entarten könne und ähnlich bestialisch handeln würde... Ich war und bin überzeugt davon, daß es keine deutsche Kollektivschuld gibt, jedoch eine Kollektivschuld der machthabenden Kreise in Deutschland, England, Frankreich und Amerika, ihrer Machtergreifung und ihrer Raubzüge... Als die Hitlerarmee Sowjetrußland angriff, akzeptierte Churchill, der Erzfeind des Marxismus, die historische Realität eines kommunistischen Bundesgenossen, Roosevelts Umstellung auf diese Begebenheit wirkte weniger sensationell, da er, als erster, die Sowjetunion bereits anerkannt hatte."

Das waren Gedanken, wie er sie 1948 – erneut tief verwundet – ähnlich äußerte und 10 Jahre später in seinem Buch niederschrieb: ein großer bürgerlicher österreichischer, deutscher, jüdischer Humanist, der ein Stück deutscher Theatergeschichte geschrieben hat – allen Rassisten, Kleingeistern, Kritikern, Neidhammeln und Besserwissern zum Trotz.

„Wir senden weiter"

Am Pfingstmontag 1952 war ich im Funkhaus Masurenallee „Chef vom Dienst". Am nächsten Morgen, kurz vor 4 Uhr, wurde ich geweckt. Gegen Mittag und dann am Abend sprach ich den Kommentar, dessen wörtliche Auszüge jene Vorgänge erhellen mögen.
  „Berlin, den 3. Juni 1952.
  Sie haben es gehört: Heute früh, am Dienstag, dem 3. Juni, 3 Uhr 50, wurde das Haus des Berliner Rundfunks von britischen Militärpolizisten und Einheiten der Stumm-Polizei eingeschlossen. Man möchte den Berliner Rundfunk stumm machen, und deshalb bemühte sich Herr Polizeipräsident Stumm persönlich, um zusammen mit dem Oberkommissar Urban die Anweisungen des britischen Generals auszuführen, der diese Aktion auf amerikanischen Befehl hin leitet.
  Sie haben aber auch gehört, daß der Berliner Rundfunk und der Deutschlandsender seit Beginn des anglo-amerikanischen Terrorakts keinen Augenblick ihre planmäßigen Sendungen aus dem Funkhaus Masurenallee eingestellt haben. Weder der Stacheldrahtverhau rings um unser Haus noch die Teerfässer, mit denen die Straßen verbarrikadiert sind, noch die Militärpolizei-Patrouillen mit ihren Maschinenpistolen, noch die Posten mit den roten Mützen und aufgepflanzten Bajonetten am Haupteingang und an den Ein- und Ausfahrten des Funkhauses vermögen uns daran zu hindern, das fortzusetzen und verstärkt fortzusetzen, was die Mitarbeiter des Demokratischen Rundfunks seit 1945 tun: das ‚Geheimnis' des Krieges zu enthüllen, die Kriegstreiber bloßzustellen, jedermann ihre schmutzigen Pläne sichtbar zu machen, aufzuzei-

Funkhaus Masurenallee

gen, wer die Spaltung Deutschlands will . . . Wir werden auch weiterhin der amerikanischen Kulturbarbarei mit einer nationalen deutschen Kultur entgegentreten . . .

Mit alledem haben wir am 13. Mai 1945 begonnen. Viele Deutsche werden sich dessen noch erinnern. Während damals noch aus dem Turm des Berliner Rathauses Flammen schlugen und sich die Rauchschwaden nicht verziehen wollten, fand hier im Sendesaal das erste Symphoniekonzert statt. Ungläubig hatten damals die Berliner die Ankündigung an den Litfaßsäulen gelesen. Dann waren sie aus allen Stadtteilen gekommen – zwei, drei Stunden zu Fuß, über Geröll und weggeworfene Waffen, vorbei an brennendem und qualmendem Gebälk. Zusammengewürfelt aus allen Berliner Orchestern, stimmten die Musiker ihre Instrumente. Eine primitive Feldtelefonleitung schlängelte sich vom Funkhaus zum Sender in Tegel, hinweg über Trümmer und geborstene Brückenpfeiler. Das Unfaßlich-Unvergeßliche geschah. Hier im Sendesaal und draußen an den Lautsprechern saßen sie und hörten die herrlichen Klänge deutscher und russischer Symphonien – wenige Tage nach Kriegsende, inmitten von Zerstörung, Tod und Erschöpfung . . .

Den Kräften, die Zerstörung, Tod und Erschöpfung verschuldet hatten und diese wiederholen wollen, galt seither der Kampf des Demokratischen Rundfunks. Deswegen mögen ihn die Zerstörer und Mörder von gestern und morgen nicht. Am 16. Dezember 1948 stürzten die Sendetürme von Tegel, zum Teil noch im Aufbau, das Modernste vom Modernen, erbaut von den Gebühren unserer Hörer, unter Explosionswolken in sich zusammen: Auf Anordnung eines amerikanischen Obersts namens Howley hatte ein französischer General den Sprengbefehl gegeben. Aber schon am nächsten Tag sendete der Berliner Rundfunk wieder. Ende vorigen Jahres versuchte man, mit gekauften Subjekten und Achtgroschenjungen und mit der gekauften Westberliner Anklagebehörde aus dem Haus, das Bach und Beethoven, Tschaikowski, Goethe, Shakespeare und Victor Hugo und die politische Wahrheit ausstrahlt, eine sogenannte Menschenfalle zu machen. Aber der Prozeß gegen unsere Kollegen Gladewitz, Löwenberg und andere, der die Schließung unseres Funkhauses zum Ziel hatte, endete mit dem Freispruch der 9 Monate unschuldig Eingekerkerten und wurde zu einem glänzenden Sieg der Wahrheit ...

Nun soll ein britischer General das schmutzige amerikanische Geschäft besorgen. Ohne jeden Skrupel setzt man sich über sämtliche internationalen Abmachungen hinweg, aufgrund deren der Berliner Rundfunk und der Deutschlandsender im Funkhaus Masurenallee ihren Sitz haben.

Unsere Antwort ist unser Sendeprogramm. Ich habe heute morgen jedem unserer Mitarbeiter freigestellt, das Haus zu verlassen. Kein Redakteur, keine Technikerin, auch nicht ein einziger Mitarbeiter unseres Hauses hat von dieser Möglichkeit Gebrauch gemacht ... Der Berliner Rundfunk und der Deutschlandsender setzten den Sendebetrieb fort."

Wir waren 63 Mitarbeiter, darunter 6 Genossen, 5 Redakteure, viele Westberliner, überwiegend technisches Personal, Kraftfahrer. Dazu eine sowjetische Wache von 10 Mann, von denen jeder soviel Deutsch sprach wie wir Russich – nichts. Ich ließ den „Giftschrank" öffnen, und alle Art Musik ertönte. An offenen Fenstern produzierten wir „Reportagen".

Über Funk wurde uns Atmosphäre vom Flugplatz Tempelhof eingespielt, und wir sprachen darauf eine „Ankunftsreportage".

Oberbürgermeister Friedrich Ebert bevollmächtigte mich, eine für die Belagerungstage vorgesehene Eheschließung zu vollziehen. Mit den besten Möbeln aus den größten Büros wurde das denkbar schönste Hochzeitszimmer gestaltet. Täglich führte ich drei Begegnungen durch, bei denen die Mitarbeiter informiert, Familiengrüße und Solidaritätstelegramme verlesen und Fragen beantwortet wurden. Es gab Tanzabende, Lesungen, Kabarettdarbietungen, Konzerte aller Genres vom Tonband. Und die wenigen heimlichen Tränen wegen der Trennung auf ungewisse Zeit versiegten rasch.

Beschäftigung war alles. Und Versorgung. An alles war vorher gedacht worden. Essenvorräte gab es reichlich, und das freiwillige Küchenpersonal arbeitete sparsam, aber schmackhaft. Getränke ließ ich in Rationen ausgeben. Als die menschenfreundlichen Briten das Wasser abstellten, sprang unser Motor an und pumpte aus dem eigenen Brunnen. Als die Sprecherin unserer Kolleginnen verlegen und mit hochroten Wangen nach Watte fragte, brachen wir den Frisiersalon auf und lösten auch dieses Frauenproblem. Auch wurde ein Friseurdienst eingerichtet. Wir entdeckten eine Wäscherei und setzten sie in Betrieb. Natürlich konnte gebadet werden. Es gab im Kasino Kaffee, Selters und Zigaretten. Nur der zigarrenrauchende „Chef vom Dienst" ging leer aus.

Die Zigarre

Ich hatte als Student mit „schwarzen Zigaretten" angefangen, denn in Lahr bei Freiburg wurden die berüchtigten „Rothändle" produziert. Dann war ich zur Pfeife übergegan-

Britische Militärpolizei provoziert mit der Abriegelung des Funkhauses Masurenallee

gen, bis ich nach einer „Vernehmung" Schwierigkeiten mit meinen Zähnen bekam. So landete ich bei der Zigarre.

Bei schwarzen Zigarren. Das sind – im Gegensatz zur Laienmeinung – die leichtesten. Je schwärzer die Brasil, desto leichter. Am schwersten und am wenigsten bekömmlich sind die blonden kubanischen oder die aus Sumatra.

Einmal wollte ich im Hafen von Santos „echte Brasil" kaufen. Aber es gab nur dänische, holländische, westdeutsche „Brasil". Nach „nationalen Zigarren" müßte ich fragen, rieten mir Einheimische. Aber die sind selten, weil Brasilien vorwiegend Tabak exportiert. Schließlich fand ich welche, schön verpackt im Holzkistchen. Aber nach dem ersten Zug verzog ich das Gesicht: Brasilianische Brasil sind den Brasil aus Dingelstädt weit unterlegen.

Doch nun der ewige Zwiespalt: gesund leben wollen (und sollen) – und die Pflicht, dem Staat Steuern zu bringen und die Altersversorgung zu ersparen ... Raucher sind übrigens toleranter als Nichtraucher. Oder hat schon mal ein Raucher sich das Nichtrauchen verboten?

Dazu gehört auch das Thema „Essen". Brotkanten und Wassersuppe, reichlich genossen, hatten weder gesundheitlichen noch erzieherischen Wert. Höchstens in Richtung Arroganz: „Sage mir, was du ißt, und ich sage dir, was du bist." Oder: „Die Tiere fressen, der Mensch ißt, aber nur ein Mensch von Geist versteht zu speisen." Einverstanden: „Sobald die Feinschmeckerei zur Eßgier, Gefräßigkeit und Völlerei wird, verliert sie ihren Namen und ihre Vorzüge." (Anthelme Brillat-Savarin, 1755–1826, der über „Die Physiologie des Genusses" schrieb, ein Buch, über das Balzac urteilte: „Bei der zweiten Lektüre gefällt es mir noch mehr als bei der ersten.") Manche Leute sagen, Fettleibigkeit sei weniger eine Frage der Gesundheit oder der Ästhetik als eine Frage der Partnerwahl...

Leider gilt die traurige Wahrheit: Was gesund ist, schmeckt nicht, und was schmeckt, ist nicht gesund. Jedenfalls hat Brillat-Savarin recht: „Die Feinschmeckerei ist allen Ausschweifungen feind: Wer sich den Magen überlädt oder sich betrinkt, setzt sich der Gefahr aus, von der Liste gestrichen zu werden."

Im eingeschlossenen Funkhaus Masurenallee jedenfalls konnte von „Völlerei" nicht die Rede sein, und ich war zum Nichtrauchertum verurteilt.

Das Interesse des Westens beschränkte sich nicht nur auf Schaulustige und Pöbeltrupps rings ums Funkhaus. Vor allem wollte man wissen, wie viele man denn da eingeschlossen hatte und ob man sie aushungern oder hinausgraulen könnte. Hinaus durfte jeder, hinein keiner. Am Haupteingang führte ich ergebnislose Verhandlungen mit dem britischen Stadtkommandanten. Für ihn nicht gerade schmeichelhaft, durchs geschlossene Scherengitter.

Zur Irreführung entwickelten wir ein System, abwechselnd Fenster des riesigen Baus zu beleuchten, mal hier, mal da einen Rücken zu zeigen, um keine Gesichtsvergleiche zu ermöglichen. So schwankten die westlichen Schätzungen zwischen 10 und 200 Insassen. Sie wußten nicht, woran sie waren. Wir waren, wie gesagt, 63 und mußten knappe 3 Wochen aushalten, weil das neue Funkhaus in unserer Hauptstadt erst vor der Vollendung stand. Aber es war auch eine Prestigefrage, die Masurenallee „zu halten", solange es notwendig war.

Schließlich gab es eine politische Einigung: Wir wurden ausgetauscht. Ich wurde vom sowjetischen Stadtkommandanten, Genossen General Dibrowa, persönlich abgeholt, weil die Briten mit meiner Verhaftung gedroht hatten. Am Brandenburger Tor erwartete ich dann die Omnibusse mit meinen Mitarbeitern. Uns löste eine ausgewählte Truppe ab, mit der Aufgabe, Materialien zu retten oder zu vernichten.

In dem sich steigernden kalten Krieg war die Masurenallee auf die Dauer nicht zu halten, und das neue Funkhaus in der Nalepastraße war sendefertig. Der Kampf im Äther ging weiter.

Wenige Wochen später meldete der Rias, daß einer unserer neuen Sendesäle in Flammen stehe – ehe wir den Brand entdeckt hatten...

„Wieso? Das sind doch Künstler!"

Als das sowjetische Ehrenmal in Treptow eingeweiht wurde, war ich mit der Reportage beauftragt. Der 23. September 1949 war einer der kältesten Tage, und wir konnten gar nicht so schnell zittern, wie wir froren. Damit ich nichts falsch machte, war mir ein guter Freund zugeordnet worden, in der Sowjetunion aufgewachsen, erzogen und noch sowjetischer Staatsbürger.

Inmitten höchst dekorierter Marschälle und Generale und unseres Politbüros in dünnen Mäntelchen: drei Männer, was sage ich: Herren. Weißer Anzug, blaues Seidenhemd, weißer

Seidenschlips, hellblaue Seidensocken, weiße Lederschuhe, weißer Hut, hellblaues Seidenband.

Ich fragte meinen Berater: „Wer ist denn das?" – „Nun, der Bildhauer, der Gartenarchitekt und der Chefarchitekt." – „Sag mal, Mischa, findest du, daß die ganz passend angezogen sind?" Die gelassene Antwort: „Wieso? Das sind doch Künstler!"

Aus dieser Randbemerkung leitete ich für mich eine wichtige Erkenntnis ab. In dem Sinne nämlich, daß ich niemals mehr die spezifischen Aufgaben und Möglichkeiten der Kunst und gewisse Eigenheiten dieses oder jenes Künstlers überschätzt habe. Wenn sie vom sozialistischen Standpunkt aus an ihre Arbeit gehen, wenn sie Kunst schöpfen, Haltung zeigen und sich dann ein paar Besonderheiten herausnehmen – laß sie doch...

Noch ein Schloß

Es gab 1948/49 eine Zeit gelinder Bilderstürmerei. Haß auf die bis dahin herrschende und unterdrückende Klasse, die ihre Volksfeindlichkeit gerade im Hitlerkrieg auf die Spitze getrieben hatte, ließ manchem alles verächtlich erscheinen, was „davor" geschaffen worden war, und es gab Tendenzen, Schlösser zu schleifen, Denkmäler zu stürzen, Kunstwerke zu zerstören. Falsch, aber verständlich.

Wir erhielten Kunde, daß die Absicht bestehe, das Schloß Mosigkau abzureißen. Der Alte Dessauer hatte es für seine Schwester bauen lassen. Es ist eine architektonische Kostbarkeit und enthält eine wertvolle Gemäldesammlung. Herbert Gessner und ich fuhren hin und fertigten zwei ausführliche Rundfunkreportagen, die an zwei Sonntagen Schilderungen und Aussagen vieler Prominenter und Nichtprominenter ausstrahlten und Mosigkau so in den Mittelpunkt

Einweihung des sowjetischen Ehrenmals in Berlin-Treptow

öffentlichen Interesses und allgemeiner Anteilnahme stellten, daß es uns erhalten blieb.

Gleiches gelang mit dem Roten Turm im damaligen

Chemnitz, das heute Karl-Marx-Stadt heißt und im Volksmund CAD/CAM-nitz genannt wird.

Dann wurde mit dem Bau der Stalinallee begonnen. Auf der Weberwiese war eine Rundfunkbaracke errichtet worden, von der aus Funkschüler unter meiner Leitung die gesamte Baustelle vom Strausberger Platz bis zum Frankfurter Tor „beschallten" und jeden Tag eine halbstündige Sendung vom Baugeschehen im Deutschlandsender produzierten. Uns war damals nichts fremd: von der Kantschen Ecklehre über das polnische Dreier- und Fünfersystem und andere Verbesserungsvorschläge bis zum unauslöschlichen „Ein Stein – ein Kalk – ein Bier" und zu dem Witz: „Was ist das da oben?", wird ein Bauarbeiter gefragt. Der sieht gar nicht hinauf und antwortet: „Wenn's sich bewegt, ist es eine Kachel, wenn's sich nicht bewegt, ist's einer von uns." Damals fühlte sich keiner beleidigt. Welche Leistung damals – bei allem Streit über Stil und Methoden! Und welch ein Weg zu unserem Wohnungsbauprogramm!

Musik

Man mag sich wundern, daß ich mich in der Masurenallee und dann auch – als zeitweiliger Sendeleiter – in der Nalepastraße besonders um Musik, Musikgestaltung und Musikprogramm bemühte. Vor allen Dingen in freundschaftlicher, enger Zusammenarbeit mit Martin Hattwig, dem damaligen Leiter der Abteilung Musik. In späteren Reportagen übernahm ich selbst die musikalische Gestaltung.

Mein absolutes Gehör ist keinesfalls ein Vorzug, sondern störend bei allen subjektiven musikalischen Äußerungen wie Gesang, Streich- und Blasmusik, da ich statt Viertel- bis zu Sechzehntelabweichungen heraushöre. Zum anderen hätte meine Antwort auf die Standardfrage, was ich denn gern geworden wäre, wenn ich nicht..., gelautet: Dirigent. Und schließlich sind meine Musikliebe und mein Musikverständnis in der Hitlerzeit besonders beleidigt und verletzt worden.

Musik und Hitler – das ist ein Widerspruch in sich, auch wenn Hitler ein Wagner-Fan war. Natürlich konnte auch die Musik im Faschismus kein „Nebengebiet" sein.

Schon 1932 hatte der spätere SS-Untersturmführer Eichenauer ein Buch „Musik und Rasse" geschrieben. Und wenn man einige Vorgänge im Musikleben jener braunen Jahre bedenkt, können sie zwischen „komisch" und „tragisch" eingeordnet werden, im Einzelfall; im Endeffekt, für die Kultur, für die ideologische Zukunft unseres Volkes zunehmend tragisch...

Der amusische Postkartenmaler Hitler, Ober-Städtebauer des Reiches, Ober-Architekt, Ober-Kritiker von Malerei und Plastik, war selbstverständlich auch ober-maßgeblich fürs deutsche Musikleben. Er fühlte sich zu Wagner hingezogen: nicht, weil er etwas von klassischer Musik verstand (auf seinem „Berghof" ließ er sich vorzugsweise Schrammelmusik vorspielen), sondern weil ihm Wagners antisemitischer Artikel von 1850 in die Hände gefallen war: „Das Judentum in der Musik". Und da Hitler die großen Melodien und zarten Passagen bei Wagner überhörte, dafür um so mehr das Laute und Heroische mitempfand, wurde eben der Wagner-Kult aufgebaut. Das war nicht der einzige Mißbrauch eines Künstlers und seiner Kunst.

Die faschistische „Musikforschung" entdeckte als „das Nordische an Beethoven, daß er alles ins Ungewöhnliche, Außerordentliche erhebt". „Der monumentale Chorstil Händels", obwohl er stellenweise „von seinen Judaismen gesäubert" werden müsse, stehe „unter dem Gedanken der Volksgemeinschaft". Bei Schumann wollte man „antisemitisch gefärbte Anschauungen" festgestellt haben. „Arnold Schönberg ist nicht unseren Blutes und spricht nicht unsere Sprache", Hindemith ist „ein Bannerträger des Verfalls". Und Mozart habe wohl auch zeitweise „unter jüdischem Ein-

Otto Grotewohl während der Grundsteinlegung für die Stalin-Allee in Berlin; links dahinter der Autor als Rundfunkreporter

Der Autor am Klavier

fluß gestanden..." Auch der „franco-russische Igor Strawinsky" wurde entsprechend herabgesetzt. Sogar Bachs „Johannes-Passion" enthalte „jüdische Elemente".

1935 war in Düsseldorf ein „Preis für arteigene deutsche Kompositionen" gestiftet und 1938 eine Ausstellung „Entartete Musik" veranstaltet worden. Dort wurde die Schönbergsche Tonlehre ebenso angeprangert wie Hindemiths Lehre vom Tonsatz. Ihnen setzte man eifrig eine „arische Tonordnung" entgegen – was immer das bedeuten sollte.

Bis dahin: kabarettreif, lächerlich, wenn auch nicht zum Lachen... Im selben Jahr 1938 sprach Goebbels während sogenannter Düsseldorfer Musiktage. „Im Jahr 1933 hat sich das deutsche Musikleben in einer geradezu trostlosen Lage befunden; ein geistiger und künstlerischer Zerfall stand unmittelbar bevor. Der Nationalsozialismus hat Wandel geschaffen. In einem großen Ansturm fegte er die pathologischen Erscheinungen des musikalisch-jüdischen Intellektualismus weg. Das deutsche musikalische Leben ist von den letzten Spuren jüdischer Anmaßung und Vorherrschaft gesäubert."

Das war nicht mehr unfreiwillig komisch, sondern makaber. Denn „hinwegfegen", „säubern" führte über Berufsverbote, Illegalität, Emigration, Zuchthaus und Konzentrationslager bis aufs Schafott.

Der Ausschluß aus der „Reichsmusikkammer" war gleichbedeutend mit einem Berufsverbot – günstigenfalls... Bedeutende Komponistennamen verschwanden aus den Konzertprogrammen; bedeutende Künstler mußten Deutschland verlassen. Otto Klemperer – wir hatten nach dem Krieg im Künstler-Klub „Möwe" und bei mir zu Hause mehrere Begegnungen – wurde gekündigt, Bruno Walther vom Berliner Philharmonischen Orchester denunziert und zum Abschuß freigegeben; die Leitung des Leipziger Gewandhauses wurde ihm unter offenen Drohungen genommen, die Mendelssohn-Büste im Foyer war unter dem Gejohle der SA-Banden entfernt worden. Heute, nach dem Neuaufbau des Gewandhauses in Leipzig, hat sie wieder ihren Platz. Die Faschisten hatten Mendelssohn Bartholdys Musik „unschöpferisch" genannt. Die braunen Kriminellen erfanden einen „Fall Strawinsky". Über Strawinsky wurde fälschlicherweise verbreitet, er sei Jude, engstirnige „Säuberer" hielten seine Musik für so „entartet", daß sie sie einem „Arier" nicht zutrauten.

Aber es gab Dirigenten und Solisten, die sich nicht verbieten ließen, Strawinsky zu spielen. So hörte ich im Berliner Beethoven-Saal im März 1943 Karlrobert Kreiten – außer Beethoven, Chopin und Mussorgski – Strawinskys „Petruschka"-Suite spielen.

Der Fall Kreiten – Höfer

Ich kannte den zwei Jahre älteren Kreiten aus Bonn und Köln. Sein Vater war Dozent für Tonsatz, Komponist und ebenfalls Pianist. In ihrem Düsseldorfer Haus verkehrte die Musikwelt von Furtwängler bis Gaspar Cassadó. Ich hatte beide durch den Musiklehrer am Deutschen Kolleg in Bad Godesberg, Tetzlaff, kennengelernt. Dieser war zugleich Repetitor der bedeutenden Pianistin Elli Ney. Tetzlaff vermittelte mehrere Besuche Elli Neys in unserem Internat. Vor einigen Musikinteressierten spielte und „erklärte" sie Musik. Das konnte sie besser, als die Politik zu erklären, die sie vertrat. Sie war eine fanatische Nazisse. Dennoch hat sie mich zu Bach geführt und, am Beispiel seiner „Kunst der Fuge", zum tieferen Verständnis der Musik überhaupt.

Kreiten, der als „Wunderkind" galt und mit seinen Klavierabenden Triumphe feierte, weigerte sich – trotz seines Antifaschismus von einer gewissen Naivität –, an einer solchen Begegnung mit Elli Ney teilzunehmen, weil er, fälschlicherweise, von ihrer politischen Anschauung auf mangelhafte Künstlerschaft schloß. Um so lebhafter und schwer zu bremsen war er bei zwei gemeinsamen Besuchen der Düsseldorfer Ausstellung „Entartete Musik".

Er selbst wurde im Lauf der folgenden Jahre zu einem anerkannten Pianisten und erwarb sich bei Kritikern den Ruf eines „jungen Wundermannes am Flügel". Obwohl seine politische Überzeugung nicht unbekannt blieb, hielten einige vernünftigere Kulturnazis die Hand über ihn. Der bedeutende Pianist Claudio Arrau ordnete Kreiten so ein: „Es scheint mir, daß er wahrscheinlich das größte Talent war, vielleicht dieses Jahrhunderts..."

Dann wurde er denunziert. Karlrobert Kreiten hatte Hitlerwitze erzählt, eine Frau über „das wahre Wesen des Nationalsozialismus" aufzuklären versucht und vorausgesagt, daß „der Krieg praktisch schon verloren" sei und „zum vollständigen Untergang Deutschlands und seiner Kultur führen" werde. Die Gestapo verhaftete ihn vor einem Konzert in Heidelberg.

Am 14. September 1943 meldete die Nachrichtenagentur DNB, Karlrobert Kreiten sei „vom Volksgerichtshof wegen Feindbegünstigung und Wehrkraftzersetzung zum Tode verurteilt" und am 7. September 1943 hingerichtet worden. Er habe versucht, „durch übelste Hetzereien, Verleumdungen und Übertreibungen eine Volksgenossin in ihrer treuen und zuversichtlichen Haltung zu beeinflussen, und dabei eine Gesinnung an den Tag gelegt, die ihn aus der deutschen Volksgemeinschaft ausschließt".

Als ich 1960 nach Material über Kreiten forschte, fand ich im „12-Uhr-Blatt" vom 20. September 1943 einen Artikel unter der Überschrift „Künstler – Beispiel und Wirklichkeit".

Darin hieß es: „Wie unnachsichtig jedoch mit einem Künstler verfahren wird, der statt Glauben Zweifel, statt Zuversicht Verleumdung und statt Haltung Verzweiflung stiftet, ging aus einer Meldung der letzten Tage hervor, die von der strengen Bestrafung eines ehrvergessenen Künstlers berichtete. Es dürfte heute niemand Verständnis dafür haben, wenn einem Künstler, der fehlte, eher verziehen würde als dem letzten gestrauchelten Volksgenossen."

Diese neuerliche Denunziation des ermordeten Karlrobert Kreiten, diese Drohung vor Ablehnung des Faschismus und Widerstand gegen den Krieg; diese Identifikation mit dem Mordregime war unterzeichnet mit „Werner Höfer".

Seit dreißig Jahren leitete Höfer im BRD-Fernsehen und im Westrundfunk eine Sonntagsdiskussion namens „Frühschoppen", bei der ihm Journalisten aus Ländern zur Seite saßen, die Höfers „Führer" gern ausradiert hätte.

Seit spätestens 1962 ist der Fall Kreiten – Höfer bis in die letzte Einzelheit bekannt. 1972 erhielt Höfer das „Große Bundesverdienstkreuz". Erst Weihnachten 1987 holte ihn seine braune Vergangenheit ein.

Er zählt sich zu jenen vielen Feiglingen, die „nur ihre Pflicht getan" haben wollen. Demnach mußten die Hitler- und Kriegsgegner wohl pflichtvergessen gewesen sein...

„Arische Musik"

Nun war „deutsch-arische Musik" in Mode: Hermann Nilebock alias Herms Niel mit seinem „Erika"-Gebumse; „Die Fahne hoch" von dem in einem Zuhälterstreit erschossenen Horst Wessel, der von den Faschisten zum „Nationalhelden" hochstilisiert worden war; „Es zittern die morschen Knochen..., und heute gehört uns Deutschland und morgen die ganze Welt". Dann wurde man konkret: „Denn wir fahren gegen Engelland" – „Über Schelde und Rhein marschieren wir siegreich nach Frankreich hinein" – „Von Finnland bis zum Schwarzen Meer, vorwärts" wurde gesungen. Und mit Lust und Anspruch stimmte man den ersten Vers des „Deutschland-Liedes" an: „Von der (holländisch-belgischen) Maas bis an die (sowjetische) Memel, von der (italienischen) Etsch bis an den (dänischen) Belt..." Heute Hymne der BRD: der zweite Mißbrauch Haydns und Hoffmann von Fallerslebens.

Nicht alle, die damals in Deutschland blieben, waren „Mitmacher". Es gab Fälle der Anpassung – bei unbestreitbarer innerer Ablehnung des Faschismus. Genannt seien Pfitzner, Richard Strauss, Furtwängler. Furtwängler, vom Faschistenführer Göring zum „Preußischen Staatsrat" ernannt, antwortete auf die Frage, wie er sich nun fühle, im kleinen Kreis nachweislich: „Ich fühle mich wie mein Arsch, ich habe Sitz und Stimme und darf keinen Ton von mir geben." 1946 gelang es mir in Köln, mit dieser „Argumentation" zur Entnazifizierung Furtwänglers beizutragen.

Die Mischung von Lächerlichkeit und Tödlichkeit der faschistischen Musikpolitik wird auch am Protokoll eines fernmündlichen Auftrags des „Reichspropagandaministeriums" deutlich: So seien Eduard Künnecke „trotz seiner jüdischen Frau keinerlei Schwierigkeiten" zu bereiten, er dürfe „bei Aufführung seiner Werke in Deutschland ungehindert seiner künstlerischen Betätigung nachgehen"; Franz Liszt (verstorben 1886!) solle vor der Aufführung seiner Werke erst einmal „überprüft" werden – wegen seiner „verdächtigen Freundschaft mit der Volljüdin Fürstin Karolyne Sayn-Wittgenstein"; sie habe „auf ihn einen großen Einfluß ausgeübt". Franz Lehár war „für die Kulturpolitik des Dritten Reiches ein strittiges Problem. Er gilt – trotz unklarer Herkunft – als Arier, wenngleich er sich in Wien vorzugsweise in jüdischen Kreisen bewegte..." Daß Pàl Abraham und Gitta Alpár ungarisch-jüdischer Herkunft waren, wurde übersehen und verschwiegen – bis beide emigrierten. Hatte doch schon Göring postuliert: „Wer Jude ist, bestimme ich!" So diente der „Halbjude" Erhard Milch erst als sein Staatssekretär im Reichsluftfahrtministerium, dann – im Krieg – als Generalluftzeugmeister im Range eines Generaloberstens. Milchs Vater war der jüdische Apotheker Anton Milch. Göring hatte die Mutter gezwungen, an Eides Statt auszusagen, ihr Sohn sei dem illegalen Verhältnis mit einem Baron Hermann v. Bier entsprossen, also Nichtjude, „Arier".

Richard Tauber, der emigriert war, wurde zusätzlich übelgenommen, daß er „hämische Bemerkungen über den Nationalsozialismus" gemacht habe. Marlene Dietrich galt als aktive Antifaschistin ohnehin als Persona non grata.

Natürlich war der Kriegsschauplatz „Musikleben unter Hitler" wesentlich vielfältiger. Namen der Täter und Namen der Opfer füllen ganze Lexika. Und gewiß ist vieles, was geschehen ist, verbrochen, vernichtet, gelitten wurde, nicht aufgeschrieben und bekannt.

Aber auch das ist eine Seite des Antihumanismus, der Barbarei, der faschistischen Verbrechen, von denen wir am 8. Mai 1945 befreit worden sind.

Über Zynismus und Haß

Man sagt mir „Zynismus" nach. Die üblichen Beschimpfungen machen mir nichts aus, aber der Vorwurf „Zynismus" verletzt mich. Denn der Zyniker kann sich nicht freuen, nicht ärgern und glaubt nicht an das, was er sagt. Ich glaube, was ich sage; und ich kann mich maßlos ärgern und freuen.

Statt „Zynismus" müßte es „Ironie" heißen oder „Satire", vor allem „Polemik". Es ist ein Mißverständnis, Polemik sei pejorativ, etwas Negatives, und ironisch oder satirisch dürfe man in der Politik nicht sein. Man lese bei Marx, Engels, Heinrich Heine oder Lenin nach, und man wird alle diese Elemente bei ihnen finden. „Polemisier doch nicht mit mir." Warum eigentlich nicht? Polemisieren heißt streiten: mit dem Feind im Bösen, mit dem Freund im Guten. Und mit einer satirischen Nebenbemerkung, einem ironischen Vergleich, Hinweis oder Zweifel kann man manchmal mehr aussagen als mit einem ganzen Kommentar.

Und dann die Sache mit dem „Haß": Wir erzögen unsere Kinder zum Haß, und ich sei „besonders haßvoll".

Wir erziehen unsere Kinder nicht zum Haß, sondern zur Liebe. Zur Liebe zur Heimat, zur Liebe zum Frieden, zur Menschenliebe, zur Völkerverständigung. Aber kann man die Heimat und das sozialistische Vaterland wirklich lieben, aktiv lieben in dem Sinne: sich Gedanken machen, lernen, anpacken – ohne diejenigen aus ganzem Herzen zu hassen, die unsere Heimat zerstören, unser sozialistisches Vaterland aus der Welt haben wollen? Kann man den Frieden wirklich lieben, ohne die zu hassen, die Krieg wollen?

Blinder Haß, Haß als Selbstzweck: nein! Aber Haß als dialektischer Bestandteil der Liebe, als Kehrseite der Medaille: ja! Wenn ich aufgrund meiner Erfahrungen den Imperialismus, seine Träger und seine Erscheinungen hasse – dazu bekenne ich mich aufrichtig, von ganzem Herzen. Seine Welt ist ebenso hoffnungslos wie trostlos. Der Rest kapitalistischer Gegenwart droht alle Schönheit der Vergangenheit und der Landschaft zu fressen.

Der Zyniker sagt: Wenn ich nicht für mich bin, wer ist dann für mich? Ich bin für andere, für Genossen und Freunde und solche, die es noch werden mögen. Die Hoffnung bleibt, daß sie es für mich sein könnten und daß andere, denen meine Art nicht gefallen mag, meine Nase oder mein Schlips, doch zuhören und mir zu glauben beginnen. Ich mache es mir nicht leicht und sage nicht: Die einen kennen mich, die anderen können mich.

„Die ich rief, die Geister ..."

In jüngster Zeit gibt es im Fernsehen der Bourgeoisie eine Besonderheit, die bedacht sein will. Ohne daß dieses Medium aufhört, Machtmittel des Kapitalismus zu sein, wird es gelegentlich zum „Zauberlehrling". Durch die Allgegenwart und Aufdringlichkeit, zu denen Reporter angehalten werden, getarnt als „Informationspflicht" und „Aktualität", verselbständigt sich das Medium gelegentlich, spielt sich als „dritte Gewalt" auf. Da werden Politiker unter Zeitdruck gesetzt und zu Leichtfertigkeit und Oberflächlichkeit verleitet. Politische Entscheidungsprozesse, die doch mit größter Sorgfalt getroffen werden sollten, werden durch Drängen und Druck des Fernsehens provoziert und beschleunigt. Exkanzler Schmidt spricht in seinen Memoiren von einem „Konflikt zwischen Fernsehdemokratie und politischer Ratio". Ein interessanter Begriff: „Fernsehdemokratie" – und sie im Konflikt mit dem politischen Verstand ... Gelegentlich nimmt diese Erscheinung den Charakter des „Schusses aus der Hüfte" an.

Dafür gibt es Beispiele: Präsident Carters Olympiaboykott – als überstürzte amerikanische Reaktion auf die sowjetische Hilfe für Afghanistan; Ronald Reagans Absage eines Außenministertreffens, als der Spionageflug des südkoreanischen 007-Jumbos beendet werden mußte; Washingtons Embargo, als die sozialistische Volksmacht in Polen durch Verhängung des Kriegsrechts gerettet wurde; die Invasion Grenadas zur Ablenkung von blamablen Fernsehbildern der gesprengten US-Kaserne in Beirut; Reagans Flugzeug-, Schiffsentführungen und Bombardierungen Libyens als Reaktion auf „vermutliche", bis heute nicht nachgewiesene Terrorakte. Die Bedrohung Nikaraguas durch US-Truppen in Honduras. Die Einmischung in Panama.

Wobei bei manchen Vor- und Fehlentscheidungen, die auf Bildschirmen amerikanisches Selbstgefühl herstellen sollen, die historische amerikanische Neigung zur Selbstjustiz hinzukommt, die wir aus den Wildwestfilmen vom amerikanischen Fließband kennen.

Die Personifizierung reicht von John Wayne bis Ronald Reagan.

Da wird nicht notwendige Politik betrieben, sondern veranstaltet, was beim Publikum „ankommt". Meinungsforschungsinstitute bestimmen die Äußerungen; wobei solche Institute ihrerseits durch gezielte Veröffentlichungen Meinungen erzeugen und manipulieren. Kurz: Fernsehdramaturgie statt Staatspolitik.

Da bestimmt oft das Fernsehen Sitzungstermine, den Zeitablauf sportlicher Veranstaltungen wie die Reihenfolge von Rednern in Parlamenten. Man kann sagen: Politiker und große Teile des öffentlichen Lebens werden der Fernsehdramaturgie unterworfen – auf Kosten der Seriosität und der Wahrheit. Das hat weder mit Informationspflicht etwas zu tun, noch ist es der Vermittlung der politischen Wahrheit dienlich.

Es ist vielmehr Ausdruck innerkapitalistischer Widersprüche. Aus ihnen entstehen unterschiedliche Meinungen in kapitalistischen Medien – von Watergate bis Barschel, von realistischer Einsicht in die Friedens-Notwendigkeit bis zu andauerndem Abenteuertum. Die Medien – Presse, Fernsehen und Rundfunk – sind keine „dritte Macht" im kapitalistischen Staat, sondern bleiben Instrumente der herrschenden Klasse.

Resümee

In der Schlacht von Valmy glaubte Goethe – und hier irrte er –, „eine Weltenwende" erlebt zu haben, und rühmte sich, „dabeigewesen" zu sein. Aber eine Weltenwende ist keine Schlacht, sondern eine Revolution. Und eine Revolution ist ein Prozeß und nicht auf den Tag beschränkt, an dem sie ausbricht.

Die Schüsse der „Aurora" hallen und wirken bis in unsere Tage hinein und über unser Jahrtausend hinaus. Der Sieg über den deutschen Faschismus gehört ebenso zur Großen Sozialistischen Oktoberrevolution wie die Gründung unserer Republik, des ersten sozialistischen deutschen Staates. Aber auch Reykjavík (An alle: Macht Frieden!) und das Abkommen von Washington! Ich wiederhole bewußt: Was hilft angesichts der Zerstörungskraft nuklearer Waffensysteme dem Kapitalismus eine zerstörte Welt, was hilft uns unser Sozialismus auf einem verbrannten Erdball? Es gibt – über die verbleibenden antagonistischen Klassengegensätze hinaus – ein gemeinsames Gut, für das es zu leben und zusammenzuarbeiten lohnt.

Trotz Zusammenarbeit und Zusammenleben werden aus Klassengegnern keine Freunde. Und der Klassenkampf um die Frage „Wer – wen?" geht weiter, wird ausgetragen, spitzt sich sogar zu: in der Philosophie, in der Agitation, in der Kultur. Das Hauptfeld der Klassenauseinandersetzung aber ist die Ökonomie. Und überall können, müssen, werden wir besser sein und letzlich siegen.

Als ich zu Kaisers Zeiten in einer adligen Wiege geboren wurde, war dieser Sieg eine Vision. Er schien ferner denn je, als zwei Weltkriege die Erde erschütterten und Menschenfeindlichkeit für immer zu regieren drohte. Als die große Wende einsetzte, der Kampf, der Sieg, die neuen Einsichten: Ich darf ohne Übertreibung sagen: Ich bin dabeigewesen. Als Augenzeuge, Berichterstatter, Beförderer. Ich habe diesen gemeinsamen Weg beschritten: durch Siege und Niederlagen, voller Gewinn und Opfer, mit Klugheit und Irrtümern, Fehlern und weisen Entscheidungen. Ich habe miterlebt und mitgetragen die Mühen der Ebenen: Daß der Kampf um die Ausübung der Macht oft schwerer ist als der Kampf um die Macht selbst, und daß Lenins Mahnung für jeden – in welcher Funktion auch immer – gültig ist: „Ler-

Bei der Arbeit am Schneidetisch

nen, lernen, nochmals lernen!" Vom Warten auf das Wachsen des Reichtums von Erfahrungen oder auf Altersweisheit ist noch keiner klüger geworden.

Mein Arbeitsstil

Er ist gewiß nicht vorbildlich. Dafür bin ich zu spontan, zu unmethodisch, zu unordentlich („Ordnung ist Faulheit beim Suchen") und zu faul. Ich kann herrlich faulenzen, sofort abschalten. Aber man läßt mich nicht. Ich war immer verurteilt, fleißig zu sein. Mein Motor läuft rund, aber in Hochspannung und auf vollen Touren. Für mehr als tiefes Ausatmen lasse ich mir kaum Zeit.

Ich hasse Mittelmaß und Langeweile. Darum bin ich ungeduldig und leide körperlich darunter, wenn ich etwas sehe oder höre und genau weiß: Das müßte man anders, das könnte man besser machen. Ich meine damit nicht mich, da ich durchaus meine Grenzen kenne. Ich leide sogar unter der Diskrepanz zwischen dem, was ich bin und kann, und dem, was ich gern täte oder was ich in den Vorstellungen anderer sein und vermögen soll.

Andererseits habe ich mich oft zuwenig gefordert gefühlt. „Bei dir klappt doch alles" – das ist zwar als Lob gemeint, aber deswegen empfinde ich es dennoch schmerzlich, wenn Kritiken, Ratschläge und Aufträge ausbleiben.

Mein „Kanal" ist nicht das Produkt eines riesigen Stabes. Ich wähle Thema und Westzitate aus, bestelle Mitschnitte, lasse sie schreiben, archiviere sie – mit kurz- und langfristiger Perspektive. Montags gibt es eine kurze Abstimmung. Und dann folgt – gemeinsam mit meinem langjährigen Regisseur Eberhard Halamoda – die Arbeit am Schneidetisch – mit Verbesserungen und Aktualisierung an Schnitt und Kommentar bis zum letzten Augenblick.

Ich weiß nicht, ob ich zuviel von mir selbst erwarte und deshalb oft an meinen geistigen und körperlichen Ressourcen Raubbau betrieben habe. Faulheit und Arbeitswut sind wohl doch keine Widersprüche, sondern stellen eine dialektische Einheit dar, den Bogen, auszuhalten, was ich mir selbst aufhalse, oft in Gefahr, den Bogen zu überspannen, Täter und Opfer in einem zu sein.

Die Rettung vor diesem Zwiespalt finde ich in der Disziplin. In Selbstdisziplin und Disziplin gegenüber den Aufgaben und der Verantwortung. Das alles bedeutet gegenüber meiner Umgebung – zu Hause wie am Arbeitsplatz – jene Unbequemlichkeit, die ich bei meinem Bruder und meinem Freund Perten als Tugend empfunden habe. Und die mich manchem – bei aller Achtung vor meiner Arbeit – nicht sympathisch erscheinen läßt. Damit muß ich leben.

Altersüberlegungen

Alter schützt vor Torheit nicht. Sowenig wie Torheit vor Alter schützt. Gäbe es sonst soviel Mittelmaß und Beschränktheit in unserer Welt? Ist Mittelmaß überhaupt ein „Maß"? Ich bin zu alt, um alles zu wissen. Wenn man jung ist, weiß man alles. Aber da gibt's so einige Lebenserfahrungen. Erfahrungen sind natürlich noch kein Verdienst. Sie kommen mit den Jahren. Verdienstvoll wird es erst, wenn man Erfahrungen richtig in die Geschichte und in die Gegenwart einordnet und sie anwendet.

In der römischen Via della Carozzi, vor dem Haus, in dem mein Vater kurz nach der Jahrhundertwende als Kaiserlicher Konsul residierte; wo mein Bruder Hans geboren, wo die dicke Bertha mit einem Herrn v. Bohlen und Halbach verkuppelt wurde, der sich dann „Krupp" nennen durfte, damit der Rüstungsdynastie der alte Name erhalten bleibe –

Als Rundfunkreporter bei einem Besuch Wilhelm Piecks in Mansfeld

im Herbst 1987, eine Dienstreise ließ mir Zeit dazu –, überkamen mich dort einige Altersüberlegungen.

Der terminierte Eintritt ins Rentenalter mag dem einen Erlösung sein. Für den anderen kann er Fallbeilcharakter annehmen. Ich glaube nicht, daß man Alte und Altern überhaupt noch nach Lebensjahren bewerten kann. Zwischen dem einen und dem anderen kann das Lebensalter einer ganzen Generation liegen. Nur wer sich selbst geistig in den Ruhestand versetzt, dessen Merkfähigkeit und Denkgeschwindigkeit nehmen Schaden.

Der Mensch soll ja über etwa 15 Milliarden Großhirnzellen verfügen. Selbst wenn täglich Tausende absterben, sind bis zum achtzigsten Jahr nicht einmal 20 Prozent verbraucht. Mit den verbleibenden läßt sich noch allerlei anfangen.

Das Kurzzeitgedächtnis mag etwas nachlassen. Aber die

Langzeiterinnerung bleibt fast unvermindert. Kreativität und die Fähigkeit zu Improvisation und Kombination bleiben erhalten. Das Lebens-Kompendium von Logik, Wissen und Erlebnissen ist also nicht altersresistent, sondern gerade im fortgeschrittenen Erfahrungsalter entwicklungsfähig. Man darf das nur nicht durch Nostalgie und falsche Romantik nachträglich einengen und verfälschen.

Alte Menschen sind nicht alte Kinder. Wer sie so behandelt, erzeugt Ungeduld und Starrsinn. Alterszufriedenheit ist keine Alterserscheinung. Nichts gegen Schaukelstuhl und geruhsame Stunden. Aber ich möchte mich nicht auf der Veranda von jeder Initiative und Verantwortung verabschieden. Altersunzufriedenheit – nicht im Sinne von Nörgeln, sondern als Protestschmerz, als berechtigtes Verlangen, nicht Beratener zu sein, sondern Ratgeber – ist Ausdruck von gewachsener Bewegungsfreiheit und Entscheidungsfreiheit. Sie gibt auch eine innere Nähe durch äußere Distanz.

Aus dieser Distanz lerne ich, mich zu betrachten. Ich will nicht lebenssatt sterben, denn ich bin noch durchaus hungrig. Der Philosoph Ernst Bloch hatte unbestreitbar recht: „Alter ist nicht das Ende, das Alter ist Ernte." Und Erntezeit währt – wenn auch nicht ewig – so doch lange...

Ernte

Ich habe die Kontinuität in ihrer Vielfalt erlebt. Wilhelm Piecks Wärme und Güte, seine Integrationsfähigkeit, die den Arbeiter die Mütze vor ihm ziehen ließ wie den Potsdamer Pensionär seinen harten Hut aus der Kaiserzeit. Walter Ulbrichts Mut zur Unpopularität und zur Konsequenz. Erich Honeckers Erfassen des Möglichen und Notwendigen und seinen Blick für das Neue, für die Erfordernisse des nächsten Jahrhunderts, für die nationale Würde.

Das Wichtigste und Interessanteste in der Welt und im Leben war und ist für mich der Mensch. Meine Frau pflegt zu sagen: „Wir sammeln Menschen." Die Reihe meiner Freunde ist vielfältig: vom Ersten Bezirkssekretär meiner Partei bis zum Maurer, vom Künstler bis zum Offizier, vom Generaldirektor bis zum Kreissekretär reicht sie und schließt Kraftfahrer und Sänger, Journalisten und Diplomaten ein. Ich wiederhole jenes Goethe-Wort: „Niemand kann etwas schaffen, der nicht umgeben ist von einem Kreis Gleichgesinnter."

Ein langes Leben – dazu in solchem Spannungsfeld – bringt Enttäuschungen und Begegnungen mit Verrat mit sich. Einladungslisten zu runden Geburtstagen lichten sich. Ich verlor in kurzem Zeitraum meinen Sohn, meinen Bruder, meinen besten Freund und manch andere Freunde und Mitstreiter. Ich habe ein Recht auf Trauer.

Die Weisheit, daß „jeder ersetzbar" sei, ist nicht belegt. Es wird sich stets jemand finden, der so denkt und handelt, daß er eine Arbeit aufnehmen und fortsetzen kann. Aber die Unverwechselbarkeit jedes einzelnen Menschen ist nicht zu ersetzen. Eine Lücke bleibt. Und damit Wehmut.

Aber es entstehen auch neue Freundschaften. Menschen vom selben Holz und gleichen Sinn finden sich, und es gibt immer wieder Vertrauen, ohne das man nicht leben kann, immer Menschen und Umstände, die einem Zuneigung, Geborgenheit, Anregung und Kritik bieten.

Gute 31 Jahre meines Lebens habe ich mit der Suche nach meinem Vaterland verbracht. Das Kaiserreich konnte es nicht sein; da habe ich noch in die Windeln gemacht. Die Weimarer Republik konnte es nicht sein, denn in ihrem Verlauf und am Ende fand ich zur Arbeiterklasse, und die hatte noch „kein Vaterland". Solange sie nicht die Macht hat. Sie schafft sich ihr Vaterland, wenn sie die Macht erobert und die Macht mit ihren Verbündeten gestaltet. Hitlers „Reich" war Anti-Deutschland und indiskutabel. Die britische Zone konnte es auch nicht sein, denn sie war wie Weimar, dazu noch unter Fremdherrschaft.

Ich kann das Ziel meiner Suche terminieren: Als ich meinen Parteiauftrag erfüllte und im Demokratischen Rundfunk die Wahl Wilhelm Piecks zum Präsidenten des ersten deutschen Arbeiter-und Bauern-Staates übertrug – da hatte ich mein Vaterland gefunden.

WILHELM PIECK BERLIN N 54, DEN 28.10.1949
LOTHRINGER STRASSE 1

Gen.
Karl Eduard von Schnitzler
i/Berliner Rundfunk

Bln.-Charlottenburg

Lieber Freund!

Ueber Deine Reportage aus Anlass meiner Wahl zum Präsidenten habe ich mich sehr gefreut und danke Dir dafür auf das herzlichste.

Mit bestem Gruss

W Pieck